머 리 말

바둑을 처음 시작하려는 사람에게는 무엇보다도 끈기와 인내, 그리고 차분한 마음가짐이 필요하다. 자만심을 배제한 가운데 겸손의 미덕을 배우며 예의를 존중하는 인간성을 몸에 익혀야 한다고 생각한다.

바둑은 깨끗한 한 판의 승부를 가리는 지적인 게임이기 때문이다.

바둑은 누구나 배울 수 있고 누구나 둘 수가 있다. 그러나 바둑을 통하여 참다운 진리를 터득하는 일은 아무나 할 수가 없다. 그것은 마치 높은 설원에서 인생의 오묘한 진리를 깨닫고자 끝없이 수행하는 수도자와도 같은 집념과 노력이 필요하기 때문이다.

그렇다고 바둑을 너무나 어렵게만 생각해서도 안될 것이다. 쉽게 생각하는 가운데 바둑에 보다 가깝게 접근할 수 있도록 노력하는 일이 더욱 중요하다고 본다.

이 책에서는 주로 여성바둑 애호가를 위하여 정석에 대한 기초 부분을 알기 쉽도록 다루었다. 특히 바둑의 근간이 된다고 해도 과언이 아닌 화점 정석에 대하여 제 1 장을 할애하였다. 그리고 3·3정석과 고목의 정석에 대하여서도 각각 한 장씩을 할애하여 자세하게 설명하였고 그 말미에는 연습 문제와 해답을 게재함으로서 이제 막 바둑에 관심을 가지고 도전하려는 초보자에게 상당한 도움이 될 수 있도록 하였다.

물론 여성 바둑 강좌라고 하여 이 책이 꼭 여성에게만 국한된다고 볼 수는 없다. 왜냐하면 바둑은 남녀를 막론하고 모두가 다 배우고 익혀서 즐길 수 있는 지적인 오락이며 차원높은 게임이기 때문이다.

아뭏든 이 책이 바둑을 애호하는 여성 독자 여러분에게 바둑 실력 향상의 디딤돌이라도 되었으면 하는 마음 간절하다. 독자 여러분의 건승을 빈다.

저 자 씀.

차 례

100만 여성 바둑 애호가를 위한

여성 바둑 강좌①

혼자서 배우는 바둑의 기초

大竹英雄 지음
프로바둑연구회 편

도서출판 眞華堂

제 1 장

화점 정석

● 화점 놓기에 관하여

화점은 아래쪽 그림으로도 알 수 있듯이 왼쪽에서도 제 4 선째, 아래에서도 제 4 선째에 해당한다.

똑같은 귀를 놓더라도 이 화점에 익숙해져 있는 사람이 많을 것이다. 그것은 접바둑에서는 놓인 돌 모두 화점에 근거하도록 규정되어 있기 때문이다.

누구도 막 외울 무렵은 정목 주위부터 시작할 것이다. 그렇다고 한다면 귀에 놓여져 있는 돌이 모두 화점인 것이다.

그러나 그림에도 불구하고 이 화점을 꺼리는 사람이 의외로 많은 것이다. 그것은 아마 접바둑에서 곤란을 겪은 경험을 가지고 있기 때문일 것이다.

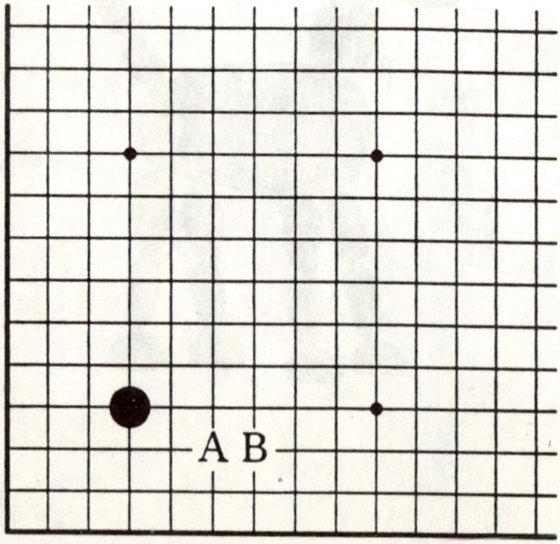

화점 놓기의 약점은 귀가 빈다는 점이다. 애써 집을 에워쌌지만 3·3으로 들어오면 이내 소멸되어 버리는 경우가 자주 있다.

초보자는 집을 중요시 하는 경향이 강하다. 그러나 화점 놓기는 귀를 공격당하기 쉽다. 때문에 화점 놓기는 재미없다고 생각하게 되는 것이다. 초보자로서는 어쩔 수 없다고 할지 모르나, 화점의 특징을 충분히 이해못하고 있는 것이 원인인 것이다.

화점 놓기는 본디 귀에 집을 만들려고 놓는 돌이 아니다.

귀가 크기 (집을 만들기 쉽다) 때문에 점거하였으나, 화점으로 놓는 것은 반드시 귀의 집에 집착한다는 뜻을 가지고 있는 것은 아니다. 오히려 반대로 중앙 지향 (외세라든가 벽을 뻗는 방향으로 가져가는)의 성격을 가지고 있는 것이다.

그러므로 화점을 놓고 집을 소중히 한다는 것은 모순이다. 귀는 상대에게 주고 그 한편으로 중앙으로 두꺼운 맛을 겨냥하여 승부한다 — 이것이 화점 놓기의 본래 목표인 것이다.

그렇다고 해서 절대로 집을 만들어서는 안된다 하는 것은 아니다. 상황에 따라서는 화점 놓기든 아니든 집을 확보하지 않으면 안되는 경우도 있는 것이다.

그림의 흑A의 날일자, 흑B의 눈목자 벌리기 등은 오히려 집을 만들려는 생각으로 놓여지는 수이다.

요는 화점을 중심으로 한 정석 본래의 목적을 잘 잡아, 그것을 바둑판 위에 어떻게 살리느냐 하는 것이다.

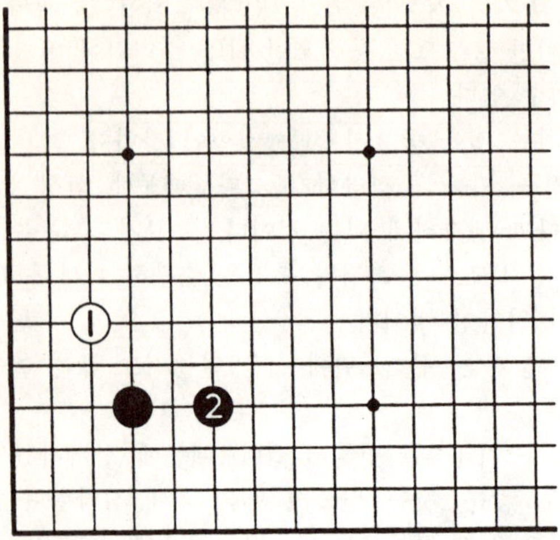

제 1 형

1. 한 칸 받기

○제 1 형

백 1 의 날일자로 걸치는 것은 가장 일반적인 착상일 것이다.

이것에 대한 흑의 대응 방법은 여러 가지 있으나, 그중에서도 일반적인 것이 이 흑 2 의 한 칸 받기이다.

이 한 칸 받기는 귀를 지킨다는 것보다도 이 화점의 흑을 보강하여, 백 1 한 점을 공격하려는—— 의도가 포함되어 있는 수법이다.

1 도(일단락—— 호각)

윗그림에 이어 백 3 (또는 백 A) 으로 벌리는 것이 한 방법. 단 이 경우 세 칸이 보통이다.

흑도 백 B 의 걸침을 피하기 위하여 흑 4 로 전개하는 것이 견실하다.

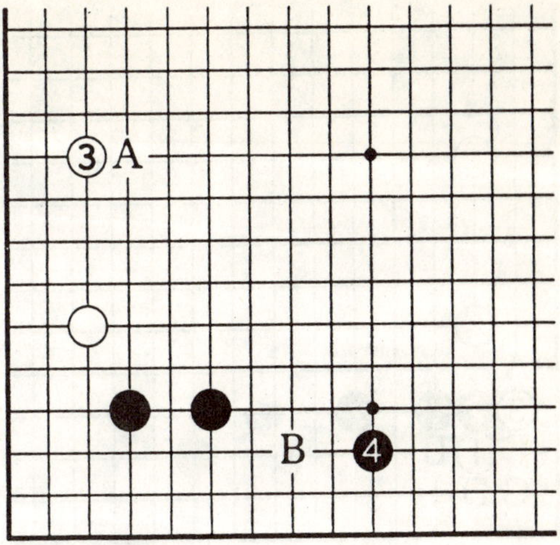

1도

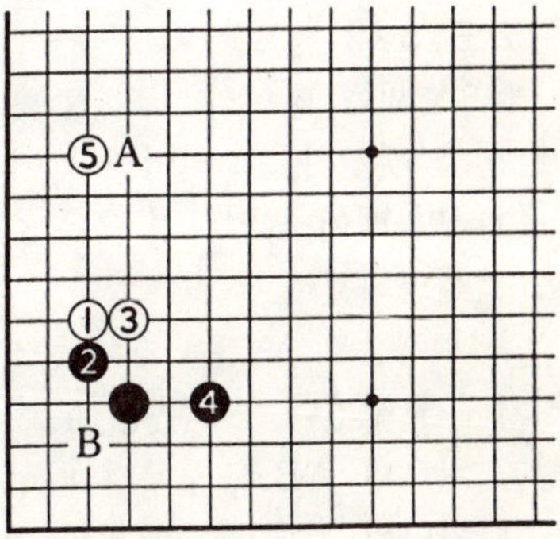

참고도

◇ 속맥에 주의

초보자는 귀를 지킬 생각으로 흑2 마늘모 붙이기부터 가는 사람이 많이 있다. 그러나 이것은 백3으로 세워져 백5로 '2립 3석'의 이상형을 백에게 제공하는 결과가 되어 좋지 않다(또 백5에서는 백A도 있다). 흑에는 또 백부터 B로 3·3에 넣을 여지도 있어 귀를 지키기가 어려워진다.

1도의 뒤의 처리 방법에 대하여 언급하겠다.

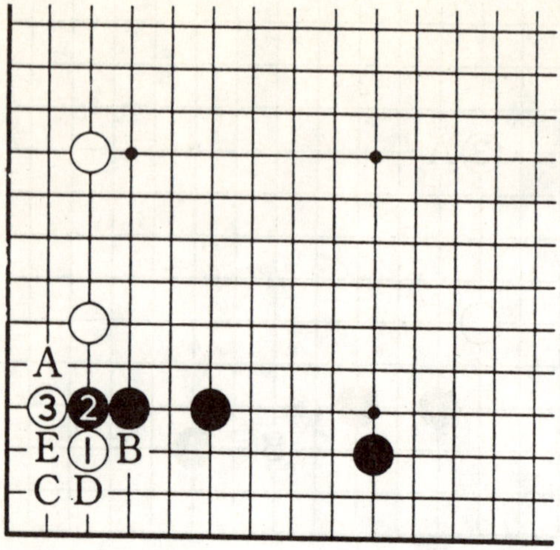

2도

2도(3·3 넣기)

백으로써는 당연히 1의 3·3 넣기를 겨냥한다. 단 언제 넣을 것인가, 그 타이밍이 어려운 것이다.

그러면 백이 넣었다면 흑은 어떻게 대처하는 것이 좋은가 설명하겠다.

우선 흑2로 누르는 것이 중요하다. 문제는 백3의 젖히기에서 생긴다. 즉 흑은 A로 차단하여 갈 것인지, 그렇지 않으면 흑B로 구부려 타협할 것인지로 고민한다.

그 판단의 기준으로써 위의 백이 약하면 A, 만일 강하면 B로 기억해 두자. 그 B에 대해 백C라면 흑D, 백E로 단수하여, 선수로 다른 곳으로 돈다. 여기에서는 아직 백이 약하기 때문에 3도 흑4로 누르고, 이하 흑8까지(흑8에서는 A도 있다) 놓는 것이 상법이다.

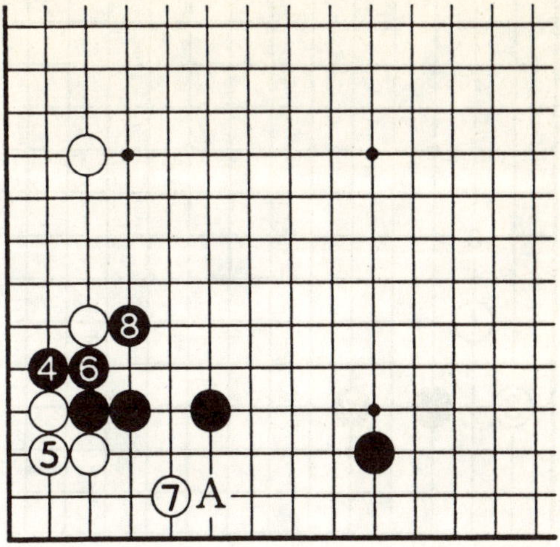

3 도

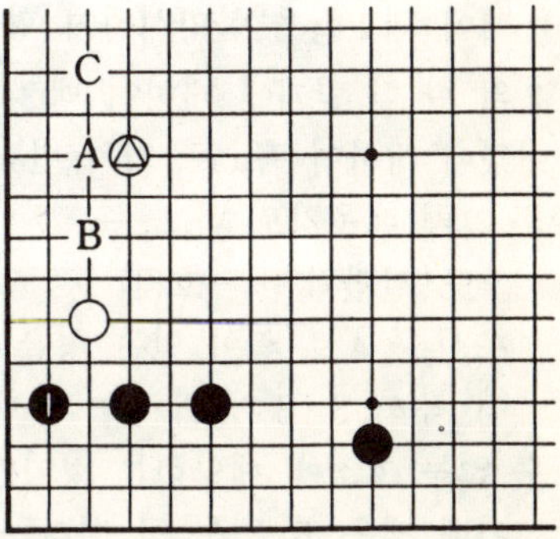

참고도

◇ 흑이 서두는 호점 참고도

△이 제 4 선에 있는 경우와 A의 제 3 선에 있는 경우는 흑의 생각도 달라진다.

제 4 선에 있으면 흑 1로 귀에 준비하면서 B로의 넣기를 보는 것이 수가 된다.

△이 A에 있는 경우에는 흑C로 메꿔 B로 뛰어들어가든가, 또는 흑B로 뛰어들어간다.

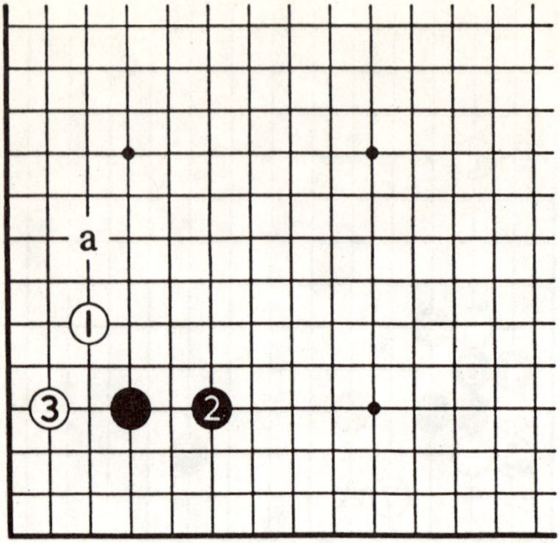

제 2 형

○제 2 형

백이 제 1 형을 불안시하여 형을 정하고 싶은 경우에 흑 2 의 한 칸 받기에 대하여 백 3 으로 달려가는 것이 있다. 이것에 대하여 흑a 로 끼워 반격하는 놓기도 있으나 그것은 그때 배우기로 하고——

1 도(일단락—— 호각)

우선 흑 4 로 놓아 받는 형을 외우도록 하자.

이 흑 4 (3 · 3 의 위치)는 흑백 쌍방에게 있어서 양보할 수 없는 호점에 해당하는 것이다.

이때 백은 5 로 두 칸 벌리는 것이 정석이다. 다만 A 방향에 백이 있는 경우에는 백B로 준비한다.

초보자는 백 5 에서 왜 백C로 놓지 않는가 하고 이상하게 생각하겠지만 흑D가 되면 백 5 는 필요하고, 또 백C 에 흑E로 벌려질지도 모른다.

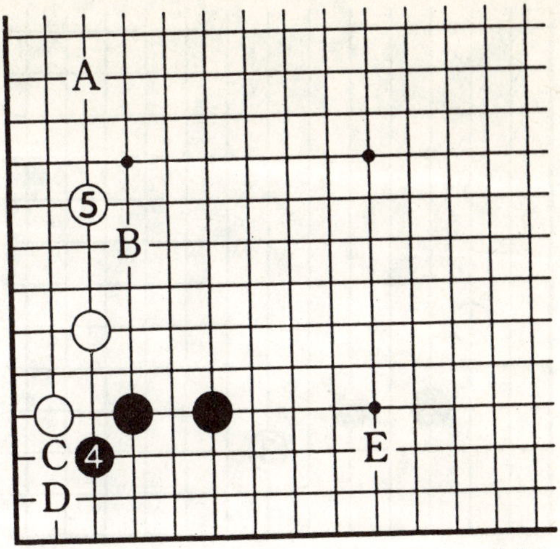

1도

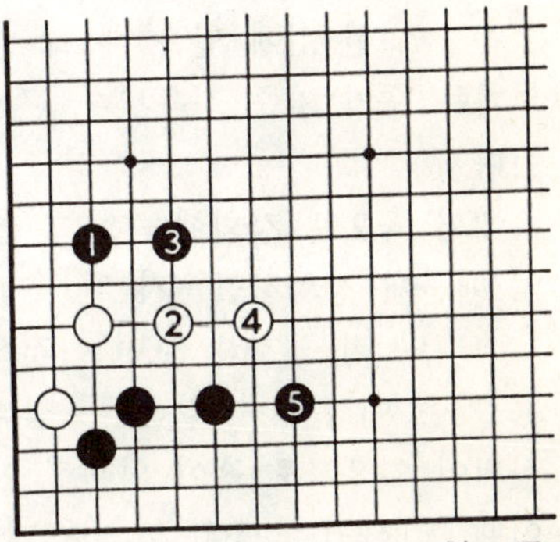
참고도

◇손 빼기라면 찬스

1도 백5의 벌리기는 절대로 필요한 것인데, 그 중요성을 눈치채지 못하고 방치해 두고 다른 곳으로 향하는 사람이 있다.

그것에 대해——

참고도(강렬한 공격)

흑1로 한 칸에 메꿔 공격하는 것이 좋은 것이다. 백2·4로 단지 도망치는 방법도 되고 백의 집도 만들어지지 않는다.

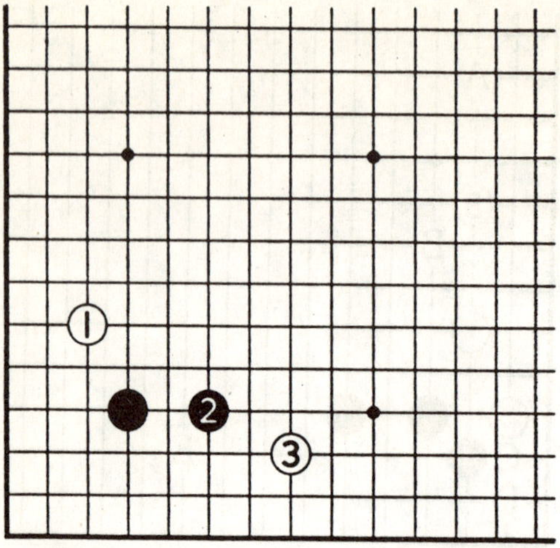

제 3 형

○제 3 형

흑 2 로 한 칸에 받은 때 그 받은 쪽부터 백 3 으로 끼워가는 수가 자주 사용된다. 흑에 있어서는 실로 나쁜 수이다.

애써 흑 2 로 강화했는데 그 돌이 공격당하게 되니 무엇 때문에 강화하였는지 알 수 없다.

그러나 잘 생각해 보면 이것으로 흑이 고통스러워진다는 것은 이상하다. 같은 두 점씩이고 백쪽은 한 점씩 분산되어 있으므로 흑이 나빠질 이유는 없는 것이다. 다만 이때 좌하귀를 흑의 집으로 만들려는 소극적인 생각이 백에게 당하는 것이다.

1 도(일단락 —— 공방의 요령)

흑 4 부터 끼는 것이 좋다. 백 5 를 기다려 흑 6 으로 뛰는 요령이다. 흑 10 까지로 일단락.

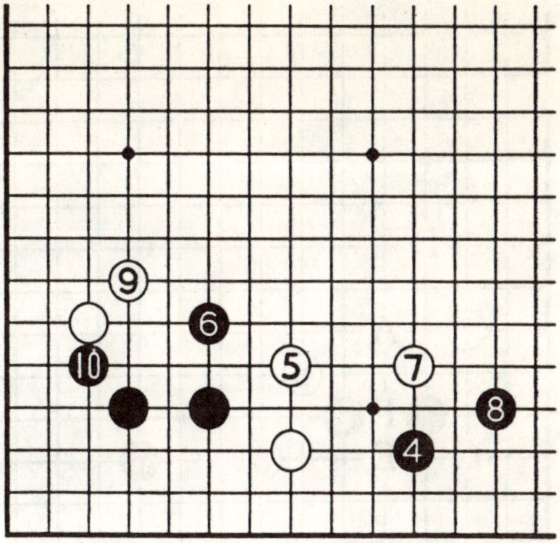

1도

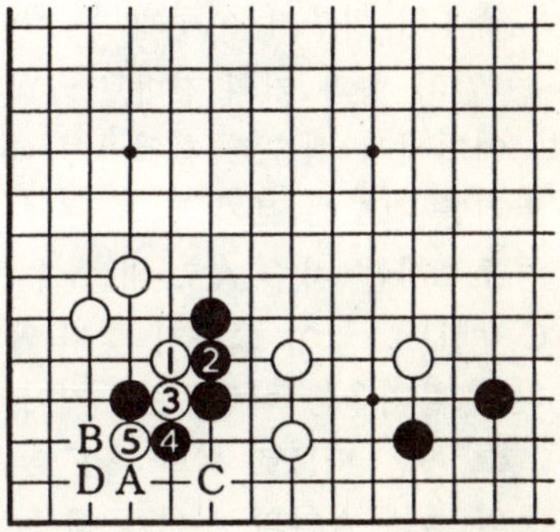

참고도

◇백의 겨냥에 주의

1도 흑10을 빼면 — 참고도(귀는 백의 지역화한다)

백1의 양 빼기가 생긴다. 흑2의 잇기라면 백3·5로 내끊겨 귀의 한 점이 취해진다. 이어서 흑A, 백B, 흑C, 백D가 되는 것이 보통인데, 이것은 단순히 한 점이 취해질 뿐 아니라 흑 전체가 약해져 버려 좋지 않다.

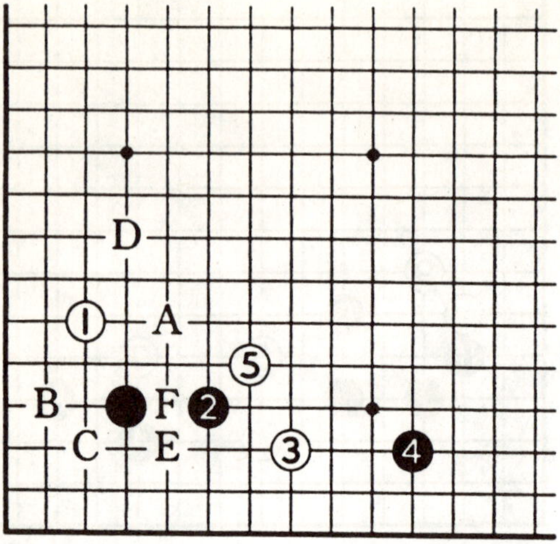

제 4 형

○제 4 형

흑 4 의 끼우기 (이렇게 두 칸에 끼우는 것이 보통) 까지는 앞의 형과 거의 같다.

여기에서 백 5 로 걸쳐가면 흑은 어떻게 하는가——그 놓기를 검토해 보자.

초보자는 자주 A로 내는 수를 놓는데, 이것은 백B, 흑C, 백D로 놓여 그다지 좋지 않다. 흑A는 '개의 얼굴'이라고 불리우는 나쁜 형인 것이다.

그 형은 백E로 빼면 흑F로 잇지 않으면 안되고, F, 2 등의 돌과 A와의 사이가 너무 좁다는 것이 나쁜 이유의 한가지이다. 백 5 에 이어서——

1 도 (뛰기)

흑 6 으로 사이를 벌려 뛰는 것이 화려한 맥이 된다. 다만 다음에 백A라면 흑B로 딱 잇지 않으면 안된다.

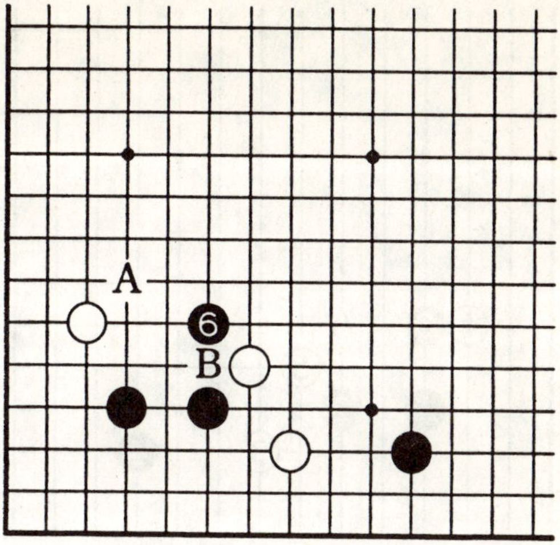

1도

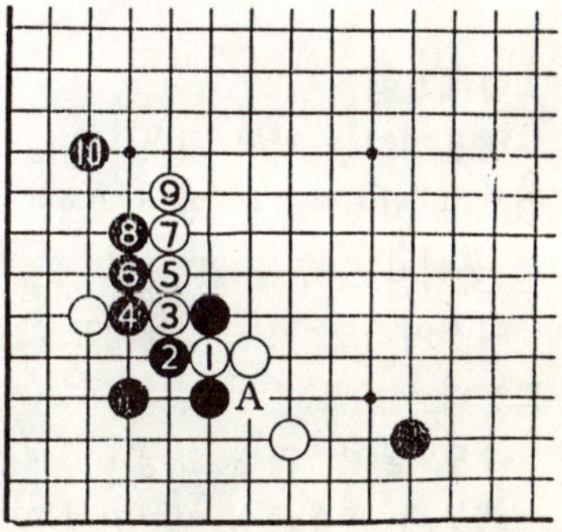

참고도

◇걱정 무용

1도 흑6으로 사이를 비워 뛰는 것이 맥이라면 그 사이에서 내끊기면 어떻게 되는가를 검토해 둘 필요가 있다.

참고도(실리 크다)

백1·3의 내끊기에는 흑4·6 이하 흑10까지로 놓아 충분하다.

흑의 실리가 커지고 아직 A에서의 내끊기의 맛 등이 남아 있다.

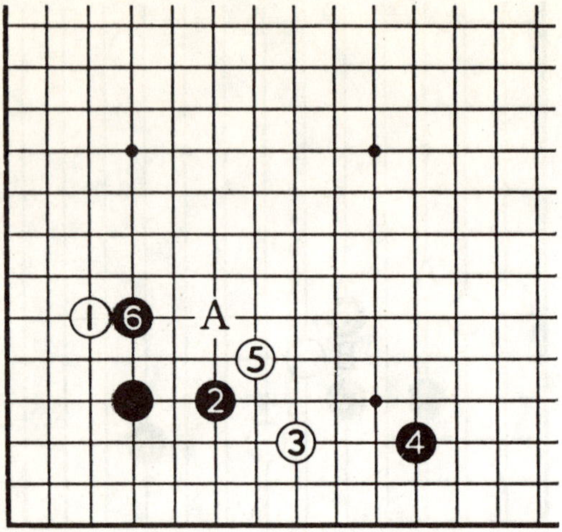

제 5 형

○제 5 형

백 5 까지는 앞의 형과 같다. 앞의 형에서는 흑A로 뛰었으나 이것으로는 웬지 불안——그런 사람에게 흑 6 으로 붙여가는 수를 권한다.

이것이라면 형도 정해지므로 외워 두는 것이 편한지도 모른다.

1 도(붙여뻗기의 요령)

백 7 에 흑 8 은 붙여뻗기의 요령. 이때 백 9 가 화려한 수이다. 즉 이것으로 백A로 놓아도 흑B가 되고, ▲이 있기 때문에 내끊기의 여지(A의 오른쪽에서)가 없다. 그런 경우에 이 백 9 의 마늘모를 사용하는 것이다. 이어서—

2 도(변화)

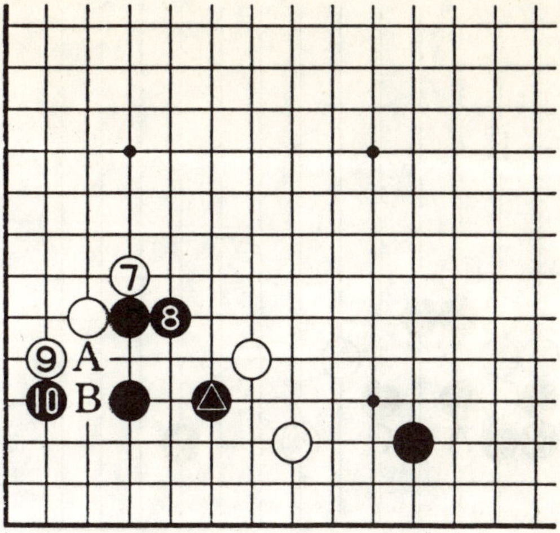

1
도

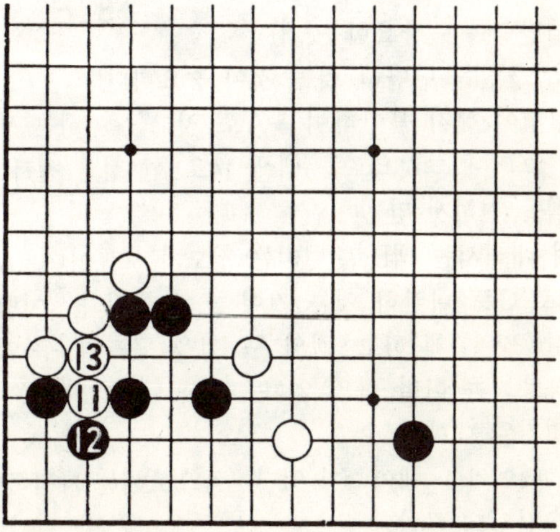

2
도

백 11 의 젖혀넣기에 흑12 로 대응하는 것은 당연한 것으로써, 이어서 ——

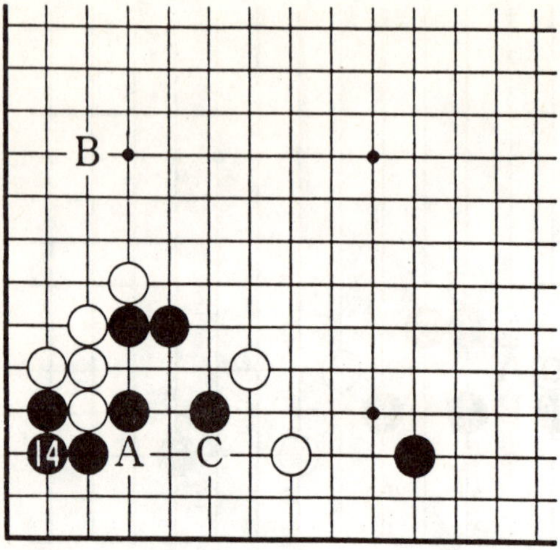

3 도

3 도(일단락——중요한 잇기)

흑 **14** 로 근원을 단단히 잇는 것이 중요하다.

A의 결점이 웬지 불안하여 흑A로 잇고 싶어하는 사람이 있다. 그러나 그것으로는 백에 **14**로 한 점을 정하고, 좌변의 백을 편하게 만든다.

흑 **14**에 대해서는 백B로 벌리는 정도가 보통이다. 흑도 부분적으로 C로 나란히 잇는 것이 호형이 된다. 이렇게 하여 귀를 맛 좋게 하고, 백의 두 점을 공격할 수 있게 되면 흑으로써는 더할 나위 없다.

4 도(빼기의 대책)

백 **1** 로 빼어가는 케이스가 있다. 흑으로써는 가장 신경 쓰이는 수일지도 모른다.

그러나 흑A로 일단 쳐들어가고 **6·8** 로 받으면 충분하다.

나중에 흑A의 겨냥, B에서의 공격이 생긴다.

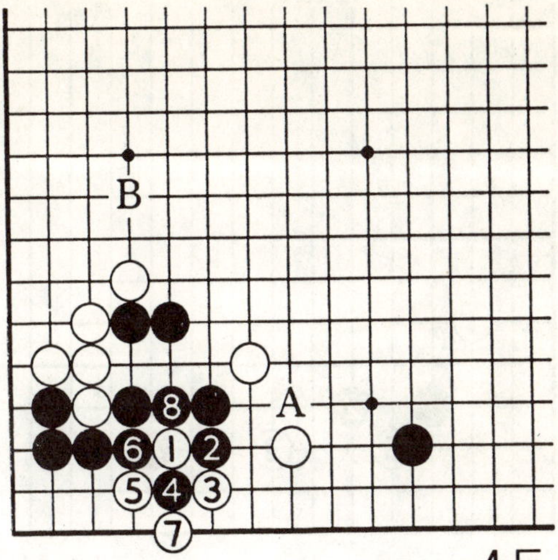

4 도

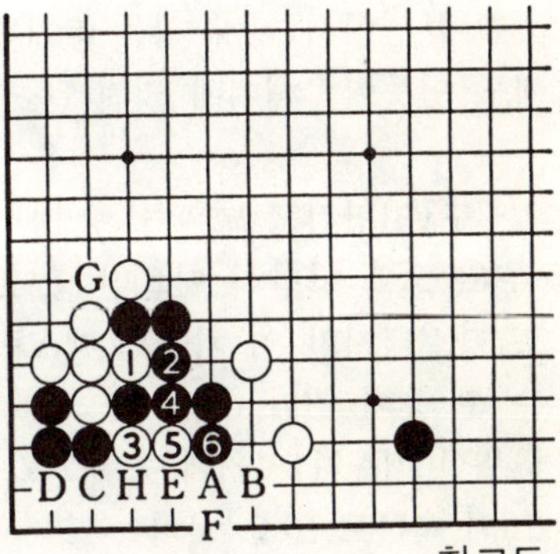

참고도

◇ 내끊기는 무섭지 않다

참고도(서로 싸우기의 요령)

3도 다음 이 그림과 같이 백 1·3으로 내끊어 오면 어떻게 대처하는가. 그 대응 방법을 그림으로 표시해 두겠다. 흑6 다음 백A라면 흑B로 누르고, 백C에도 흑D로 누른다. 이어서 흑E라면 백F로 이긴다. 또 백5에서 백H로 두면 흑5로 공배를 메꾸는 것이 좋다.

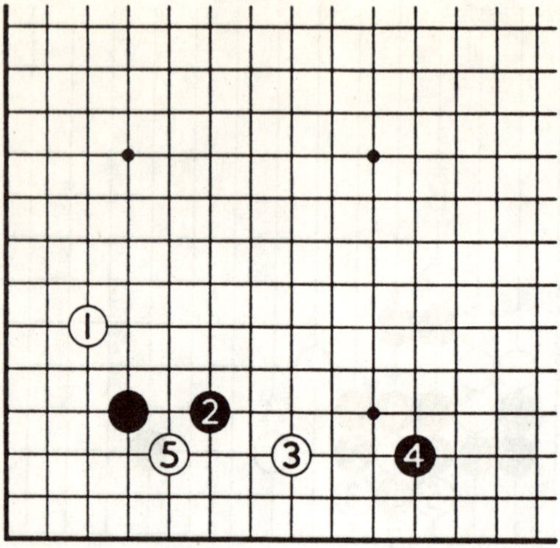

제 6 형

○제 6 형

흑 4 로 두 칸에 끼운 때에 백 5 로 빼어가는 수가 있다.

흑에 있어서 가장 싫은 놓기의 하나이다. 그러나 격언에도 있듯이 '빼기에 잇지 않는 바보 없다', 이것은 우선

——

1 도(일반적으로 놓는 방법)

흑 6 으로 단단히 이으면 좋다. 백은 이때 보통이라면 7 로 당길테지만 이 외에도 백A로 넣는 수, 또는 백B로 놓는 수 등이 있다.

우선 백A의 넣기에는 흑 7 로 눌러 넣는 수(참고도 참조)와 흑C로 귀를 젖히는 수가 있다.

이 그림 백 7 로 돌아가면 흑 8 의 뻗어내기가 급소이다. 이 8 에서 곧 흑A로 눌러넣으면 백에 8 로 부푼다.

이 부푼 백의 형이 호형이 된다. 그러므로 흑으로써는 8 을 허락해서는 안된다.

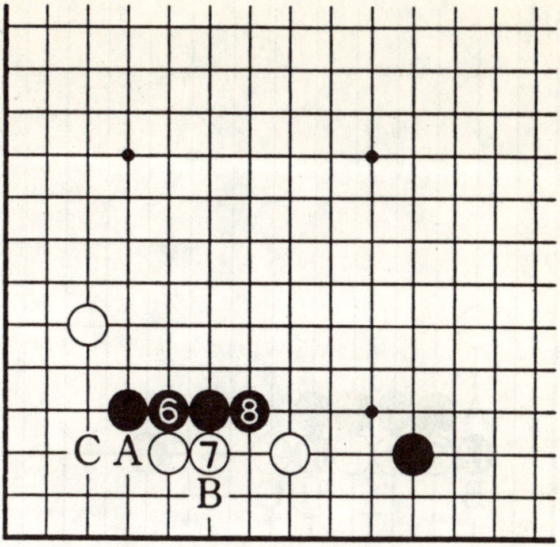

1도

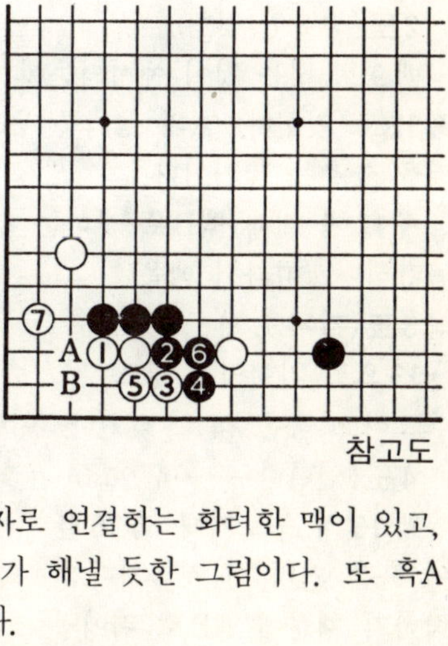

참고도

◇건너기 맥

참고도(날일자의 건너기)

1도 백7에서 이 그림 백1로 넣는 경우의 응접에 관하여 서술해 두겠다. 흑2로는 A로 젖히는 것도 유력하지만 이 4·6쪽이 간명하다. 다만 백에는 7의 날일자로 연결하는 화려한 맥이 있고, 이것이라면 백도 무엇인가 해낼 듯한 그림이다. 또 흑A에는 일단 백B로 받는다.

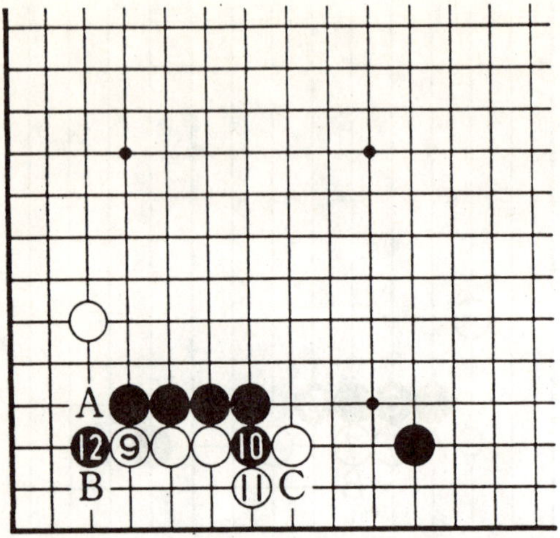

2 도

2 도(중요한 젖힘)

백 9 로 넣는 것이 예상되는데 그때는 흑 10 으로 내고, 흑 12 로 젖힌다. A의 끊기를 두려워하여 흑A로 내리는 것을 늦추는 놓기이다.

흑 12 에 대해 백B로 젖히는 것은 흑이 C로 쳐들어가 곤란하다. 따라서 백은,

3 도(걸쳐잇기)

13 으로 걸쳐잇는 정도.

그리고 흑은 14 로 젖힌다. 이어서——

4 도(일단락——흑 호조)

백 15 의 누르기에 흑 16 을 살려 18 로 걸쳐잇고 있다. 이 흑은 거의 산 것. 게다가 다음에 흑A의 걸치기가 강력하기 때문에 백B로 뛰어낼 것 같은데, 그렇다면 흑은

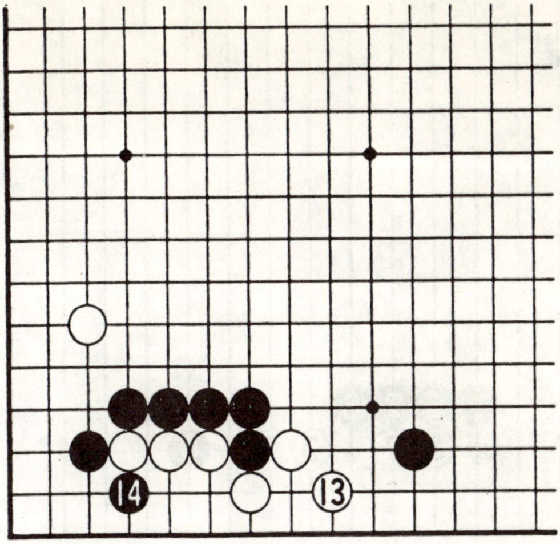

3
도

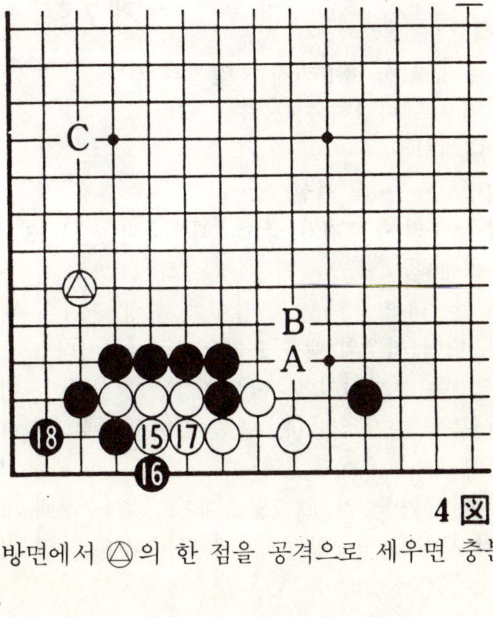

4
도

4 図

C 방면에서 △의 한 점을 공격으로 세우면 충분할 것이다.

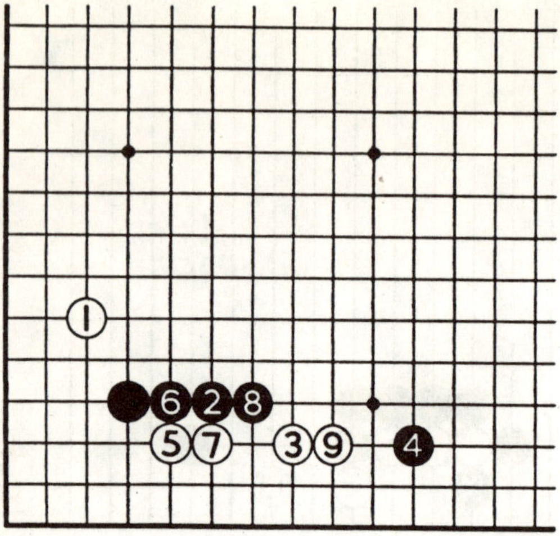

제 7 형

○제 7 형

백 5 의 빼기, 이하 흑 8 까지는 앞형과 같다.

여기서 백 9 로 나란히 가는 수도 있다.

이것에 대해서는——

1 도(일단락——흑 견실)

흑 10 의 구부려 누르기가 급소. 백으로써는 11·13 으로 뛰어 피해가는 참.

흑은 우선 14 의 마늘모로 붙이고, 귀에 근거를 두면서 16 으로 뛰어 좌우의 백을 노려보게 될 것이다.

부분적으로는 호각이지만 흑의 놓기는 견실하여 백에게 좀처럼 틈을 주지 않는다. 백도 좌변을 A로 벌리는 정도일 것이다.

흑은 귀에 근거를 가지고 있고 12 로 뛰는 것에 의해 오른쪽에서 모양을 형성할 수 있게 되는 것은 나쁠 리가 없다.

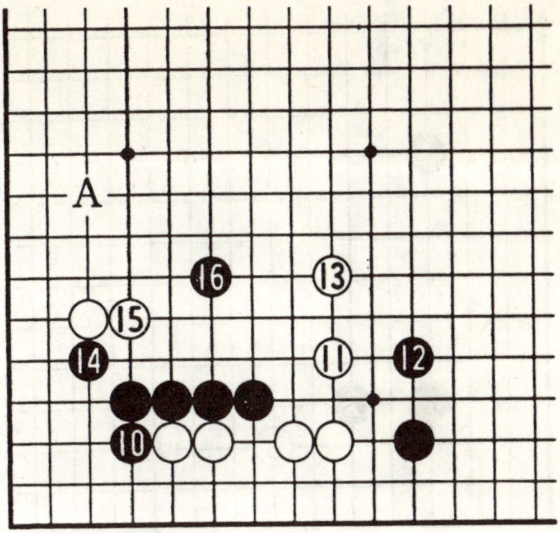

1 도

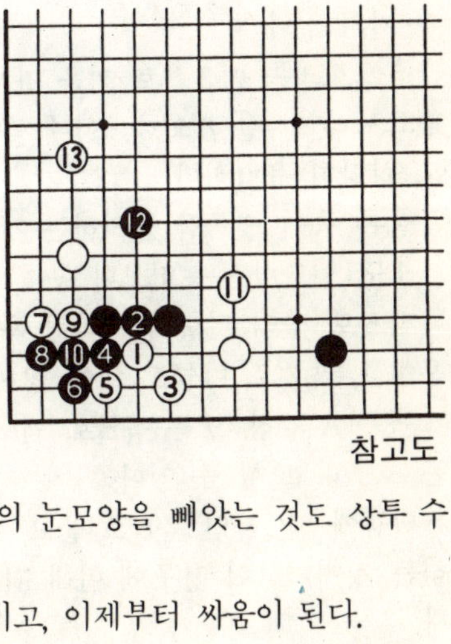

참고도

◇ 자주 볼 수 있는 그림

화점을 에워싼 변화로 아마츄어끼리의 바둑에서 자주 볼 수 있는 그림이다.

참고도(상투 수단)

이 백 1·3 으로 가는 것도 그 한가지일 것이다. 흑 6 에 백 7 부터 흑의 눈모양을 빼앗는 것도 상투 수단.

이하 백 13 까지 호각이고, 이제부터 싸움이 된다.

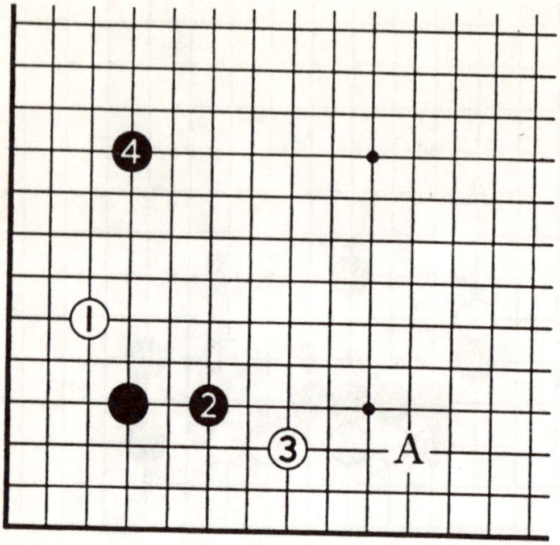

제 8 형

○제 8 형

흑 2 의 뛰기에 백 3 으로 끼운 것까지는 이제까지의 형과 거의 같다.

흑으로써는 백 3 으로 끼운 관계에서 어떻게 하든 A 방면으로 눈이 갈 것인데, 이때 흑 4 로 윗쪽부터 끼우는 것도 상당히 유력하다.

물론 흑이 윗쪽을 중시하는 경우의 방법이다. 이어서 —

1 도(일단락——집보다 공격)

백 5 로 빨리 탈출하려 하면 흑 6 의 마늘모 붙이기를 이용하고, 흑 8 로 마늘모 내어 상하의 백을 노릴 수가 있다.

혹은 A 걸침, 또는 흑B로 백 세 점으로의 공격을 기하는 호조라고 할 수 있다.

다음에 백C라면 흑B로 몰고, 백D에 흑E로 끼워 공격하는 것이다. 이 경우에 아래 귀의 집에 신경써서는 안된다.

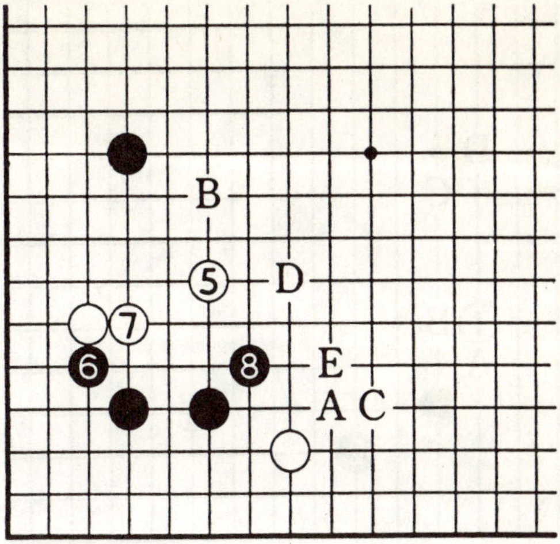

1도

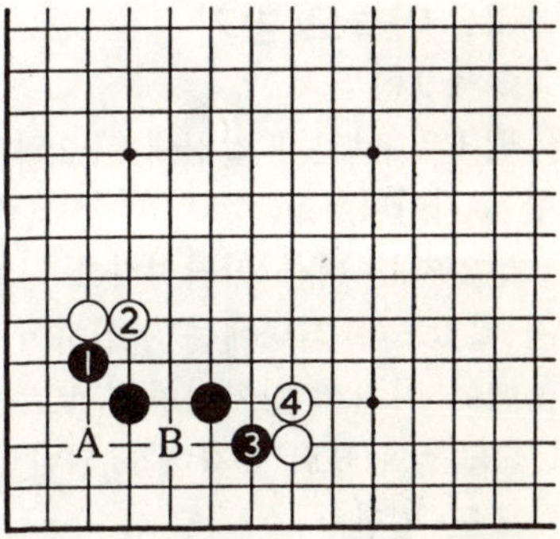

참고도

◇ 속수에 주의

초보자는 우선 집을 중요시한다. 당연하다고 보면 그럴 수도 있겠지만 너무 집에 구애되어서는 안된다.

참고도(백을 두껍게 하는데 도움)

흑1·3이 나쁜 놓기의 대표적인 예. 귀를 집으로 만들려는 생각인데 백을 두껍게 하고 또 A나 B로 침입당할 여지마저 남기고 있다.

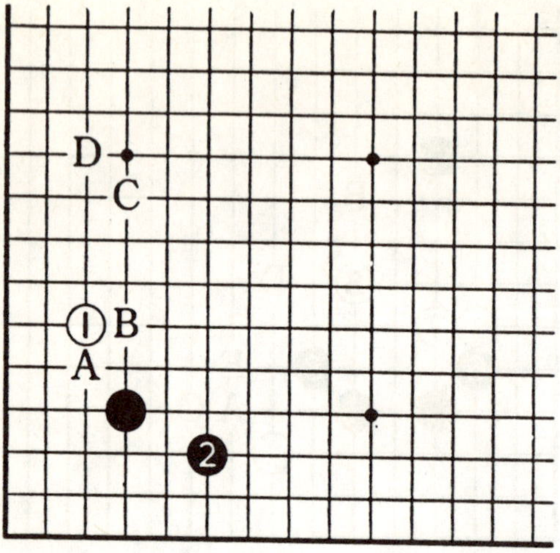

제 9 형

2. 마늘모 받기

○제 9 형

백 1 의 날일자 걸침에 흑 2 의 날일자로 받는 것은 견실한 놓기이다.

날일자는 너무 딱딱하다고 하여 옛날에는 거의 놓여지지 않았으나 최근에는 견실하여 오히려 환영받고 있다.

백이 이대로 방치하면 흑A로 마늘모 붙이기, 백B에 흑C (또는 흑D)로 공격하게 된다. 그리고,

1 도 (일단락 —— 흑 선수)

백은 3 으로 달려 5 로 두 칸에 벌리고 있다. 이것으로 일단락이다.

백이 5 를 빼어 방치하게 되면 흑은 곧 A의 한 칸에 끼워 백의 두 점을 공격하는 것이 강력한 수가 된다.

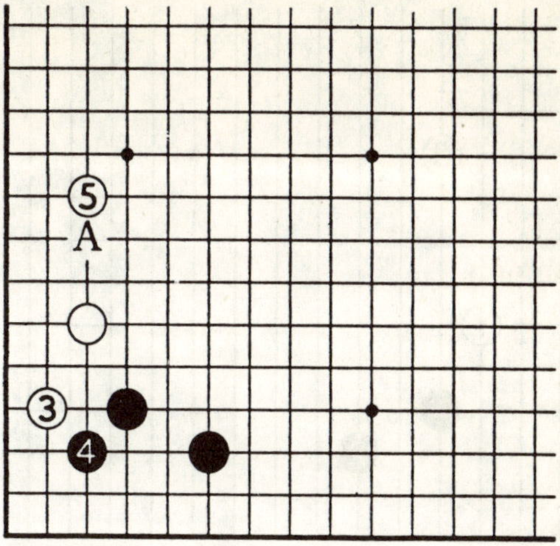

1 도

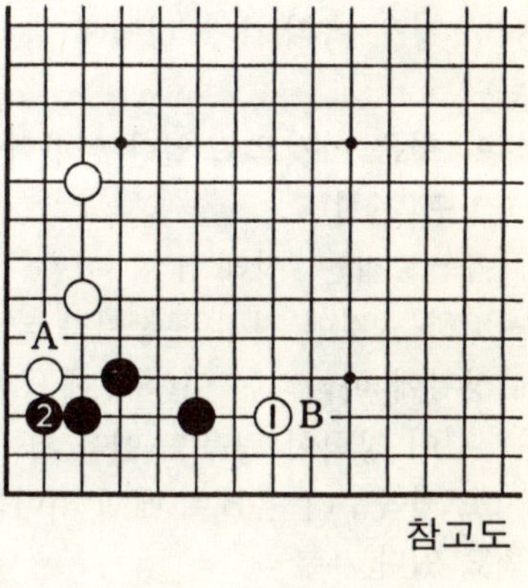

참고도

◇ 근거는 중요하게

1 도는 정석으로 그대로 잠시 방치하는 것인데, 이때,

참고도 (견실한 누르기)

백 1 로 메꿔가면 흑 2 로 대응하고 있는 것이 견실하다. 이로써 귀의 흑은 염려없고, 종반에서 흑A로 한 점을 취할 여지도 남는 것이다. 또 백 1 에서 백 2 로 넣으면 흑B로 벌린다.

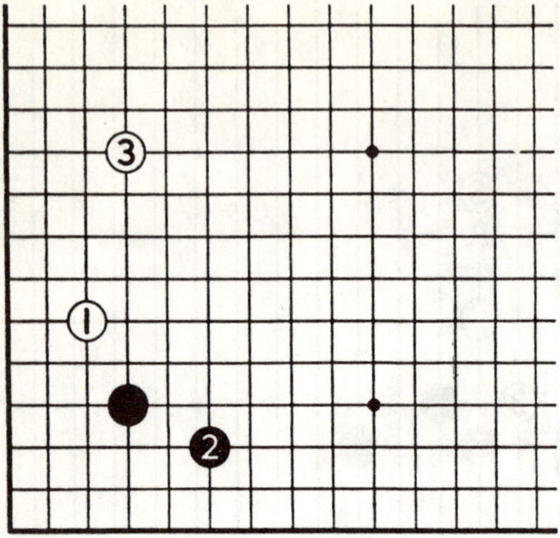

제10형

○제 10형

백 1의 날일자 걸침에 흑 2의 날일자로 받는 형이다.

이때 백은 단순히 3으로 변에 전개하는 일이 있다. 이런 경우 흑의 대응 방법에 관해 생각해 두지 않으면 안 된다.

이 형은 이것으로 일단 일단락이다.

1도(견실)

흑으로써는 장래 1로 귀를 뛰고 흑A의 뛰어들기를 겨냥하는 것이 견실한 놓기가 된다.

상황에 따라서는 이 흑1에서 갑자기 A로 뛰어들어 가는 편이 강력한 경우도 있을 것이다.

또 윗쪽부터 흑B로 메꿔 뛰어들기를 보는 편이 좋은 경우도 있다.

거의 대부분의 경우 흑C나 D로 붙이는 놓기는 좋지 않다(참고도 참조).

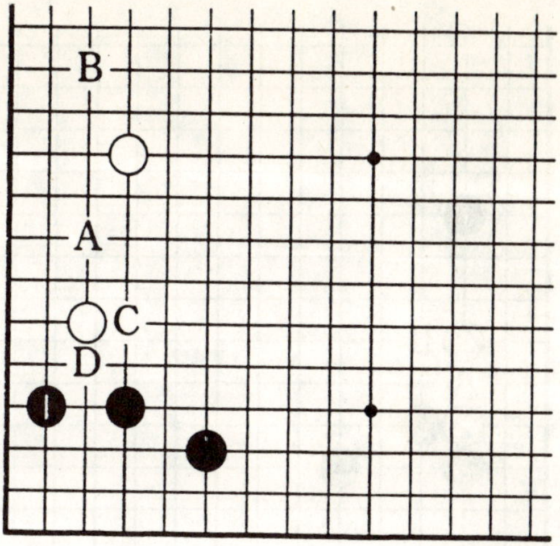

1 도

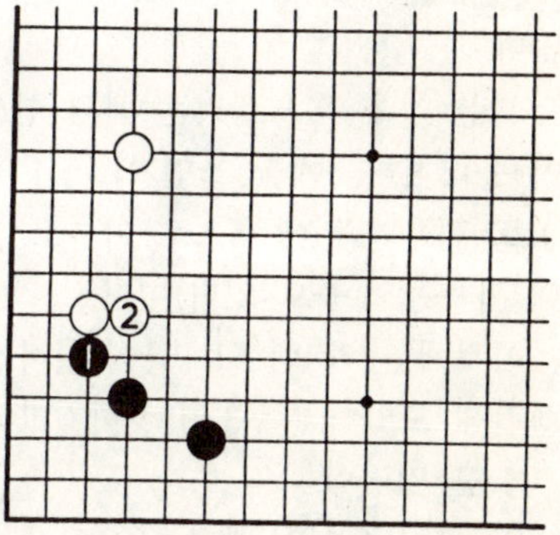

참고도

◇ 속수에 주의

귀는 크다 —— 라고 생각하고 있는 탓일까, 귀를 지키는 일에만 정신을 쏟고 있는 사람이 있다.

참고도(백의 강화 도움)

흑 1 의 마늘모 붙이기가 그것이다. 흑은 귀를 지킬 생각인지 모르나, 그 보다도 백 **2** 로 세워지게 하는 것에 의해 백에 2 립 3 석의 이상형을 주게 되어 버린다.

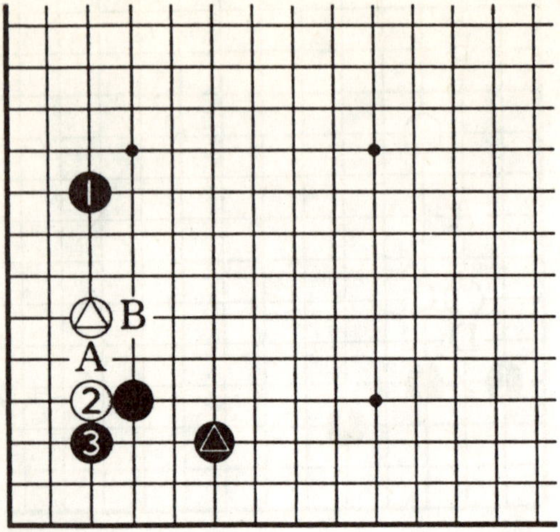

제11형

○제 11 형

△과 ▲의 교환 후 백은 손을 빼고 있는 케이스가 적지 않다.

그런 경우 흑으로써는 백의 한 점을 끼워 공격하는 것이 유력하다. 예를 들면 이 흑1의 두 칸 끼우기(다만 흑1로 끼우기 전에 흑A로 마늘모 붙임, 백B에 흑1 방면부터 끼우는 경우도 있다)이다.

이것에 대해 백2로 붙여 살려간 경우의 응접에 관하여 생각해 보았다. 흑3의 젖히기가 중요.

1도(일단락—— 호각)

앞 그림에 이어 백4로 2단에 젖혀주면 흑5로 단단히 이어져 있는 것을 알기 쉽다.

백도 6으로 걸쳐잇는 정도일 것이다. 백이 다스려지지만 흑도 굳기 때문에 어중간한 가르기이다. 장래 흑A의 뻗기(형의 급소)나 흑B의 젖혀누르기 등으로 백을 위협.

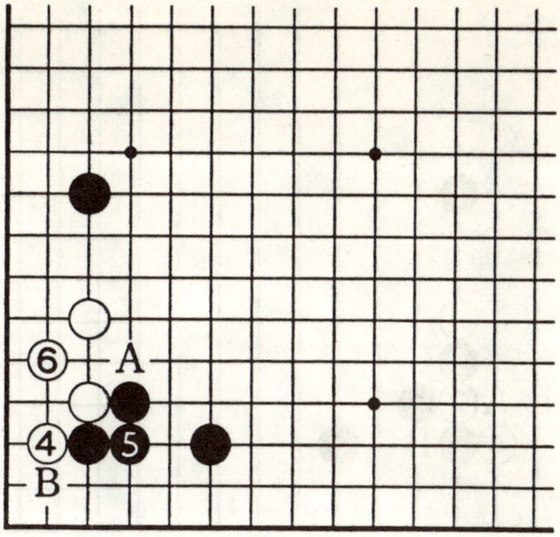

1도

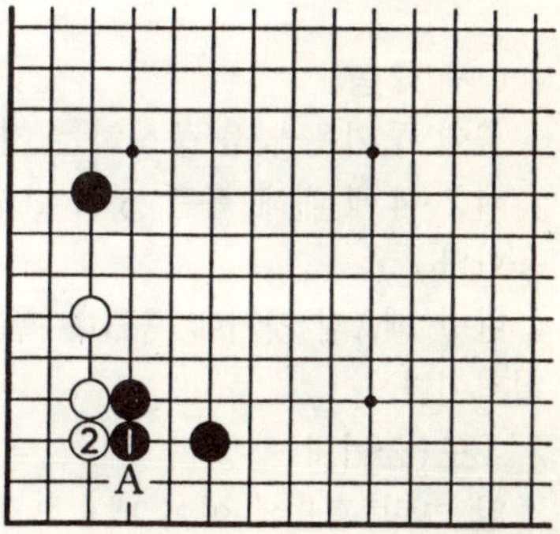

참고도

◇겁장이가 되지 말 것

전에 실패했으니까 —라고 두려워하는 사람이 있다.

참고도(나쁜 넣기)

이 흑1이 그것이다. 흑1에서 2로 젖히면 백1로 끊길 것 같다——라는 공포심으로 흑1로 늦추어 버린다. 이런 식으로는 바둑은 강해지지 않는다.

흑2에 백1이라면 흑A에서 축에 잡힌다는 정도는 간단히 알 수 있을 터.

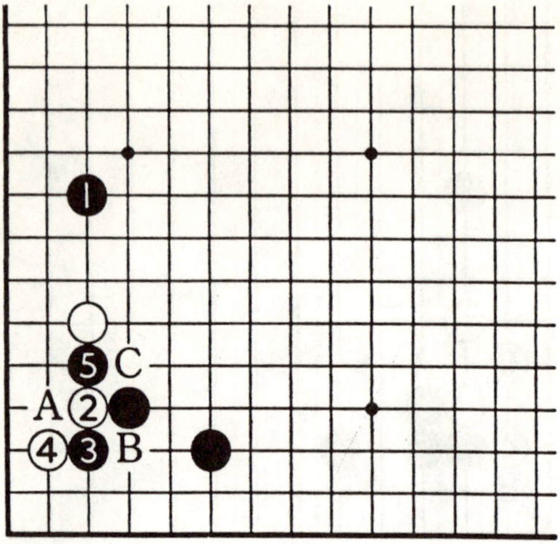

제12형

○제 12 형

흑이 두꺼운 맛을 중시하는 경우의 놓는 방법이다.

백 2·4 에 대해 흑은 5 의 단수부터 내어가는 맥을 채용한다.

다만 백A의 잇기에 흑B나 흑C의 잇기를 생각하게 되면 실격이다.

1 도(붙여내는 경우)

앞 그림 흑5 에 이어 백6 으로 이은 때 흑7 로 붙여내어 가는 것이다. 흑에는 A나 B의 끊기 결점이 남아 다소 두려운 느낌도 있으나, 이 경우 귀를 백에게 줄 생각이라면 조금도 두려워할 것 없다.

예를 들면 이 다음——

2 도(위를 잇는다)

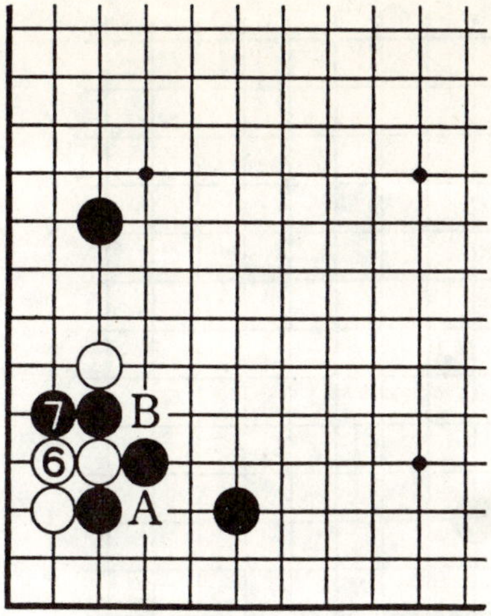

1 도

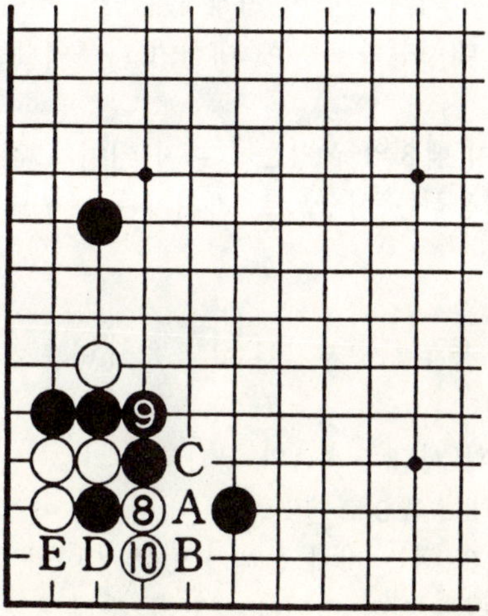

2 도

백 8 로 아래를 끊었다면 흑 9 로 위를 잇는다.

이때 백 10 으로 대비하지 않으면 안된다. 흑은 선수로 다른 곳으로 돈다. 다만 부분적으로는 흑A의 눌러넣기를 정하고 있는 편이 견실. 이것이라면 흑B로 놓는 것이 선수이다.

그러면 어째서 백 10 의 대비가 필요한 것인가.

백 10 을 놓지 않고 있으면 흑부터 10 으로 젖히는 수가 있다. 백A로 내면 흑B로 곤란하다. 백 C라면 흑D로 이어져 그것까지이다.

또 백 10 에서 백A로 내는 것은 흑D, 백E에 흑C로 늦춰져 좋지 않다.

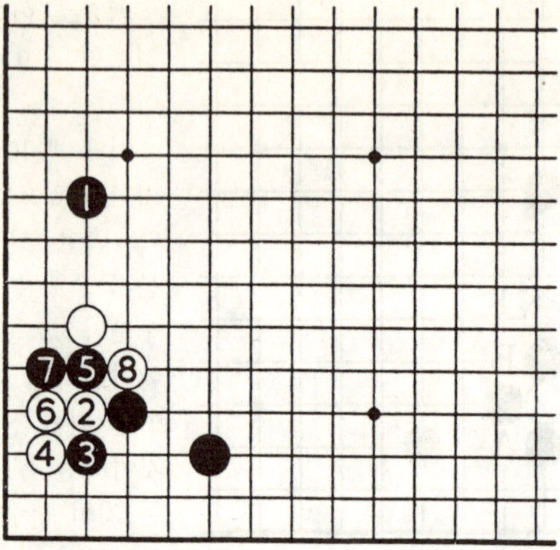

3도

3도(변화)

흑7까지는 앞 그림과 거의 같은데 여기에서 만일 백이 8로 끊어가면 어떻게 대처할까——에 대하여 다루어 보았다.

결론부터 말하자면 이 백8의 끊기는 그다지 의미가 없다. 장래 이 끊기를 이용하는 상황으로 가져가는 경우도 있지만 먼 이야기이다.

4도(구부리는 형)

이런 경우는 단순히 흑9로 구부려져 있는 것이 바른 것이다.

이 흑9에서 대부분의 사람은 흑A의 끊기부터 가고 싶어한다. 백B로 뻗게 하고 흑9로 놓으려는 것이다. 이것은 속맥으로 백B로 뻗게 하는 것에 문제가 있는 것이다.

아뭏든 흑9로 구부리는 것이 형이라고 외워 둔다.

5도(흑의 두꺼운 맛)

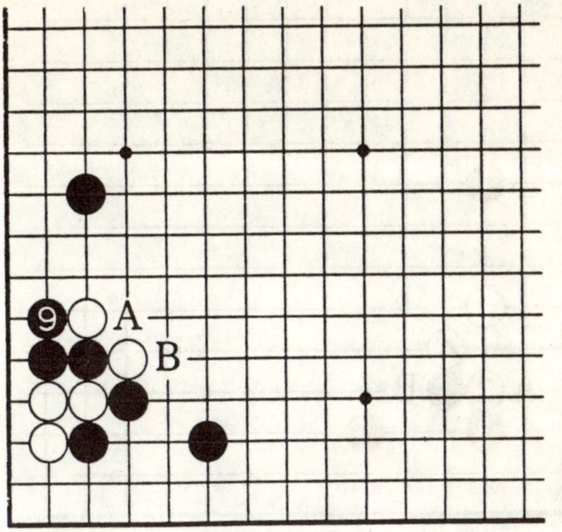

4
도

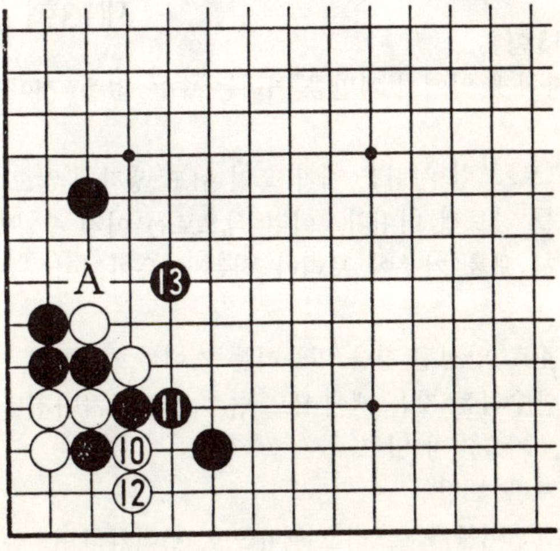

5
도

앞 그림에 이어 백도 10으로 끊는 정도이다. 물론 흑11로 뻗는다.

백 12의 대비는 전술한 그대로이다.

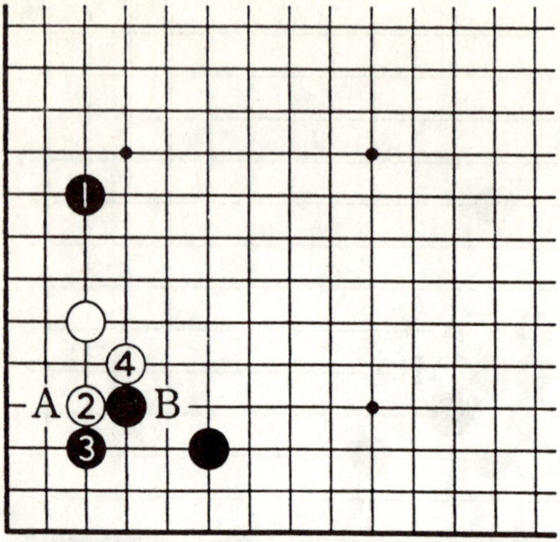

제13형

○제 13형

초보자에게 있어서 패만큼 꺼리는 수는 없을 것이라 생각한다.

그러므로 그런 사람은 패가 오면 뒤도 생각지 않고 후퇴하여 패를 양보해 버린다. 이런 식으로는 이길 수가 없다. 질 때까지 패를 겨루어 보리라 하는 마음가짐이 중요하다.

백 2·4로 안정된 형을 만들려는 것이다. 이것에 대해 흑A로 단수하는 것은 백에 B로 단수되어 귀찮아진다.

이때는 거슬리지 말고——

1도(패를 도전)

흑 5로 뻗어둔다. 그리고 백 6으로 뻗어간다면 단호하게 흑 7로 끊어가는 것이다.

물론 백도 8로 패를 받아갈 것이다. '우선 패는 취해야 한다' 일단은 흑A로 패를 취해 보지 않으면 안된다.

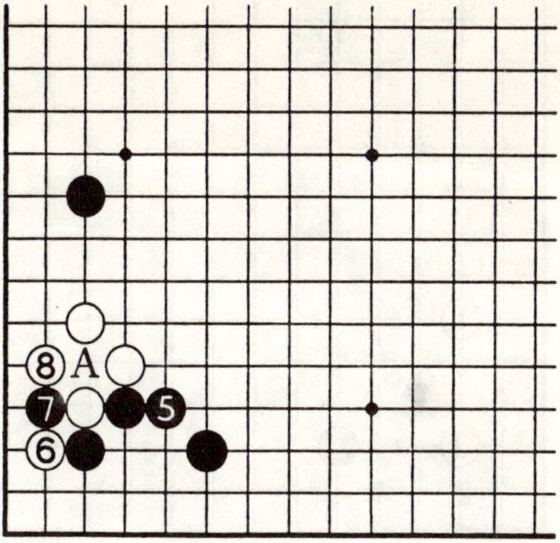

1도

◇ 패임은 지는 원인

1도의 패가 두렵다 라는 이유로 같은 그림 흑 7로 끊어,

참고도(내리기는 악기)

흑 1로 내리는 사람이 있다. 이것에는 백에 2로 넣어져 흑의 집은 한층 곤란해진다.

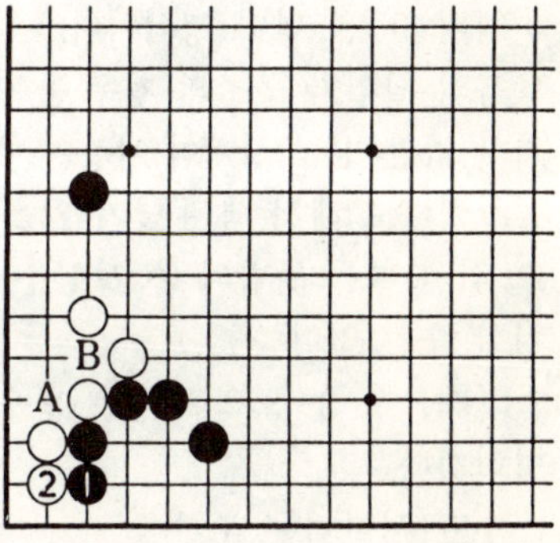

참고도

여기까지 온 다음 당황하여 흑A로 끊어도 이번에는 백에게 상대도 되지 않고 백B로 이어져 거기까지이다.

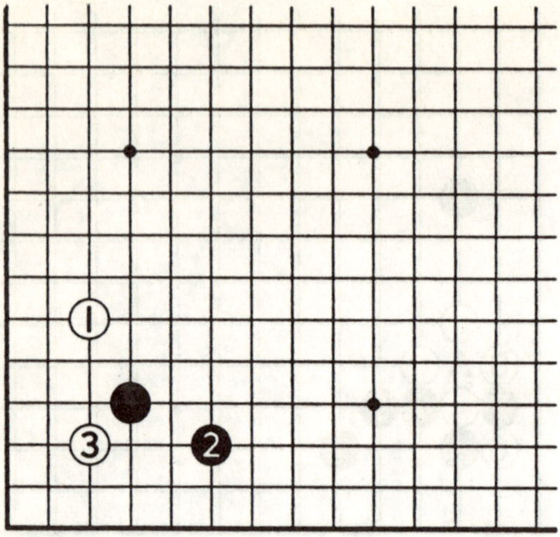

제14형

○제 14 형

백의 3·3 넣기 정석이다.

흑의 날일자 구조의 경우 눈목자 정도로 많지는 않다. 귀가 좁은 만큼 살기가 어렵기 때문이다.

그렇다고 해서 백은 넣지 않을 것이다——라고 생각하고 있을 때는 뜻밖의 쓴 경험을 하게 된다. 언제까지고 방치할 수는 없다.

그러므로 3·3 으로 넣는 경우의 응접 방법에 대하여 설명하겠다.

1도(차단하는 조건)

흑4로 차단하는 한 수

단 백5에 대해 흑6은 이 한 수다 라고 한정할 수는 없다. 이 그림과 같이 백△밖에 없을 때는 흑6의 한 수이

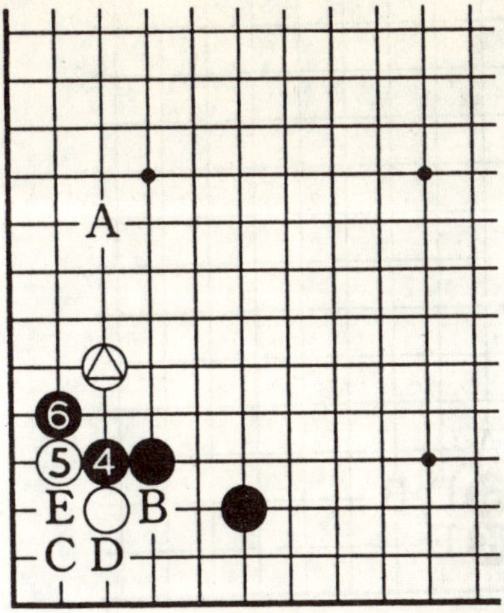

1 도

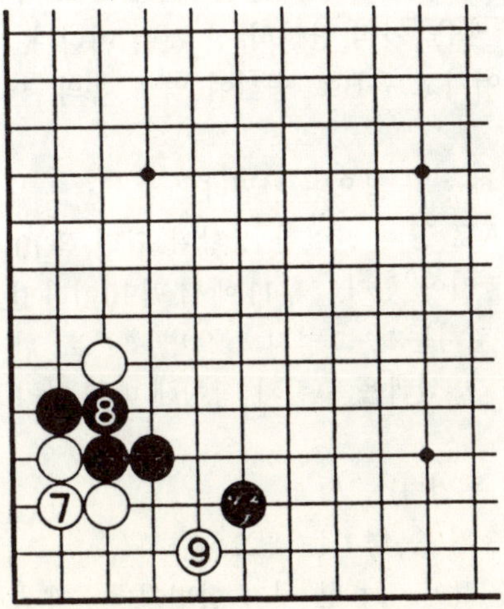

2 도

지만, 만일 윗쪽 A방면에 이미 백돌이 있어 강한 경우에는 흑6 에서 B로 구부리고, 백C에 흑D, 백E로 정하고, 선수로 다른 곳으로 돌게 된다.

2도(백이 사는 형)

앞그림에 이어 백7이하 백9 까지는 이런 상황이다.

백9 까지면 우선 백이 사는 것은 확실하다.

이렇게 간단하게 살릴 것을 하고 생각할지 모르나, 3·3 넣기로 들어오는 이상 다소의 희생은 어쩔 수 없는 것일 것이다.

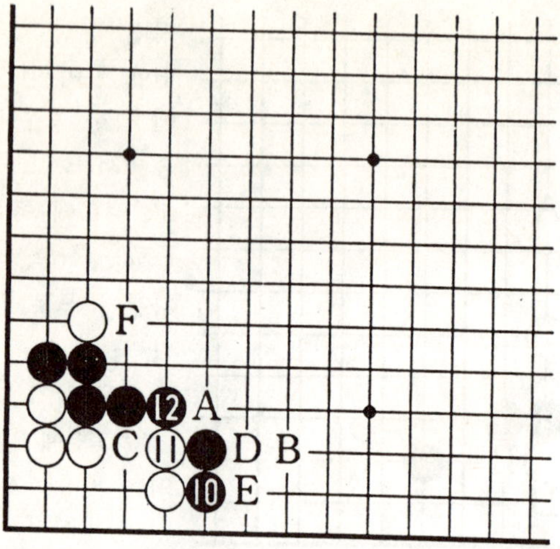

3 도

3 도(수 남김)

보통 흑 10으로 누르는 때. 그리고 백 11 에 흑 12 로 누른다. 이대로는 실은 백은 아직 완전히 산 것이 아니다.

그러므로 백A로 끊어가고 흑B로 응하여 역시 흑의 선수가 된다.

백은 C로 손넣기를 해두지 않으면 안된다.

다만 흑 12 다음 백A로 끊겨 곤란한 상황이 되면 흑10에서 흑 11로 위에서 눌러야 한다. 흑 11 에서 백 10이라면 흑D로 뻗든가 흑E로 젖히든가, 그렇지 않으면 흑F로 한 점의 머리를 젖히든가 그 선택은 주위의 상황에 따라 달라진다.

4 도(일단락——흑 두껍다)

앞 그림에 이어 백 13 의 손 넣기는 필요하다.

그리고 흑 14 로 잇는 것이 작용한 잇기 방법이다. 이것으로 백A 끊기에 대해 흑B로도, 흑C 로도 잡힌다.

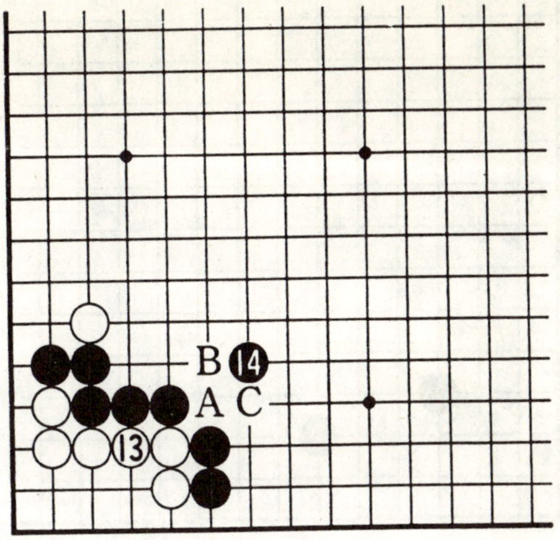

4 도

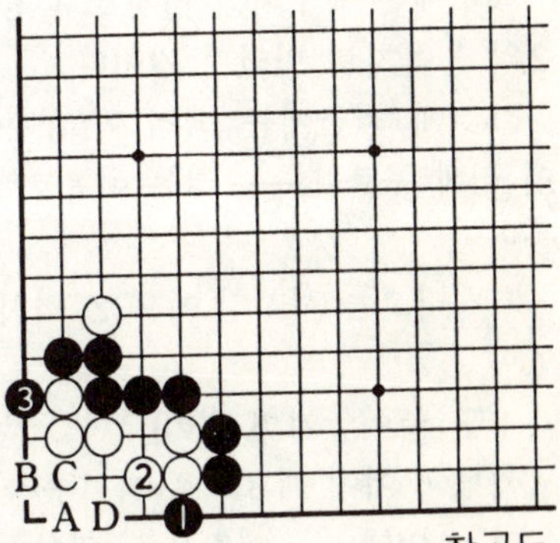

참고도

◇손 빼기의 사활

3도 그대로 백이 방치했다고 상상한 것이 오른쪽 **참고도**이다.

참고도(흑선 백사)

우선 흑 1로 우하를 젖힌다. 그리고 백 2로 구부려 주면 이번에는 흑 3으로 윗쪽을 젖힌다.

이것으로 죽음이다. 다음에 백A라면 흑B이고, 또 백C라면 흑D이다. 소위 젖혀죽이기의 전형적인 형이다.

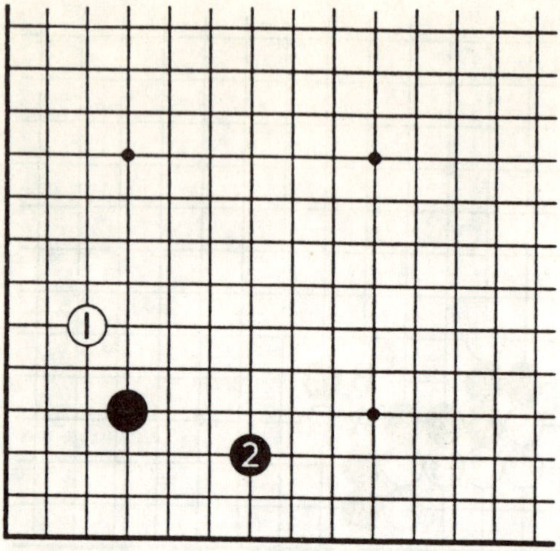

3. 눈목자 받기 제15형

흑 2로 눈목자에 받는 정석이다.

옛날에는 백 1의 날일자로 걸친 경우, 흑은 십중팔구 흑 2의 눈목자로 받았던 것이다.

그런데 최근에는 백의 귀(3·3)에 넣어질 여지가 있어 집에 무르다——라는 이유로 그다지 많이 놓여지지 않는다.

그렇다고는 하지만 이 흑 2 역시 훌륭한 놓기라고 할 수 있다.

1도(늘어놓기의 대비)

윗형에 이어 백 3으로 끼워주면 흑은 4로 나란히 늘어놓아 대비한다. 이것으로 귀를 흑의 집으로 하려는 것이다.

물론 백은 A로 넣을 여지도 있어 완전한 흑의 집이라고는 할 수 없지만…….

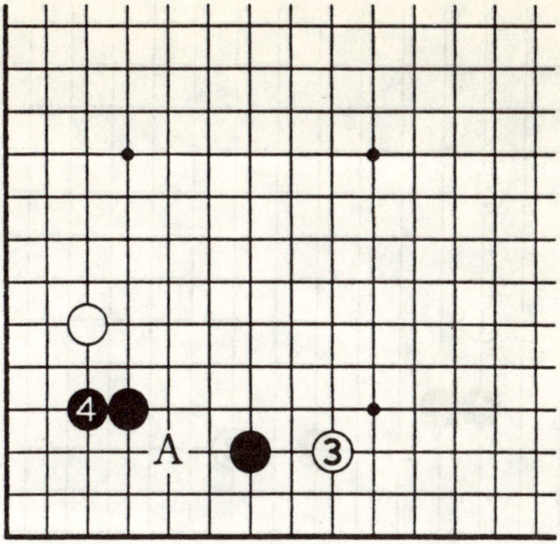

1도

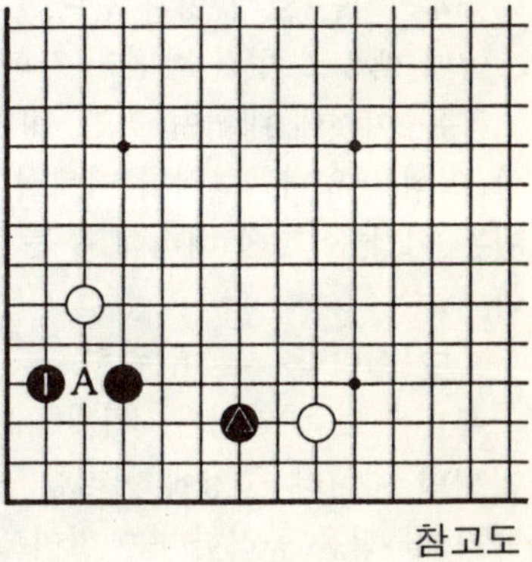

참고도

◇지나친 작용

1도의 흑4가 하나의 형이 되어 있다. 즉——

참고도(얇은 형)

▲이 눈목자로 넓은 경우는 흑1로 뛰어서 귀를 지키는 것은 얇은 것이다.

그것이 눈목자 날일자의 차이인 것이다. ▲가 날일자라면 흑A 보다도 오히려 흑1로 뛰어놓는 편이 작용을 한다.

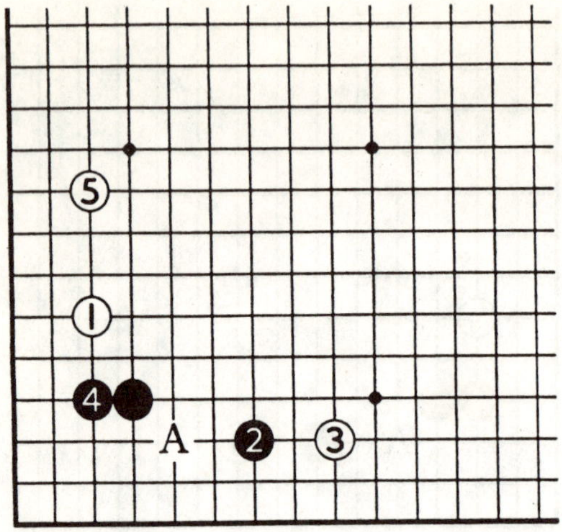

제16형

○제 16 형

흑 4 까지는 앞의 형과 같다.

이때 백 5 로 벌려 좌변을 강화했다고 하자.

흑은 이것에 대하여 귀를 방치해 두어도 곧 죽음을 당할 위험은 없다. 그러나 백에서 A로 뛰어들어 갈 여지가 있는 이상, 이것에 대비해 두는 것도 훌륭한 놓기일 것이다.

1 도(일단락——뛰는 형)

흑 6 이 그 대비이다. 이것은 백A의 뛰어들기에 대비한 것뿐만 아니라 중앙에 머리를 내고, 오른쪽 B 방면에서 백의 한 점을 공격한다는 의미도 가지고 있다.

또 백A로 뛰어들어 주면 흑C로 붙여대고 백D로 내리면 흑E로 공배를 메꿔 백의 동작을 봉쇄한다.

그 다음 백F로 두면 흑G로 머리를 누르는 것이다.

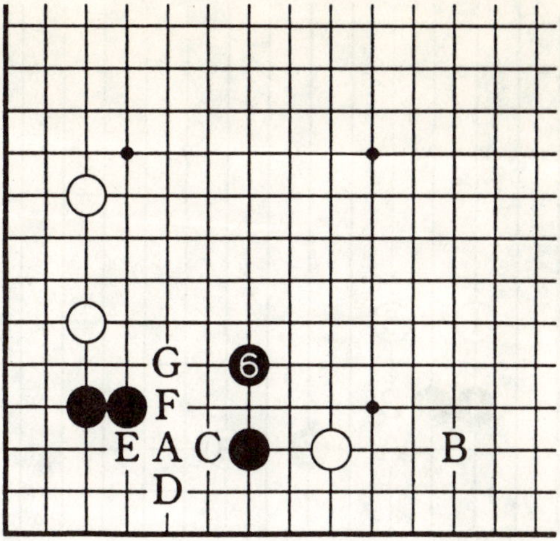

1 도

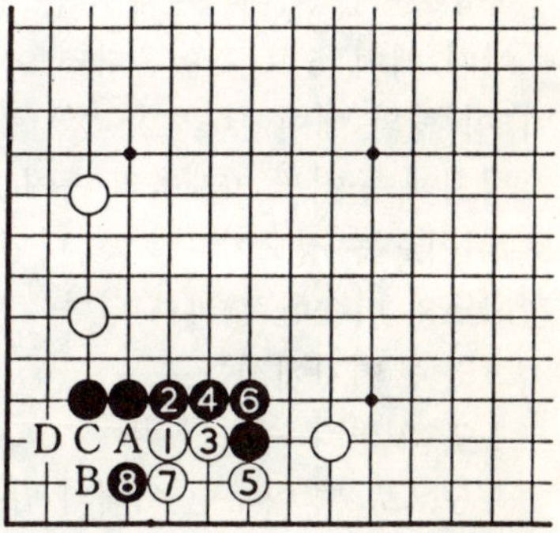

참고도

◇백의 뛰어들기

제 16형 그대로 흑이 방치되면 백의 뛰어들기가 있다고 서술했다.

참고도(흑의 대응 방법)

백 1 이 그것이다. 흑은 수 단단히 2 이하 6 까지 응하고 있는 정도이다.

흑 6 의 잇기에 백 7 은 귀의 근거를 겨냥한 잇기이다. 흑은 8 로 붙여 귀를 지킨다. 다음에 백A로 내도 흑B, 백C에 흑D로 걱정 없다.

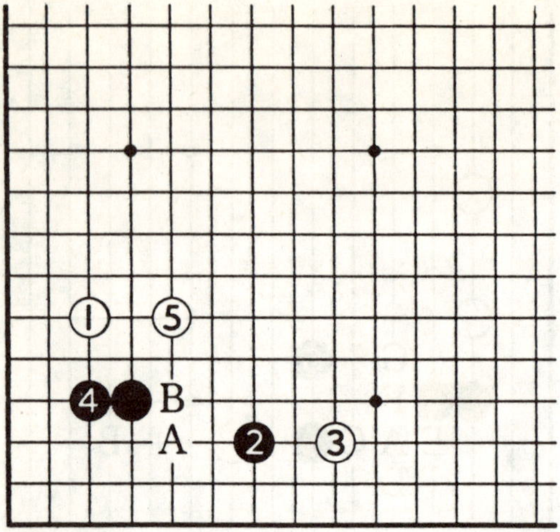

제17형

○제 17형

흑 4까지는 이제까지와 같은 형.

이때 백이 5로 뛰어온다면 어떻게 대응할 것인가. 이것이 이 형의 테마이다.

방치해 두어도 아래쪽의 흑이 죽지는 않는다. 고작 백A로 뛰어드는 정도이다. 그렇다면 흑B로 응하여 앞의 형 참고도와 비슷한 결과가 된다.

그러나 여기에서는——

1도(일단락——견실)

흑6으로 받아두면 아래의 귀는 흑의 집이 된다. 이어서 백A라면 흑B로 뻗는다. 이것으로 20집 가까이 흑의 집이 되고, C방면에서 왼쪽의 백을 끼워 공격할 수도 있고, 흑D의 방면에 놓아 아래쪽의 백을 크게 공격할 수도 있어 기대된다.

형으로써 외워두기 바란다.

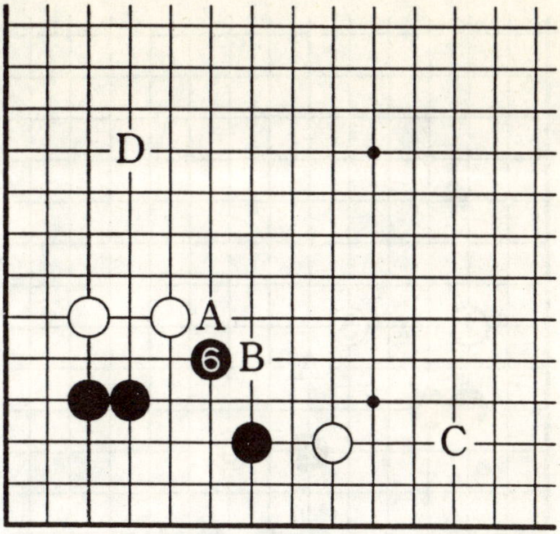

1도

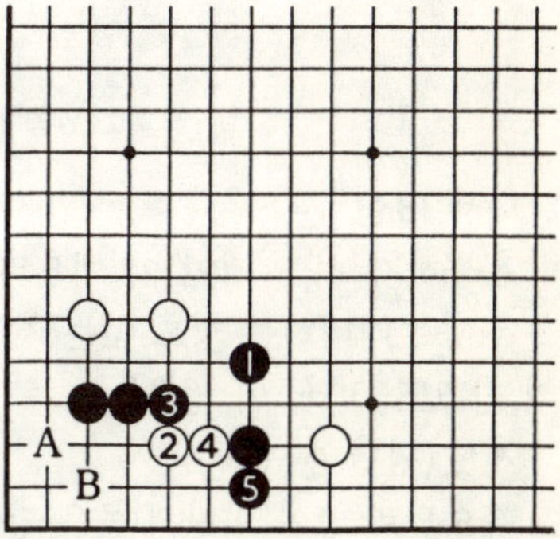

참고도

◇ 뛰는 맥도 있다

1도의 흑6에서,

참고도(뛰기의 지킴)

흑1로 뛰는 수도 없는 것은 아니다. 곧 백2로 뛰어들면 흑3으로 밀고, 백4에 흑5로 내려 이 백의 움직임을 막을 수가 있는 것이다. 이 다음 백A로 놓는 맛은 있으나, 흑B로 양보해도 밖의 두꺼운 맛은 상당한 것이다.

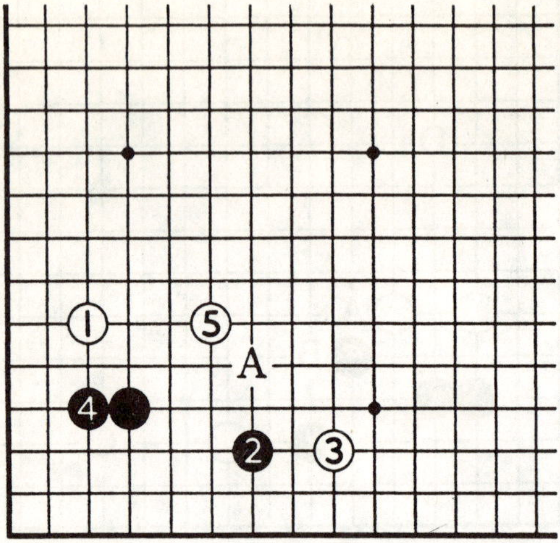

제18형

○제 18 형

혼동하기 쉬운 것이 이 백 5 의 두 칸 뛰기이다.

흑A로 대비하는 형도 없는 것은 아니지만(다음 페이지의 참고도 참조) 이 경우는──

1 도(단단한 수)

흑 6 으로 놓아 단단히 문을 닫아버리는 것이 좋을 것이다.

이 정도로 단단히 놓으면 백이 넘볼 틈도 없고, 후에 흑 A에서 놓아 백의 얇은 맛을 찌를 반격의 여지도 남는 것이다.

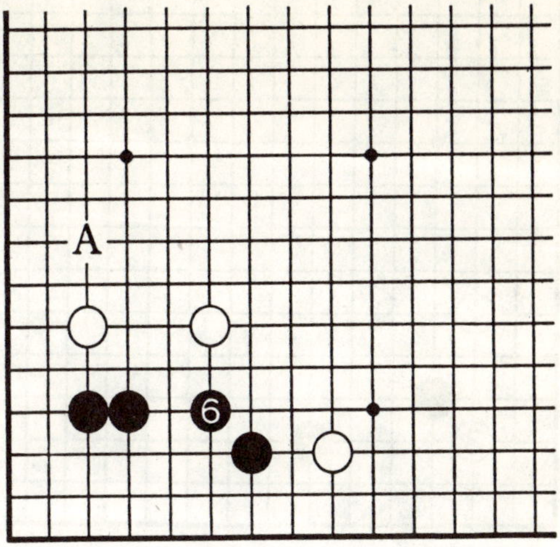

1 도

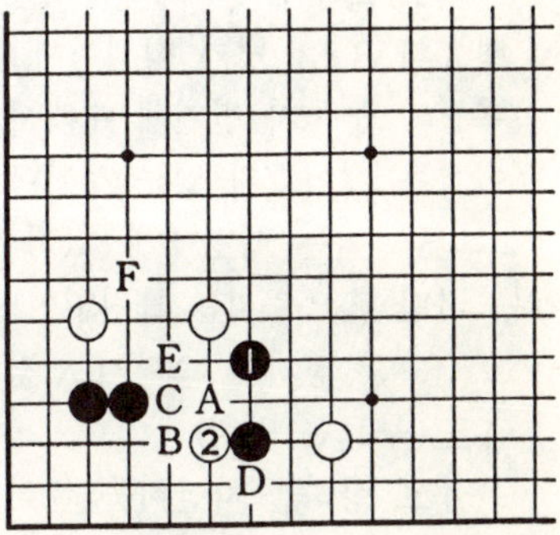

참고도

◇ 붙이기의 대책

참고도(한 칸 뛰기의 경우)

흑 1 로 놓아도 지장은 없으나 백부터 2 로 붙여가는 맥이 있다. 깜박 실수로 흑A로 응수하면 백B로 뻗어내어져 C로 붙여내면 백D의 건너기가 균형이 된다. 그러므로 백 2 에는 흑E로 놓고, 백D로 연락하게 하고 흑F로 끼워간다.

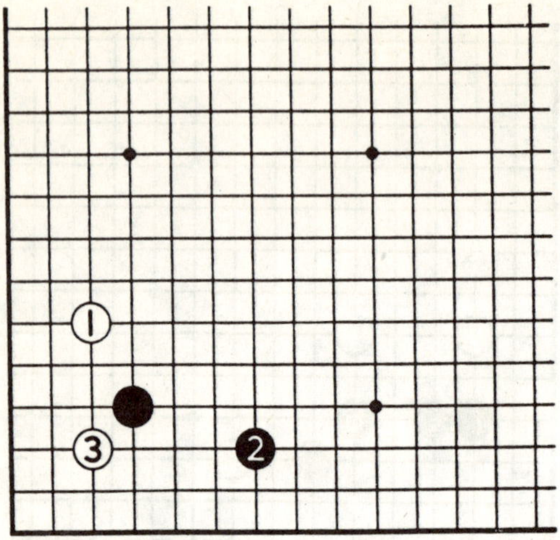

제19형

○제 19형

백3의 3·3 넣기 정석이다.

흑2의 눈목자 받기에 대해서 갑자기 이와 같이 귀로 넣어가는 케이스가 있는 것이다.

그만큼 귀는 쌍방에게 있어서 매력적이기도 한 것이다. 다만 흑으로써는 틀림없이 응하면 호각이 된다. 그러므로 3·3 넣기에 그다지 신경을 쓸 필요는 없다.

1도(누르는 방향)

흑4로 상하를 차단하듯 눌러 들어가는 것은 상식이다. 이 4에 흑5부터 누르는 것은 백에 4로 맛 좋게 연락시켜 귀는 완전히 백의 집이 되어버리기 때문에 좋지 않다. 게다가 옆에 있는 ▲의 한 점이 거기에 생긴 흑의 두꺼운 맛에 너무 가까워 작용할 수가 없다.

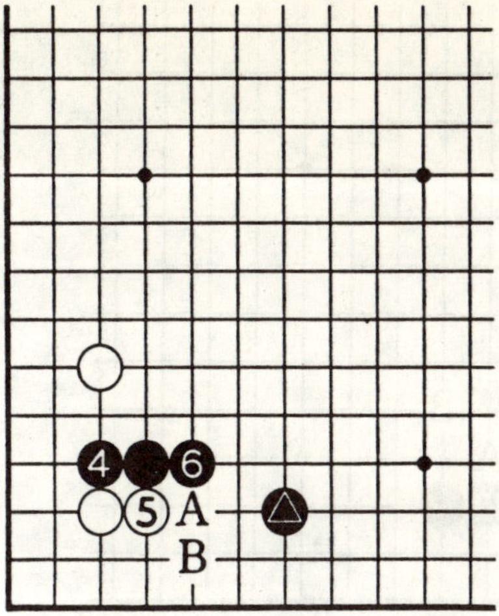

1 도

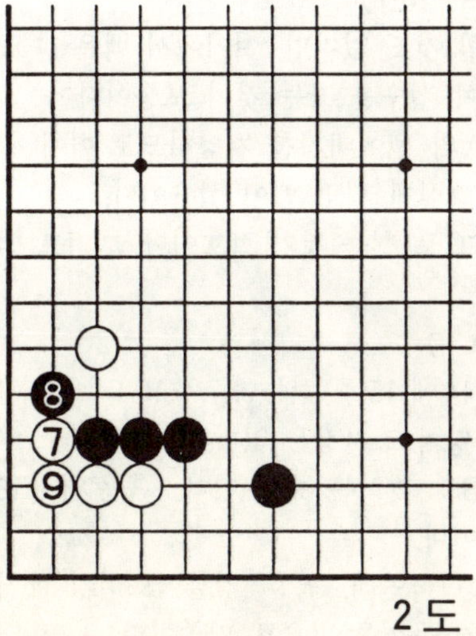

2 도

백도 대부분의 경우 5로 뻗어간다. 여기에서 흑6으로 뻗는 것이 바르다. 그렇다고 하면 흑6에서 A로 젖히고 싶어지겠지만, 그것은 B로 젖혀져 형이 무너진다.

이어서——

2도 (젖혀잇기)

백은 7·9로 젖혀 이을 것이다.

흑으로써는 어디까지나 한 점과의 연락을 끊어 귀에 백의 집을 허락해도, 그 대상으로써 자신은 두꺼운 맛을 상처입히면 좋다는 기분으로 임해야 한다.

그리고 다음 그림——

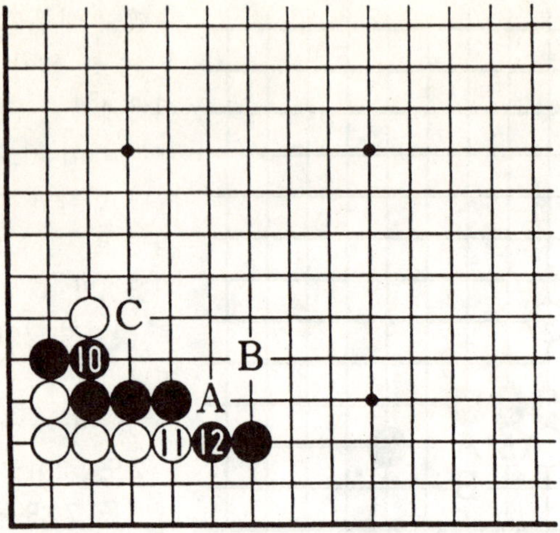

3 도

3 도(정하는 방법—— 선수)

흑 10의 잇기는 말할 것도 없지만, 여기에서 백은 11로 뻗어 흑 12와 교환하여 선수를 잡는 것이 보통이다.

백 11은 다음에 백A의 뻗어내기를 겨냥하므로 이에 대비로 흑 12는 필요. 그렇게 되면 백이 선수이다.

또 이 형은 흑부터 C로 뻗는 것이 절호이다. 그리고 백은——

4 도(일단락—— 호각)

백 13으로 뛰고 흑 14에 15로 뻗는다. 흑 16도 하나의 형. 단 이때 흑 A로 당겨도 지장은 없다.

또 백 15에서는 백B로 젖히는 수도 있다. 흑은 역시 16으로 뻗으면 좋은 것이다.

일단 흑 16으로 일단락인데, 귀를 엉클어뜨리긴 했지만 흑은 오른쪽에 생긴 두꺼운 맛으로 만족이다.

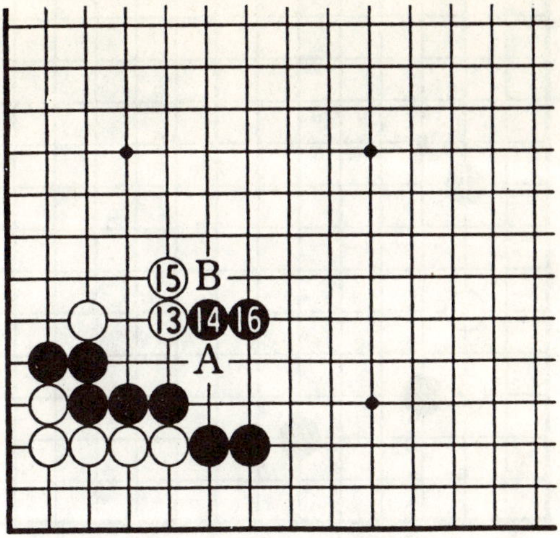

4 도

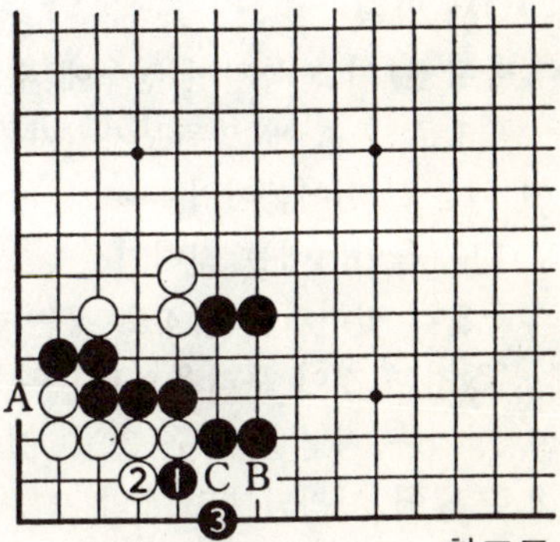

참고도

◇선수가 사는 맥

4도는 귀의 백에 대해 흑부터 여러 가지 사는 맥이 있다.

참고도 (선수 젖혀잇기)

가장 간단한 것이 흑 1·3의 젖혀잇기. 이것은 선수이다. 손을 빼면 흑A로 젖혀 죽음이다. 또 흑3에서는 B로 걸쳐잇는 수도 있다. 흑C의 내리기도 선수라고 하듯이 여러 가지로 사는 것이다.

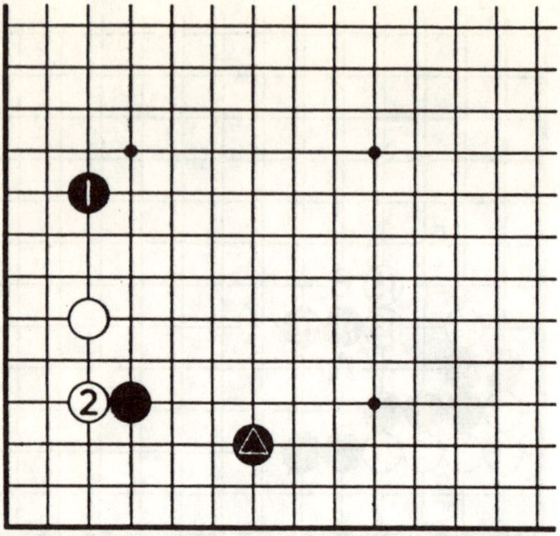

제20형

○제 20 형

흑의 ▲이 눈목자인 경우에 관해 설명하겠다.

흑 1 로 두 칸에 끼워보자. 자주 백은 안정시키기 위하여 백 2 로 뛰어붙이기——

1 도(붙이기에는 젖히기)

흑 3 의 젖히기에 백 4 로 끊는 수단을 사용한다.

'끊기는 것이 두려우므로——' 라고 하여 흑 3 에서 4 로 당기는 사람을 자주 볼 수 있는데, 그렇게 되면 백 3 으로 넣어 안정되므로 백의 생각대로 되는 것이다. 백 4 의 끊기를 맞아 싸우지 않으면 안된다.

이때 우선 생각해 두어야 할 것은 '엇갈려 끊은 한쪽을 뻗어라' 라는 격언이다. 엇갈려 끊었으면 한쪽을 뻗어라——라고 가르키는 것인데, 우선 헛갈리는 것이 어느쪽을 뻗을 것인가 하는 것일 것이다. 예를 들면 뻗기라도A, B, C, D의 네 곳이 있으므로.

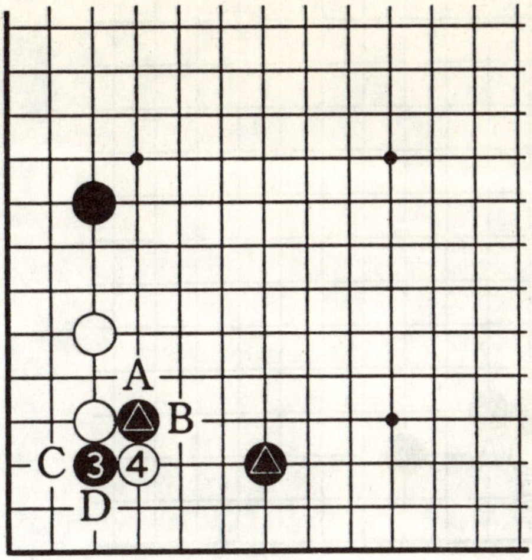

1 도

이런 경우에 우선 주의해야 할 것은 ▲ 두 점의 연락을 유지한다는 것이다. 따라서 그를 위해서는——

2 도(뻗는 방향)

흑5로 뻗어 넣으면 좋은 것이다. 이 5도 외워 버리면 간단하다. 백으로는 6으로 단수하는 정도. 흑은 7로 내린다. 이어서 —

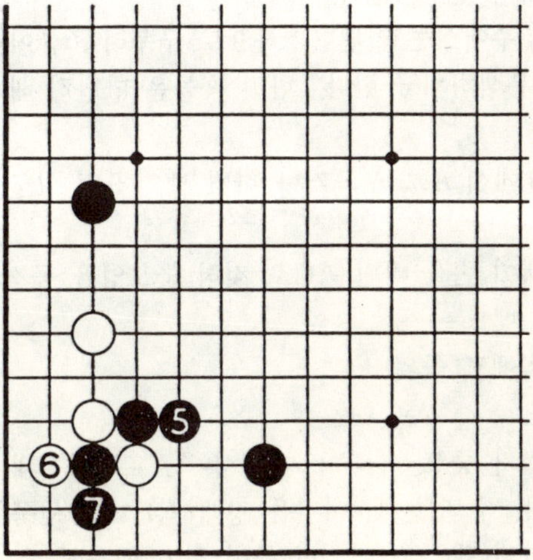

2 도

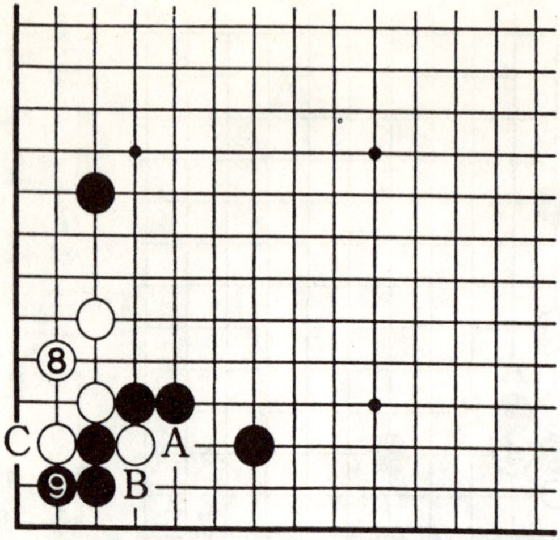

3 도

3 도(늦추지 않는다)

백 8 로 붙여 이어 안정시킨다.

여기서 흑도 늦추어서는 안된다. 흑 9 로 구부려 조금이라도 백의 형을 옹색하게끔 한다. 한편 흑돌은 단단히 해간다.

예를 들면 흑 9 에서 A로 누르거나 하면 백이 9 를 선수로 산다.

흑 9 에 이어 백이 손을 빼면 흑C로 젖혀 눈모양을 공격하는 것이 된다. 백도——

4 도(누르는 쪽에도 주의)

10으로 젖힌다.

흑 11 의 누르기가 중요. 이 누르기에서 흑A로 아래에서 안는 사람을 볼 수 있는데, 이것은 장래 백B 등 윗쪽의 공배가 막혀가면 백C의 붙임 맛 등이 살기 때문에 좋지 않다. 흑 11 이 바른 이유이다.

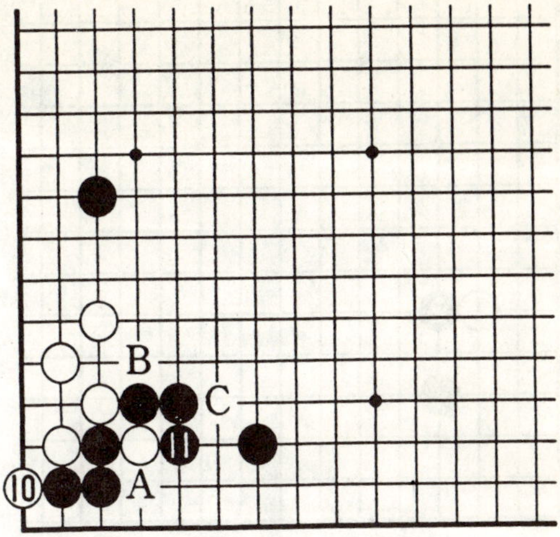

4도

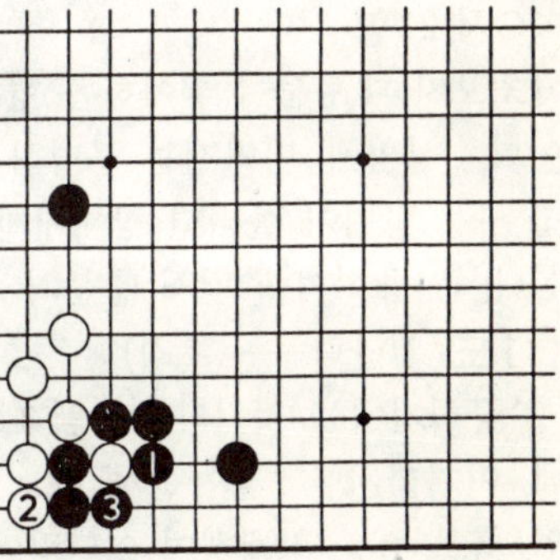

참고도

◇한 수도 헛되게 할 수 없다

참고도(형의 비교)

전술한 것과 같이 3도 흑9의 구부리기를 놓지 않고 당황하여 본도 흑1로 안으면 백2의 누르기를 선수로 살게 해 버린다.

4도 백의 형과 **참고도** 백의 형과는 **참고도** 쪽이 훨씬 눈모양이 풍부하다. 한쪽 흑의 집이 좁게 고리형이 되어 있는 것을 알 수 있다.

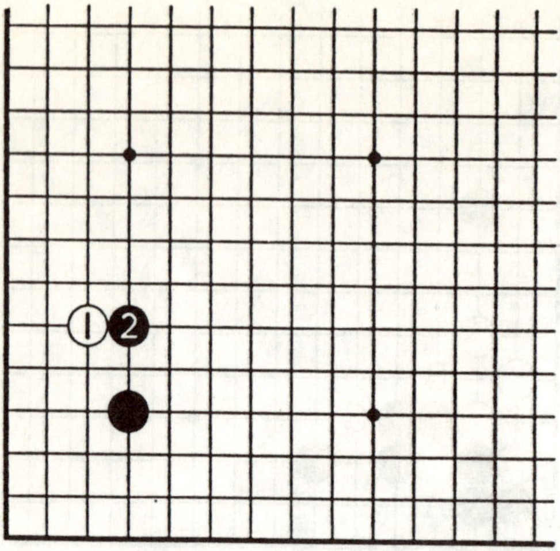

제21형

4. 붙여뻗기

○제21형

초보자 대부분이 좋아하는 형은 이 흑 2의 위 붙이기이다. 상황에 따라서는 분명히 유력한 놓기의 한 가지지만 사용 방법이 틀리면 상대에게 유리하게 작용할지도 모른다. 사용하기에 앞서 충분히 주의하기 바란다.

1도(일단락——호각)

'붙히기에는 젖혀라'로 백3으로 젖힌다. 흑4로 뻗는데, 여기까지를 '붙여뻗기'라고 부르고 있다. 백7로 대비, 흑도 8로 전개하여 일단락이 된다.

단 백7로는 모양을 방해하기 때문에 백8로 갈라 놓아가는 방법도 있다. 그 경우는 흑A부터 백을 공격하는 것이 강력한 맥이다.

그러면 1도에 이어서 만일 백이——

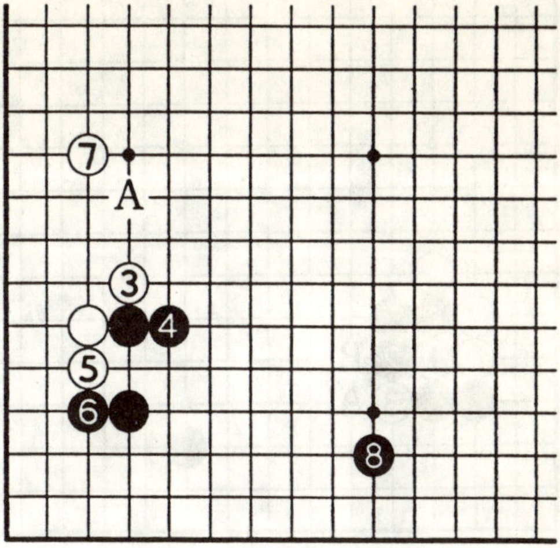

1 도

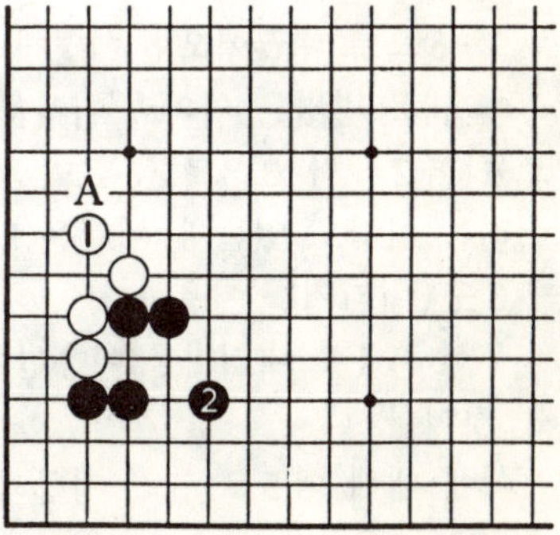

참고도

◇상대에게 대응

1도 백 7로 벌리는 것이 정석——이라고 하는데, 이것으로는,

참고도 (대비 방법)

수 단단히 백 1로 걸어 있는 것도 생각할 수 있다. 그때는 흑도 2로 단단히 대비하는 것이다.

상대가 부드러우면 자군도 부드럽게, 또 상대가 단단하면 자신도 단단히 라는 식이다.

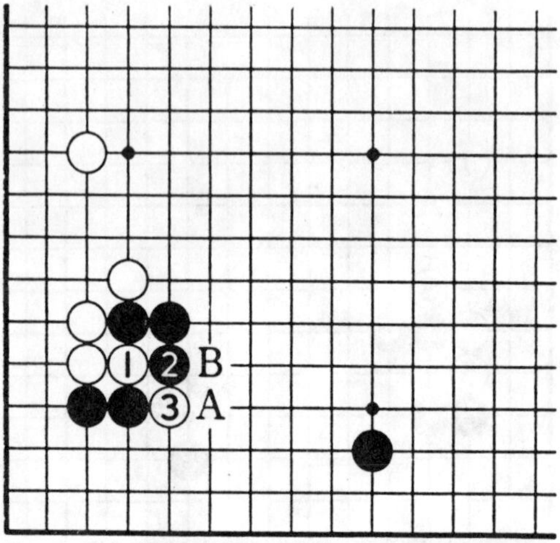

2도

2도(내끊기)

1·3으로 내끊어오면 어떻게 할 것인지 공부해 보자.

이 대응 방법은 의외로 어려운 것이다. 어려우므로 때로는 흑2에서 3으로 늦추고, 백2, 흑A, 백B로 두 점을 버리는 사람도 있는데, 이것은 안된다.

3도(내리기를 이용한다)

우선 흑4로 내리기를 이용한다. 흑A의 끊기를 겨냥하는 것이다.

이에 대해 백5로 눌러 저항해 올지도 모른다. 이 백5가 상당한 강수이다.

아뭏든 흑6으로 단수하고 8로 눌러간다.

여기에서 백9로 놓는 것이 흑을 현혹시키는 맥이다. 즉 흑B로 응하면 백C로 젖히려고 하는 것이다. 또 백9에

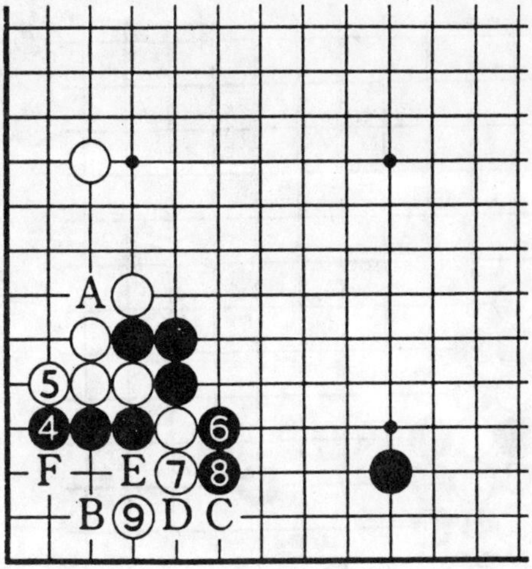

3 도

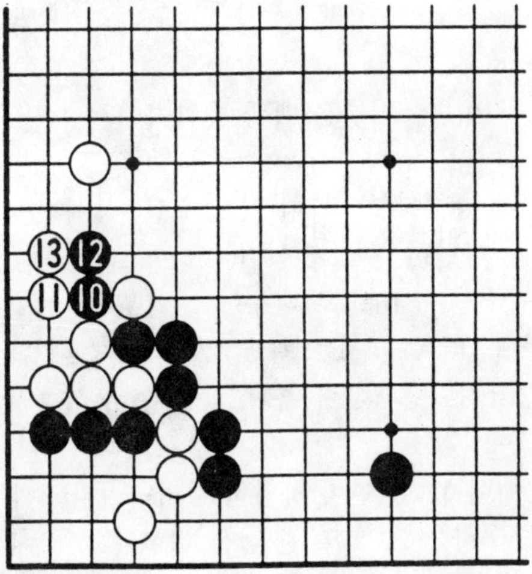

4 도

흑D로 단수하면 백E로잇고, 백C의 한점 취하기, 백F의 취하기를 균형이 되게 하려는 것이다.

4도 (중요한 끊기)

흑은 여기에서 우선 10으로 끊기를 넣고 백 13까지와 교환시켜 둔다. 이 흑 두점은 말하자면 후림수로 백을 취하려고 하면 안된다.

상황에 따라서는 언제라도 이 두점은 버려도 좋은 것이다.

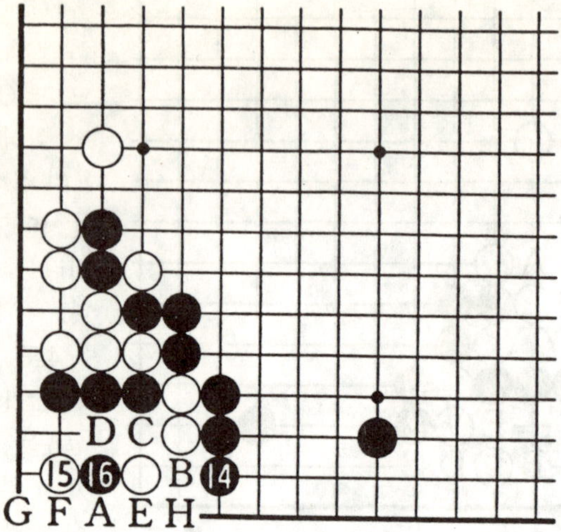

5 도

5 도(내리기가 급소)

흑 14 로 내리는 것이다. 이것을 백에 젖혀지면 성가시게 된다.

백은 여기서 놓는 방법이 두 가지 있다. 우선 이 백 15. 그 외에 백 16 으로 나란히 놓는 것이다.

또 백 15 로 뛰어주면 흑 16 으로 나누어 넣기부터 가져간다. 흑 16 에 대해 백 A, 흑 B, 백 C, 흑 D, 백 E 때 흑 F 로 놓는 것이 중요하다. 백 G 에 흑 H 로 한 수 승이다.

6 도(강경 수단)

전도에 이어서 백이 17 로 안아 강경하게 버티면 어떨까.

당연 흑 18 로 단수하고, 20 으로 한 점을 취한다. 이렇게 되면 이미 세력이다.

7 도(절대패)

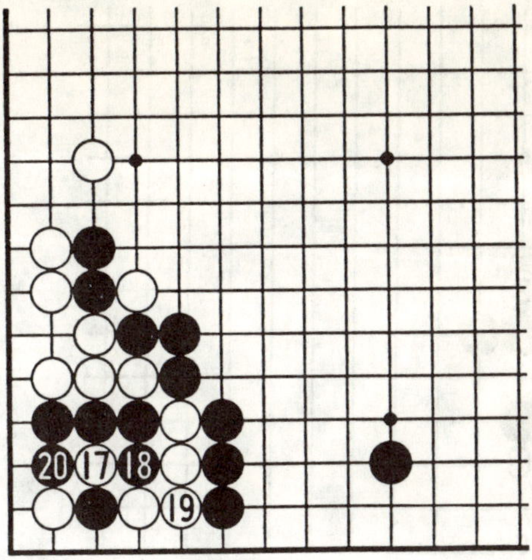

6 도

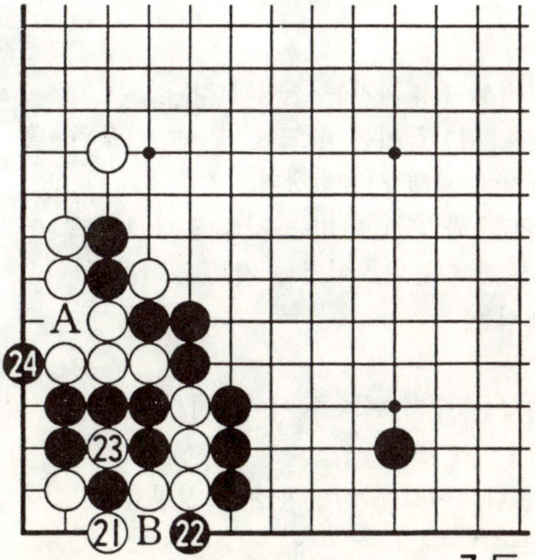

7 도

백 21로 단수하는 패이다. 흑 22로 단수하는 수밖에 달리 방법이 없다. 흑 22에서 23으로 이어서는 안된다.

백 23의 패잡기에 흑 24의 옆패가 산다(실은 이 패재를 만들기 위해 앞 페이지 4도 흑 10·12를 놓아두었던 것이다.

백 A로 이으면 흑은 되찾아 댄다. 이미 절대패이므로 백이 아무 곳에 놓으려 하더라도 흑B로 잡으면 좋은 것이다.

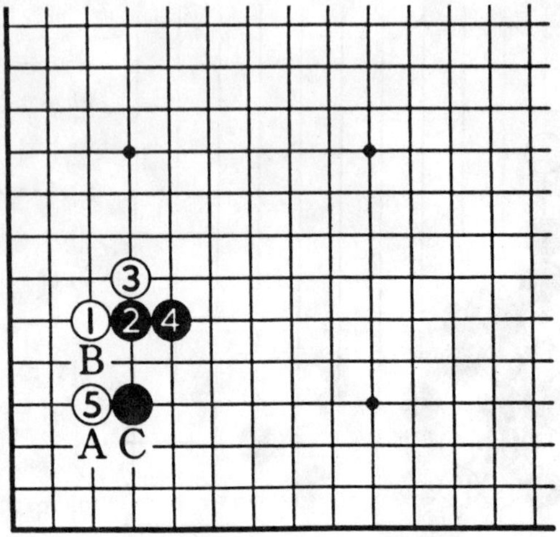

제22형

○제 22 형

백 1 의 걸치기에서 흑 4 까지는 전형과 같다.

여기에서 백 5 로 뛰어붙이는 수도 있다. 그 경우의 흑의 바른 응수 방법에 관해 서술하겠다.

우선 이 백 5 에 대해 흑A로 받는 것도 있다. 백B로 이으면 흑도 C로 굳게 잇는다. 이것도 기본 정석의 하나이다. 단지 여기에서는,

1 도(갈라넣기)

흑 6 으로 갈라넣는 수의 변화를 이야기하겠다.

백 7 은 이 한 수.

흑도 8 로 잇는다. 이렇게 되면 백에는 상당한 결점이 남는다. 그리고——

2 도(일단락——흑 모양)

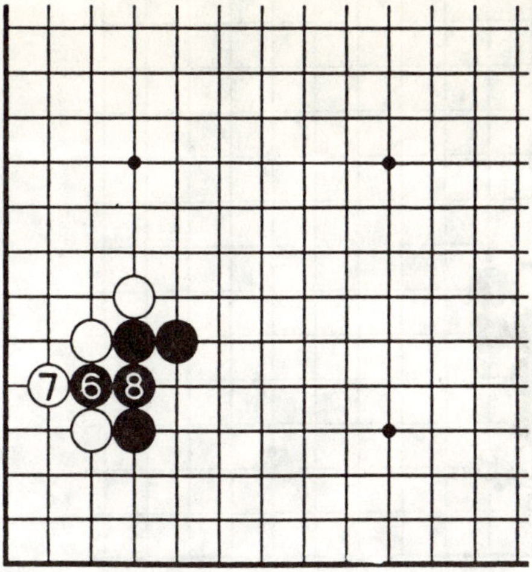

1 도

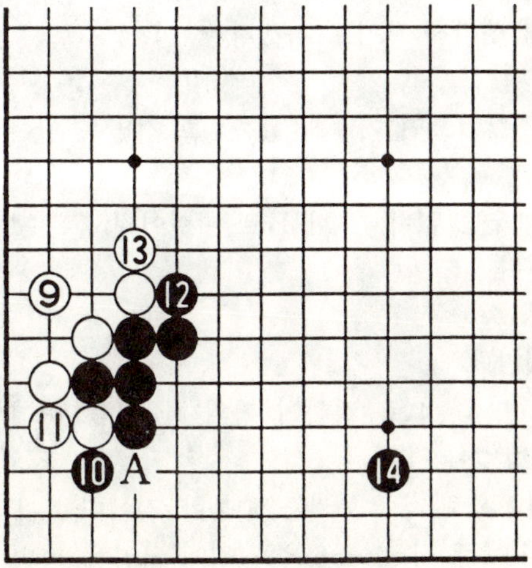

2 도

백 9 로 걸쳐 잇는 것이 된다. 흑 10 은 이 한 수(이때 흑 11 로 끊는 것은 백 10 으로 내뻗어지고, 흑 11 로 끊은 수가 들어가게 된다).

백에 11 로 이어진 다음 한 점 흑 12 의 구부림(이것이 실로 크다. 흑이 놓아두면 백에 12 로 눌러진다)을 놓고, 흑 14 로 천원(天元) 으로 전개하는 것이다.

이것으로 붙여뻗기에서 발생하는 이 정석은 일단락이다.

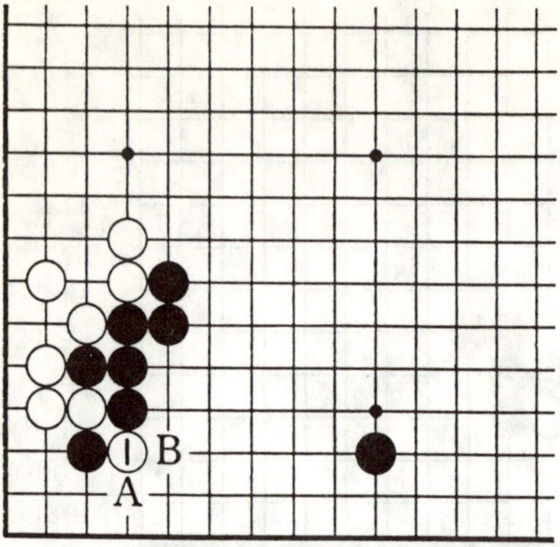

3 도

이 문제에 대해 생각해 보기로 하겠다.

3 도(끊기)

우선 백이 1로 끊어오면 어떻게 할까. 그 결말을 알아둘 필요가 있다.

흑A로 단수할 수는 없다. 백에 B로 내뻗어져 흑은 뿔뿔이 흩어져 버린다.

그래서——

4 도(귀는 버린다)

흑2로 위에서 단수, 4로 정하여 귀의 한 점을 버리는 방법 외엔 딴 방법이 없다.

그러나 실은 이것으로 흑으로써는 충분한 것이다. 귀의 백의 집이 10 칸 늘었지만, 흑6으로 뛰어 모양을 펴면 귀 정도의 손실은 충분히 보상할 수 있다.

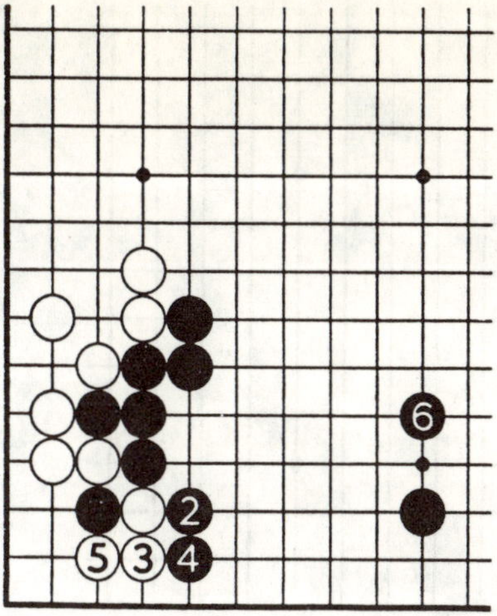

4 도

단지 흑이 강화된 다음 흑4에서 5부터 대어가는 편이 좋은 경우도 있으므로 주의하기 바란다.

그렇다고는 해도 만일 백이 끊어오지 않으면,

5도(작지 않은 누르기)

때를 보아 흑1로 눌러넣기가 될 것이다.

끊겨도 좋다고는 했지만 흑1로 도는 것도 결코 작은 수는 아니다. 이번에는 백A로 끊어가도 흑B, 백C, 흑D로 걱정없다.

그러나 흑1을 먼저 놓는 것보다도 흑E의 뻗기를 먼저 놓는 쪽이 나은 경우가 많은 것이다.

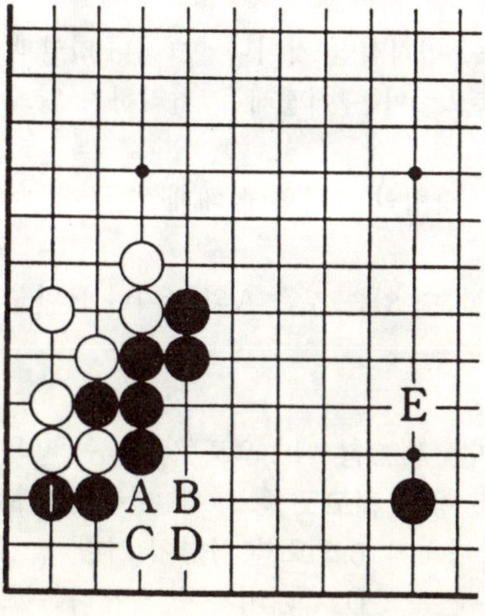

5 도

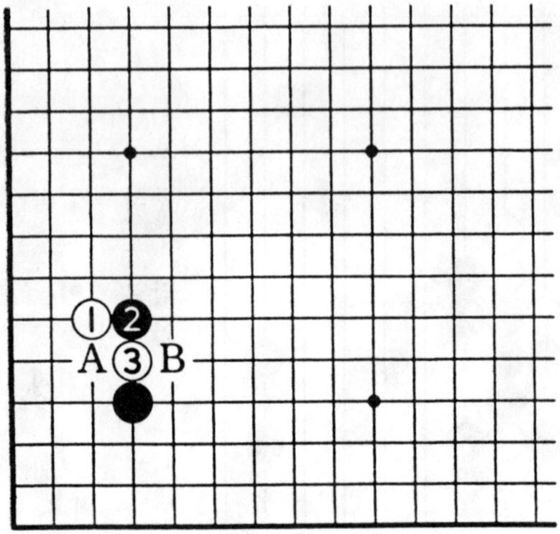

제23형

○제 23 형

이것은 정석 중에서도 변칙적인 것이다. 그러나 만일백이 놓아주지 않으면 흑으로써는 어떻게든 처리하지 않으면 안된다.

이 백 3 에 대한 대응 방법의 기본형에 대해 언급해 보겠다.

우선 흑으로써 생각할 수 있는 것은 A의 끊기나 B의누르기이다. 일반적으로는——

1 도(눌러넣기)

흑 4 로 받게 된다. 단, 제23형 백 3 으로 갈라넣는 것은 백에 있어서 축이 좋은 경우(참고도 참조)에 한해서이다.

백 5 의 잇기에 흑은 강하게 6 으로 눌러넣어 간다.

백A라면 흑B, 백C에 흑도 D로 대비하여 흑이 나은도이다.

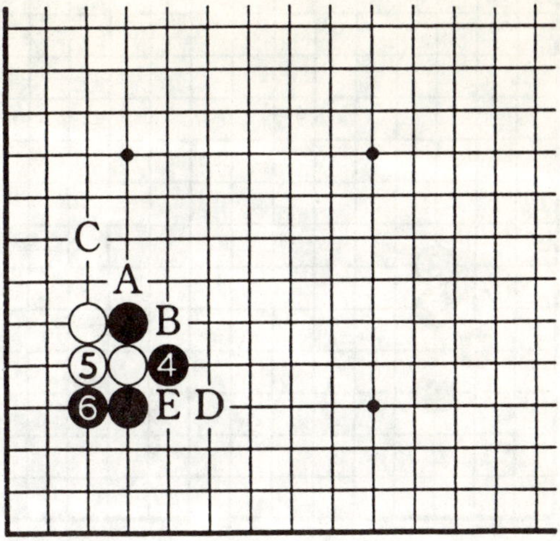

1 도

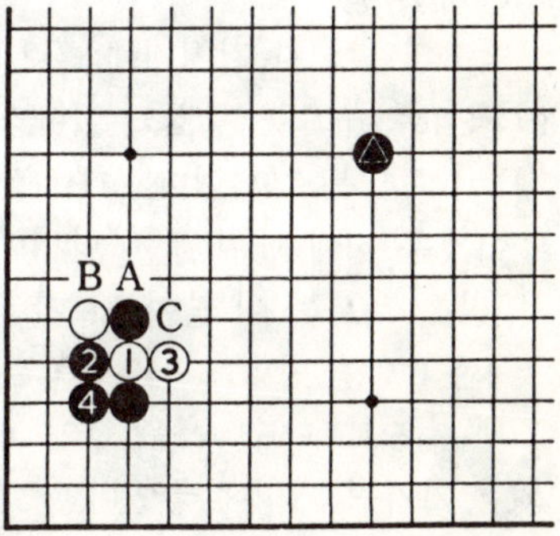

참고도

◇갈라 넣기의 조건

참고도(축에 잡히지 않는다)

흑의 축이 좋으면 흑 2부터 끊어 4로 잇는다. ▲가 있기 때문에 백A로 축에 잡히지 않으므로 백B로 뻗는 수 밖에 달리 방법이 없다.

흑은 C나 A로 눌러 공격한다. 즉 이와 같이 패가 나쁜 형에서는 백1이 성립되지 않는 것이다.

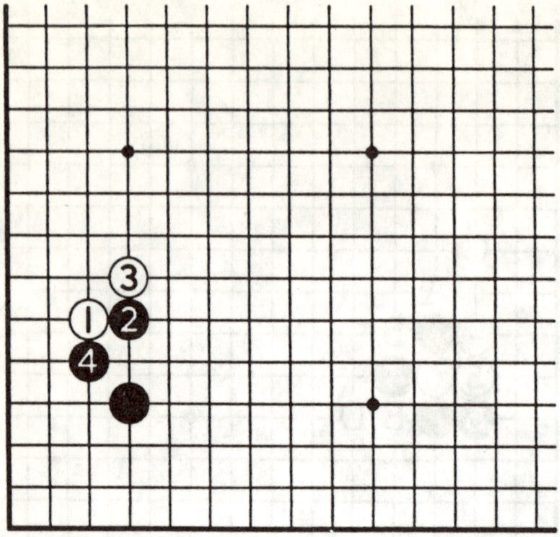

제24형

5. 붙여누르기

○ 제24형

백1의 날일자 걸치기에 흑2로 붙여 백3으로 젖힌 때에 흑4로 누르는 방법도 있다. 이것을 '붙여 누르기 정석'이라고 부르고 있다.

이것은 집에 메워 놓기 방법이다. 따라서 집을 중시하는 많은 프로는 이 붙여누르기 정석을 사용하고 있다.

1도(잇는 방법)

백은 5로 단수, 흑은 당연 6으로 잇는데, 여기에서 백의 놓기가 분기점에 놓인다.

즉 백에는 A로 위를 잇는 수, B로 아래를 잇는 수, 거기에다 백C로 강하게 내려놓는 세 가지 방법이 있기 때문이다.

각각 기본적인 변화를 다음 페이지에 나타내어 두었다.

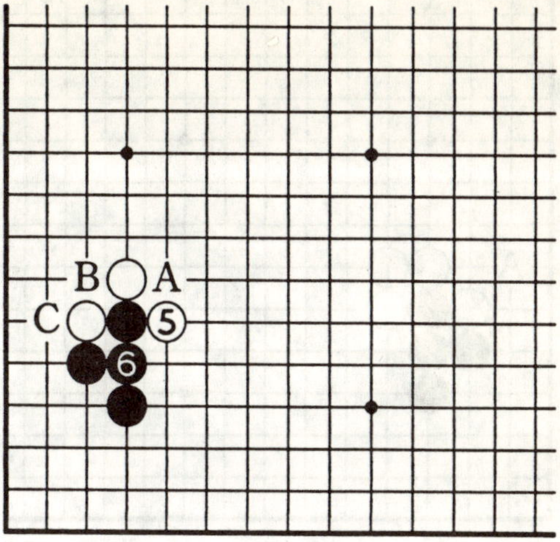

1 도

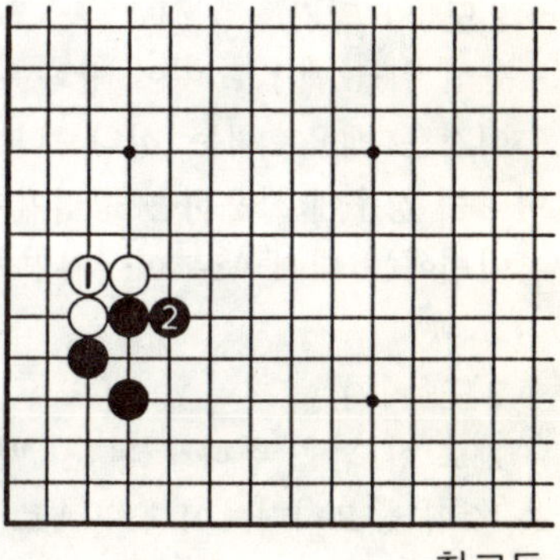

참고도

◇백의 의외의 수에 대처

백은 때때로 기묘한 수를 놓는다. 정석은 이렇다고 정해두고 있는 것을 깜짝 놀라게 하는 수이다.

참고도(뻗음)

제24형 흑4에 이어 백은 단수할 것이라고 생각했는데 단지 1로 이어왔다. 그럼 어떻게 할 것인가 하고 의혹을 품은 사람이 적지 않겠지만, 흑2로 뻗으면 충분한 것이다.

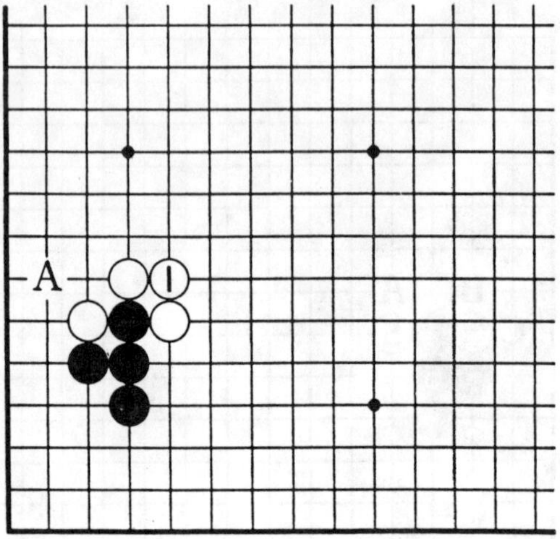

2 도

2 도(위 잇기)

우선 위를 백 1 로 이어 변화——

이것은 백으로써는 실리보다도 우선 두꺼운 맛을 구축하려는 경우에 사용하는 방법이다.

이번에는 백에 A로 이어지면 더욱 강화되는 것이다. 그리고 흑도——

3 도(빼기)

2로 한 점을 취하게 된다. 백 3 에 대해서는 흑 4 로 빼는 것이 중요하다. 이때 흑A로 내리거나 하는 것은 백에 B까지 살게 하여 흑은 후수로 4 를 빼지 않으면 안된다. 이것은 흑 4 로 빼는(다음에 흑B의 젖히기를 볼 수 있다) 것보다는 훨씬 손해가 큰 것이다.

여기에서 백이 방치되면 흑에 B로 젖혀진다. 이렇게 되

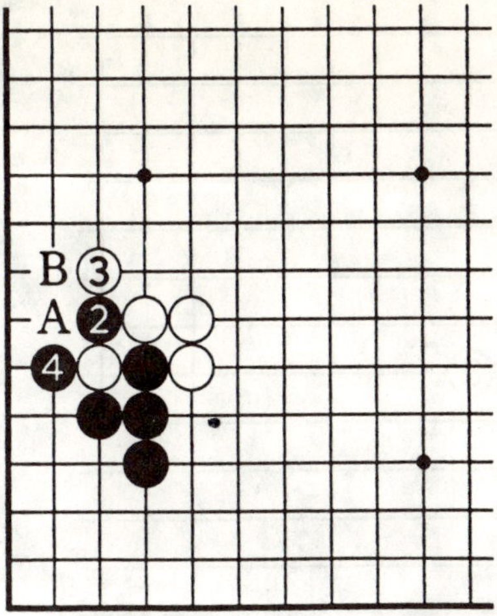

1 도

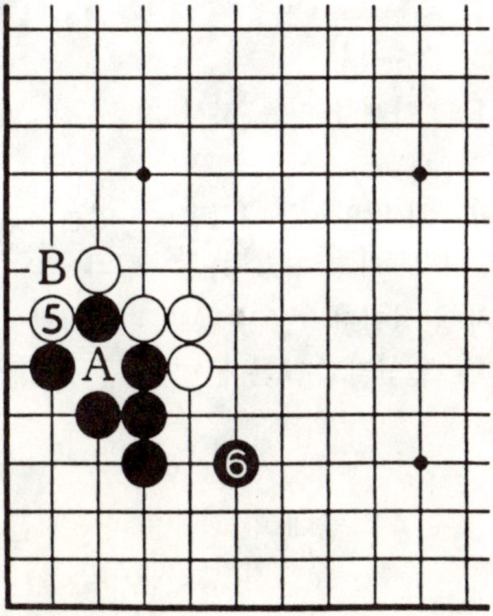

2 도

면 백 전체가 붕 떠 버리게 된다. 그렇다고 그것을 정지하기 위해서 백B로 내리는 것은 흑에 영향이 없고 후수가 된다.

이것도 재미없다.

그러므로

4도(일단락— 호각)

패를 두려워 말고 백**5**로 단수해 가는 것이 형이다. 흑A로 잇는 것은 경단형이다. 그리고 흑**6**으로 형에 잇는 것이다. 장래(패재가 풍부해질 때를 의미)에 흑B로 끊어 패에 도전하는 것이다.

그것은 장래의 이야기로, 우선 흑**6**으로 이 정석은 일단락이다.

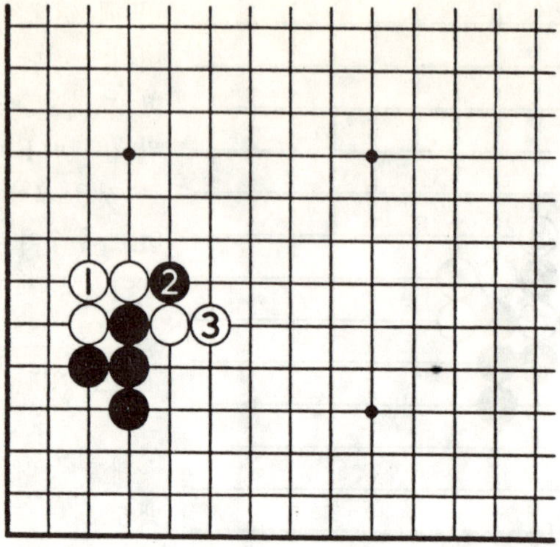

제25형

○제 25 형

그러면 이번에는 백 1 로 아래를 잇는 정석을 공부해 보자.

흑 2 로 위를 끊어간다. 옛 명인들은 '끊을 수 있는 곳이 있으면 참지 말고 끊어라' 라고 가르쳤다고 한다.

끊기는 분명히 싸움의 원점이다. 끊지 않고 편안하게이기려 하는 것은 뻔뻔스러운 일인지도 모른다.

백도 3 으로 뻗어 버틴다.

1 도(뻗기)

흑도 방치할 수 없다. 백에 4 로 축에 안게 하면 바둑은 끝장이다.

그러므로 흑 4 로 뻗어 흑A로 걸어본다. 그렇게 되면 백도 큰일이므로——

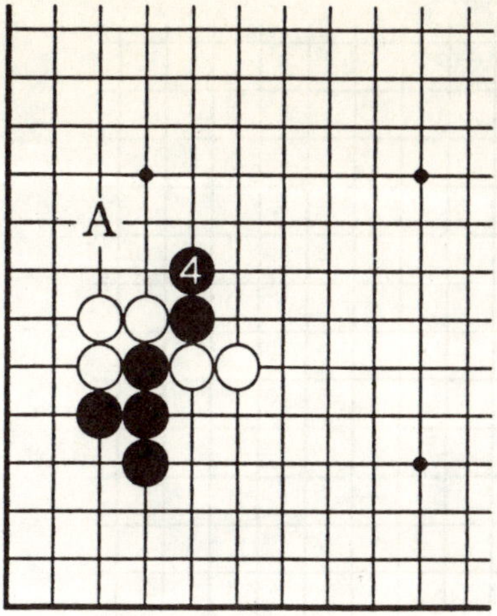

1도

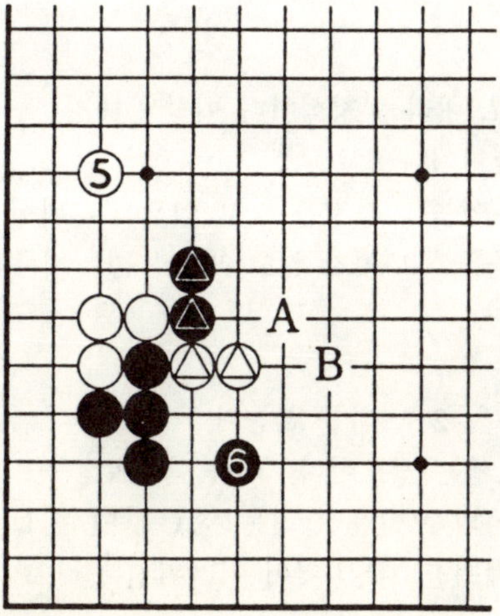

2도

2도(일단락— 싸움)

백5로 두 칸 벌린다. 제3선의 벌리기는 두 칸이 견실하다.

백이 안정되면 흑도 6으로 한 칸에 자리잡고 안정시킨다.

아래쪽의 흑, 좌변의 백은 모두 안정되었으므로 문제는 ▲의 두 점과 △ 두점과의 싸움이다.

백이 여기에서 A로 놓을지, 또는 B로 뛸지는 모르지만, 이 싸움을 유리하게 하기 위해서는 어떻게 놓아야 할 것인지 그것을 생각하는 것이 중반 전술이다.

일단 이 정석은 여기에서 끝내두겠다.

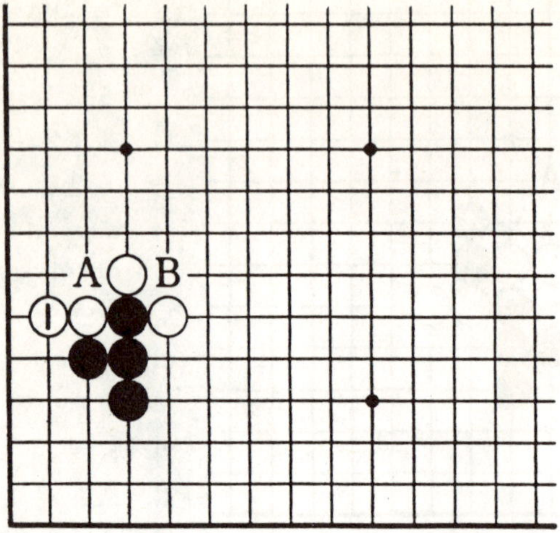

제26형

○제 26 형

그럼 다음으로 백 1 로 내리는 정석이다. 이렇게 내려 흑의 귀를 노리겠다는 놓기이다.

이것은 일견 A와 B 양쪽에 결점을 갖고 있으므로 위험해 보이지만, 그것을 무릅쓰고 잇지 않고 싸우려는 적극적인 자세를 볼 수 있다.

1 도(끊기)

전도에 이어 당연 흑은 2 로 위를 끊는다.

이에 대해 백 3 으로 뻗는 정도이다. 더욱 흑A로 누르면 백도 B로 구부려 흑의 모양을 살리는(흑C 라면 백D로 뻗어 장래 백E의 빼기를 겨냥) 것이 어려워진다.

그리고 흑으로써는——

2 도(일단락)

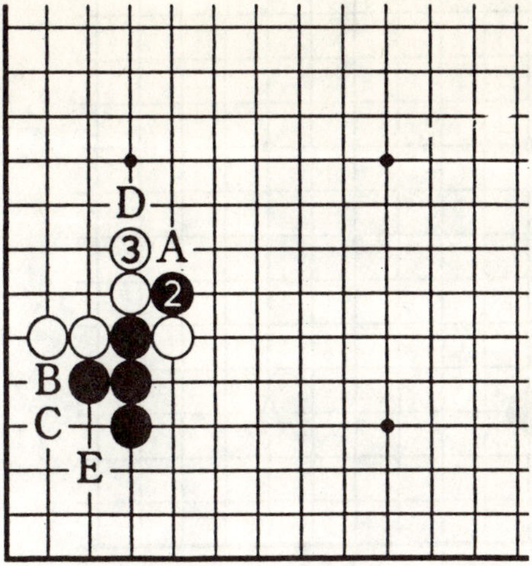

1도

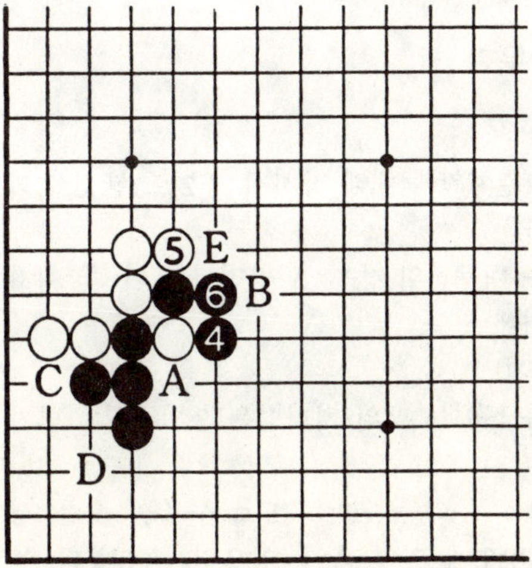

2도

4로 한 점을 안는 것이 간명하다.

백도 5로 단수를 살릴 수가 있을 것이다.

흑6의 잇기에서는 흑A로 빼어 화근을 끊어두는 것도 있다. 단 그 경우는 백의 B 걸치기가 겨냥으로써 남는다. 일장일단이다.

또 이 형, 백C의 구부리기에 대해서 흑D로 빗겨 받는 것이 좋을 것이다.

또 E의 점은 부분적으로 호점이다.

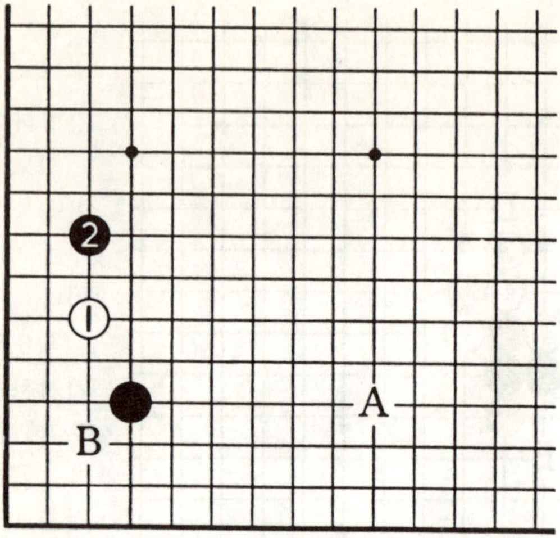

제27형

6. 한 칸 끼우기

○제27형

백1의 날일자 걸치기에 대해 강하게 흑2로 한 칸에 끼워가는 것도 있다.

단 이 끼우기는 대부분의 경우 A 방면에 흑이 놓여져 있을 때에 유력하게 된다.

1도(3·3 넣기)

우선 가장 보통 쓰이는 백의 처리법은 3의 3·3 넣기이다.

이에 대해 흑4로 누리는 수와 흑5로 누르는 수를 생각할 수 있다. A방면에 만일 흑이 있으면 흑5부터 누른다.

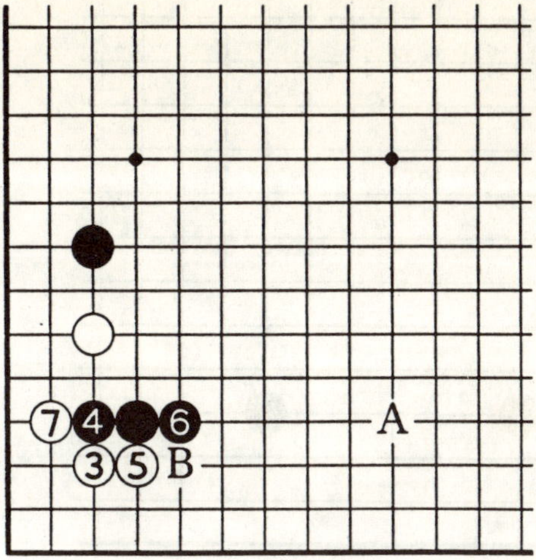

1도

흑4에 대해 백5의 넣기는 보통. 이때 흑6의 뻗기가 중요(이때 깜박 B로 젖히면 손해를 볼 것이므로 주의)하다.

백7에 이어——

2도(일단락 —— 흑다소 불만)

흑8 이하 백 11까지로 일단락이다.

단 이 형은 흑의 ▲의 한 점이 다소 어중간한 곳에 있다. 흑A 방면으로 넓게 벌리든가, 흑B의 젖히기에 잇는 편이 나을 것이다.

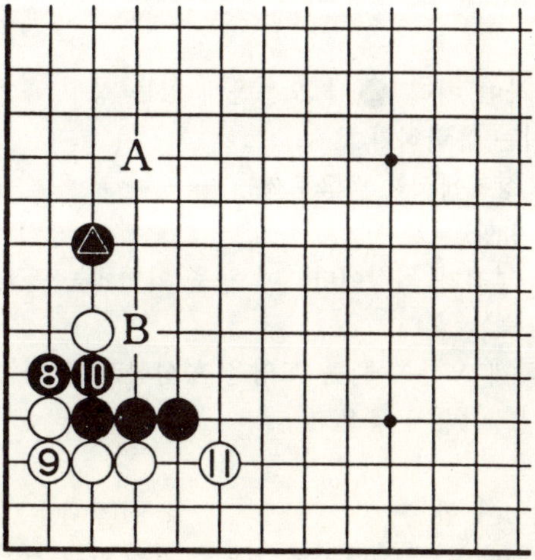

2도

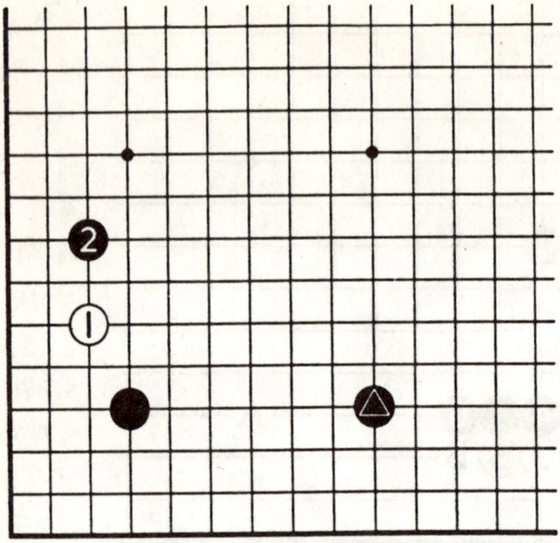

제28형

○제 28 형

전술한 바와 같이 미리 ▲이 오른쪽에 있는 경우 흑2의 한 칸 끼우기는 유력하다.

즉 이와 같은 상황에서는 백으로써는——

1도(누르는 방향)

백3의 3·3 넣기가 최상이다. 이 경우 이번에는 흑4부터 눌러간다.

이것은 분명하게 오른쪽에 흑 모양을 형성하려고 하는 의도가 엿보인다. 이렇게 놓으면——

2도(일단락)

백5의 넣기는 이 한 수.

그리고 흑6으로 내뻗고, 백7에 흑8로 걸쳐 막는 것이다.

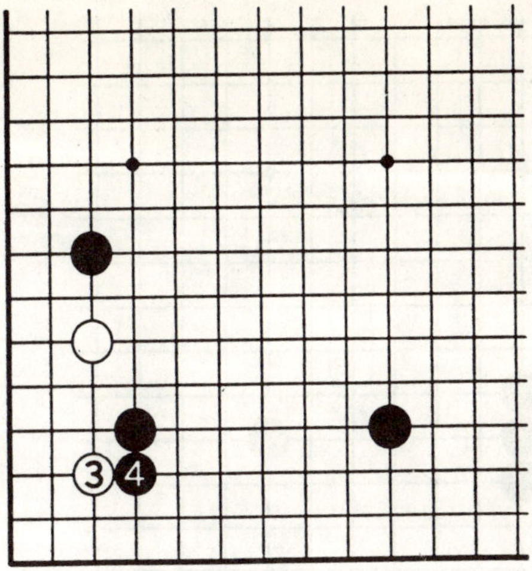

1 도

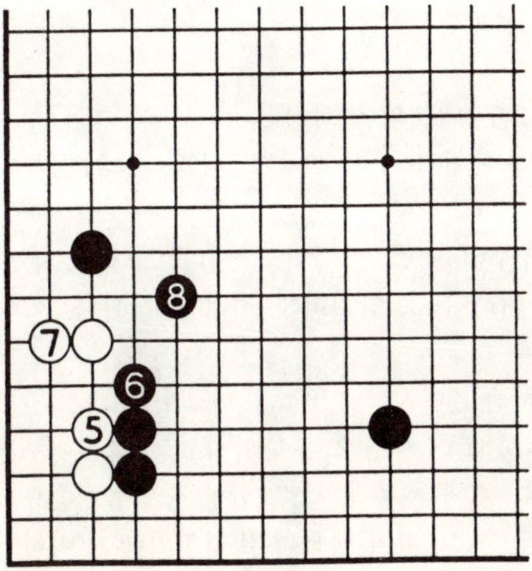

2 도

백의 실리에 대해 흑은 모양으로 대항한다.

흑8의 막는 방법을 잘 기억해 두도록 한다.

반석의 보존과 수리

바둑판은 습기와 직사광선을 제일 싫어한다.

월에 한 번 손을 보아야 하는 것이다. 더러울 때는 식물성 기름이 효과적이다. 바둑판의 더러움은 습포가 좋을 것이다. 물로 직접 닦아서는 안된다.

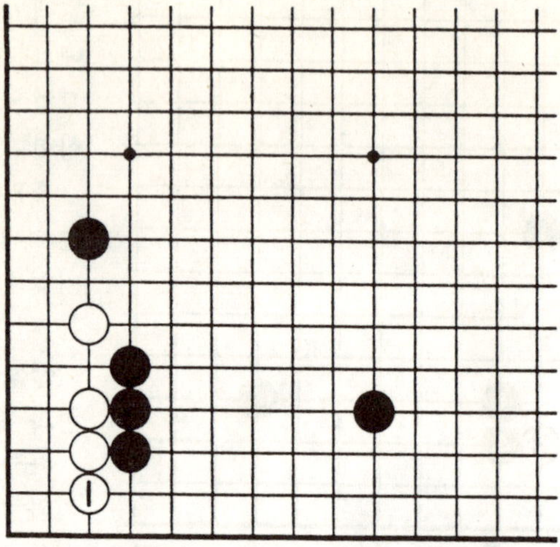

제29형

○제 29 형

이것은 전형 2도 백7의 변화이다.

그 내리기에서 본형과 같이 백1로 귀를 내리는 놓기를 하고 있다.

전형에서는 흑부터 귀를 겨냥하고 있다. 그리고 본도와 같이 백1로 내려 귀를 안전하게 하려는 것이다. 이어서 다음 그림——

1도(아래쪽을 누른다)

흑은 한 점 2로 눌러 백3으로 교환하고, 흑4로 누른다. 단 이 흑4는 집에 메운 놓기로, 만일 중앙을 중요시한다면 이 흑 4를 A로 뛰어 백B의 내젖히기에 대비하도록 할 것이다.

흑4로 눌러넣는 이상, 백부터의 겨냥인 B의 내젖히기

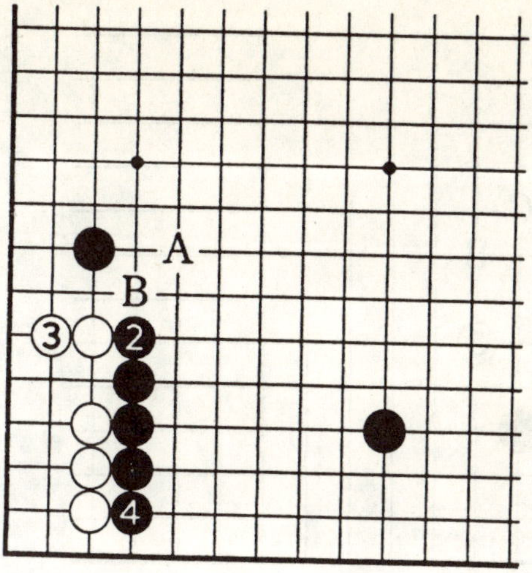

1 도

에는 조속히 놓는 것이 필요. 이것을 그대로 두고, 또 흑A로 준비하면 이 일대에 만들어진 흑 모양은 도저히 손을 쓸 수 없게 되어 버린다. 따라서——

2 도(싸움)

백 5 로 내젖히고 흑도 6으로 끊어 싸움에 돌입한다.

백 7 의 세우기, 흑 8 의 날일자(백에서의 A 걸치기에 준비한 것)는 각각 이 한 수.

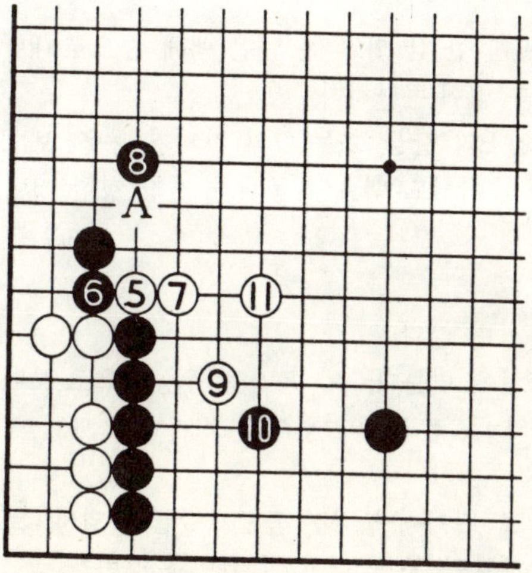

2 도

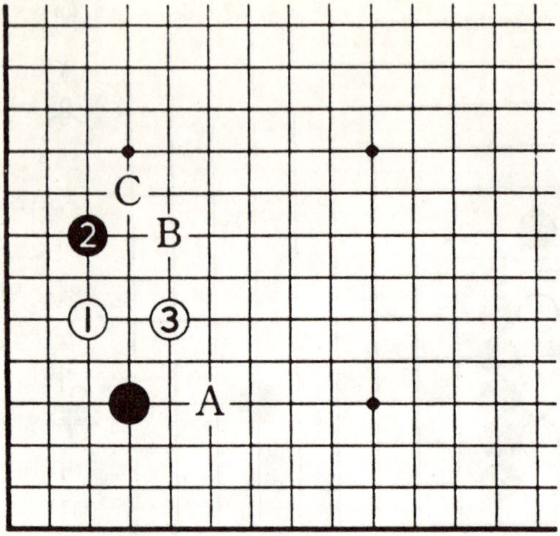

제30형

○ 제 30 형

흑 2 로 위세 좋게 한 칸 끼워 본 것은 백에 3 으로 내뻗혀진 다음을 알 수 없어 곤란하다.

백은 A의 봉쇄, B의 칼끝, 또는 C의 걸치기 등을 보고 있는 것이다. 그 중에서도 백A의 봉쇄가 가장 강한 것이다.

그리고——

1도(백의 발 느린 놓기)

흑은 4 로 한 칸에 받는다. 이 흑4 는 수동적으로 보이지만, 동시에 백의 두 점으로의 공격을 보고 있으므로 훌륭한 한 수이다.

여기에서 백 5 로 뛰어 구부리면 흑6 '칼끝 날일자' 로 받는다. 이렇게 해보면 흑은 하변 및 좌변과 양변을 놓은 것이 된다.

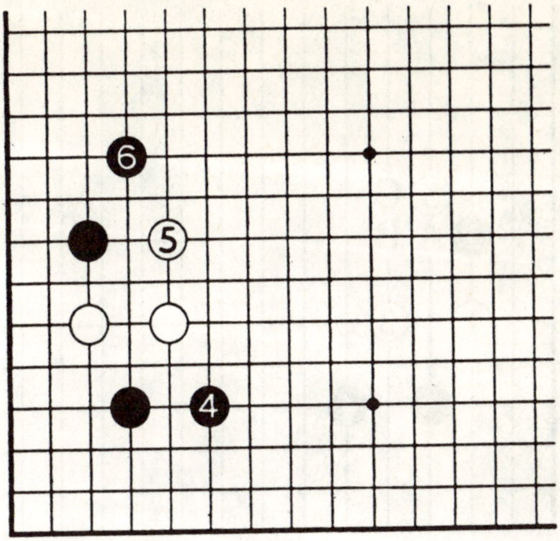

1 도

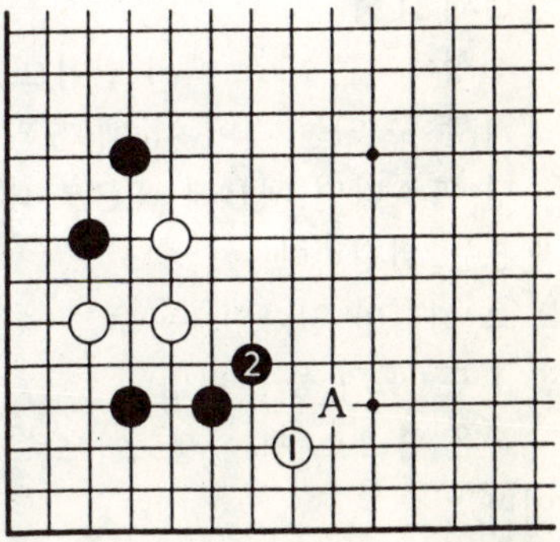

참고도

◇갈라 냄

1도와 같이 흑에 하변, 좌변과 양쪽을 놓여지는 것은 좋지 않다고 되어있다. 그렇다고—

참고도(백 곤란)

백1로 오른쪽부터 끼워막으면 흑에 2로 놓여져 A의 걸치기 등을 겨냥하게 하고, 윗쪽 백 세 점도 얇아지므로, 이것 역시 백에게 곤란한 형세라고 할 수 있다.

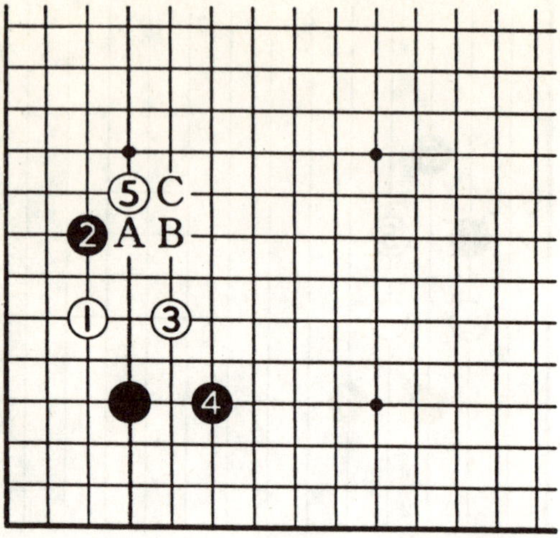

제31형

○제 31 형

전형에서는 다소 백의 발이 느리고 불만이다. 여기에서 생각할 수 있는 것이 이 백 5의 젖히기.

단 흑A라면 백B에 흑C로 내끊겨, 나쁜 상황에서는 이 백 5 는 위험하다.

그 염려만 없다면——

1 도(흑의 응수 방법)

흑은 6 으로 뻗는 정도이므로 백 7 로 뻗을 수 있을 것이다.

흑도 백에게 유리하게 되어서는 이길 수가 없으므로 한 점 8 로 구부려 백에 마디를 붙인다. 〔주—— 마디라는 것은 결점이 있는 형〕.

2 도(일단락)

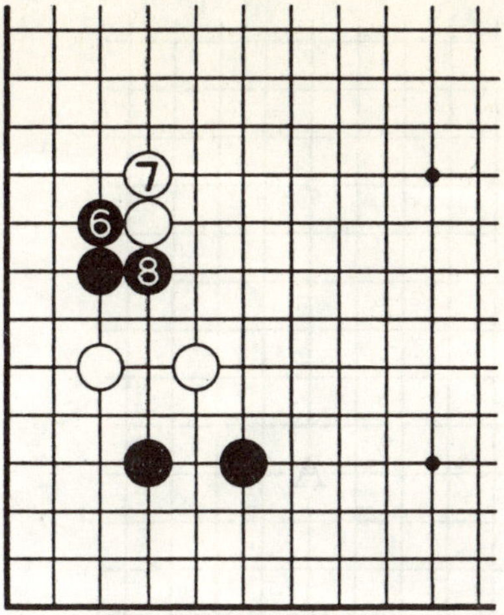

1 도

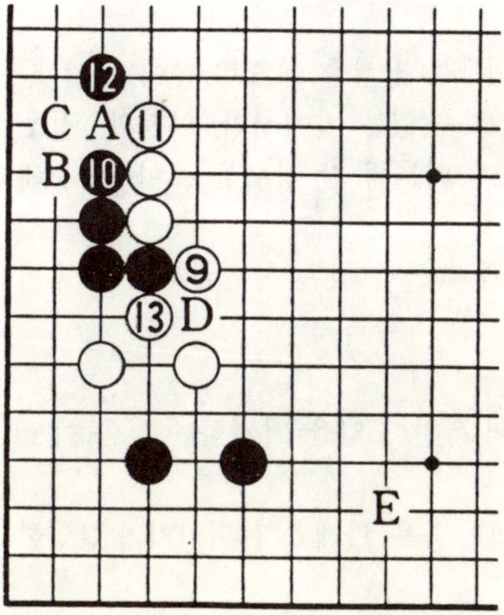

2 도

백은 물론 9로 젖힌다. 거기서 흑은 한 번 더 10으로 뻗는다. 백은 11로 따라 나가지 않을 수 없다. 이때 흑은 12로 뛴다. 백도 이쯤 해서 13으로 놓아 일단락 짓는다.

여기에서 한 번 짚고 넘어가야 할 문제가 있다. 좌변으로 달린 흑은 10까지로 3점을 세우고 이어서 12로 뛰었다. 그러나 만약 흑이 10대신 A로 두었다면 국면이 어떻게 변화할까? 백은 당연히 10으로 두었을 것이고, 흑은 12 대신에 B로 두지 않을 수 없었을 것이다. 결국 좌변의 흑은 '삶의 모양'을 갖추지 못했을 것이다.

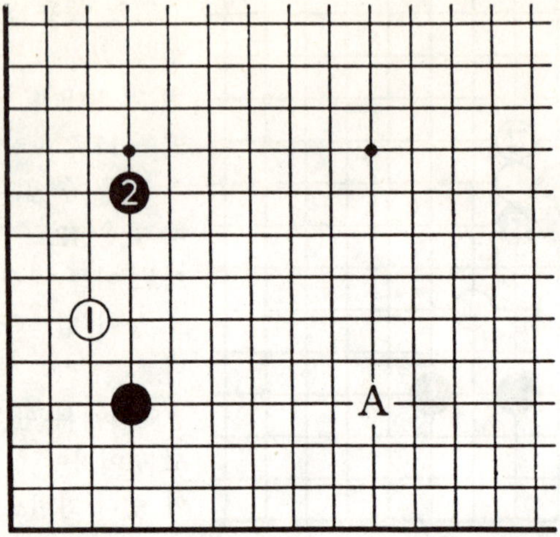

제32형

7. 두 칸 높이 끼우기

○제 32 형

흑 2 로 두 칸 높이 끼우는 정석을 대표로 뽑아 보았다. 소목 정석에서는 자주 볼 수 있는 것이지만, 화점의 경우는 변화가 상당히 어렵기 때문에 잘 상황을 보아 사용해야 한다.

이 경우에도 A 방면에 흑돌이 있는 상황에서는 끼우기가 유력하다.

1 도(일단락)

전도에 이어 백으로써 흑의 모양을 겨냥하는 것은 백 3 이하 놓기가 간명하다.

백 7 까지로 일단락인데, 흑은 아래쪽의 지키기가 견실하여 나쁘지 않다.

또 ▲의 한 점 덕분에 백 7 로 낮게(제 2 선에) 놓이지 않으므로 ▲의 역할도 충분한 것이 된다.

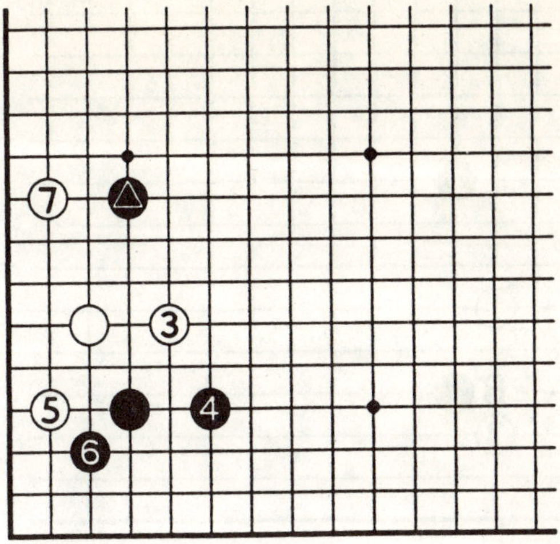

1 도

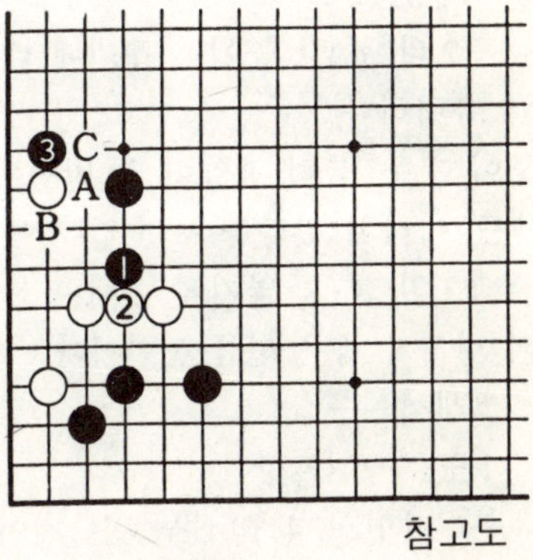

참고도

◇정석 뒤의 겨냥

제 32형의 1도까지 일단락인데, 뒤에 흑의 겨냥이 없는 것은 아니다.

참고도(윗쪽을 막는다)

우선 흑1을 빼어 백을 무겁게 하는 것이다. 이어서 흑3으로 밖에서 붙여(흑A의 붙여 대기도 있다) 백을 막아 넣는 것이다. 다음에 백B라면 흑C로 선다.

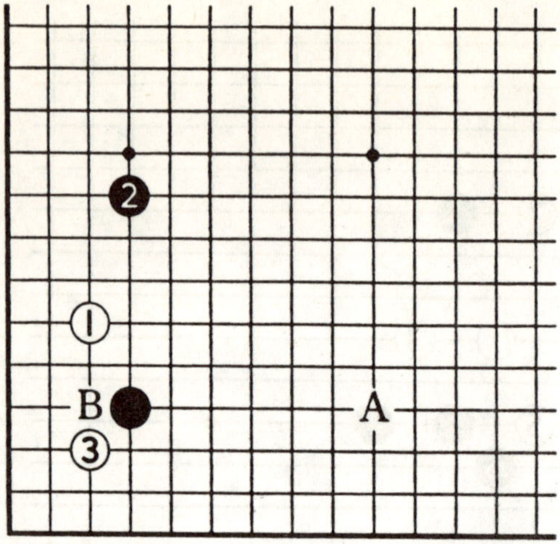

제33형

○제 33 형

흑2의 두 칸 높이 끼우기에 대해 백3으로 3·3 넣기가 유력하다.

이 경우, 특히 흑돌이 A 방면에 없으면 안된다. 그것은 1도 이하의 변화를 보면 알 것이다.

백3의 3·3 넣기에 대해 흑B로 차단하는 것은 흑2의 넣기가 좁은 만큼 불만이다.

그래서——

1도(누르는 방향)

본래라면 흑4부터 누르는 것이 된다. 백5에 흑6은 형의 급소. 이미 여러분은 몇 번이나 보았을 것이다.

흑6에 대해 백A로 단단히 잇는 것도 정석이다.

흑B로 눌러 백C, 흑D, 백E, 흑F, 백G, 그리고 흑I로

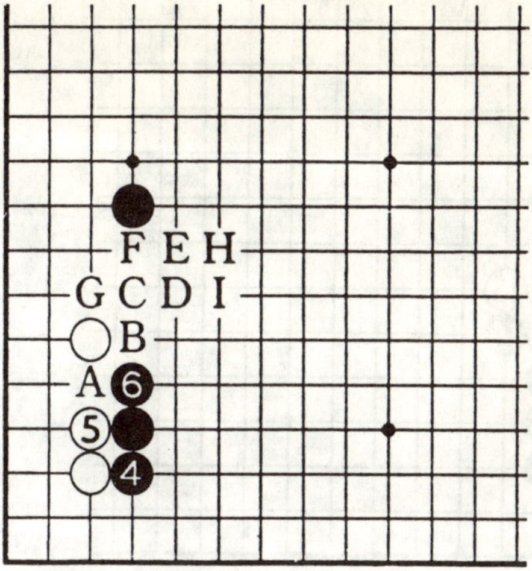

1 도

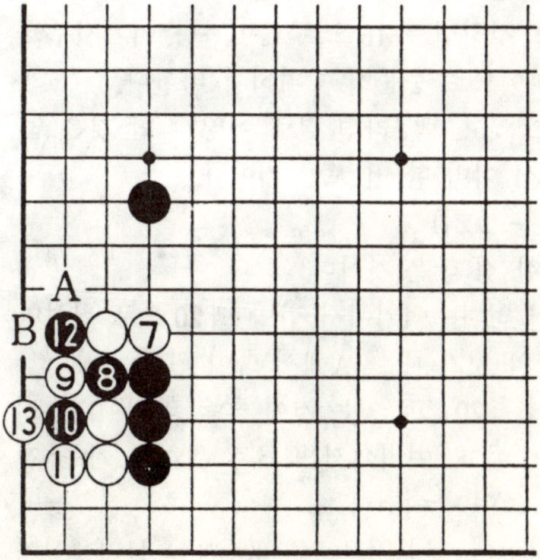

2 도

뻗든가, 흑H로 축에 안는 변화가 된다.

2 도 (쳐들어가기……)

백7로 누르는 것도 한 방법. 이 다음이 상당히 어려운 것이다.

우선 흑8로 한 점 낸 다음 10으로 쳐들어간다. 백11은 어쩔 수 없다.

그러나 흑10에서 12의 쪽부터 쳐들어가면 백에 A로 안겨 흑10에 백B로 빼어져 버린다.

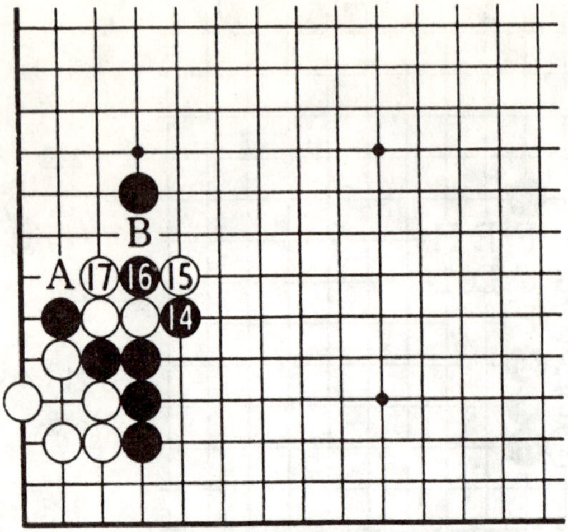

3 도

3 도(변화)

흑은 14로 젖힌다. 백15에서 A라면 흑15로 뻗는다.

그리고 백15로 젖히면 흑16으로 끊어간다. 여기서부터 다소 어려운 변화이므로 충분히 주의하기 바란다.

백17에 흑B로 잇고, 백A라면 별로 어떻게 할 것은 없다. 흑은 여기에서 이미 한 번 꼬인 것이다.

4 도(일단락—— 호각)

흑18로 지금 한 점 놓은 것이다.

백19는 방법이 없다. 여기에서 깜박 백20으로 취하면 흑19가 되어, 백의 잇기 때 흑A에서 축이 된다.

백19로 내뻗어 흑20으로 잇는 것이 좋은 놓기이다. 이어서 백21도 호수이고, 여기에서 백B로 취하러 가는 것은 흑21부터 딱 조여 붙여진다.

흑22로 일단락인데, 부분적으로는 흑C나 흑D가 살아 있으므로 백으로써는 충분히 주의할 필요가 있다.

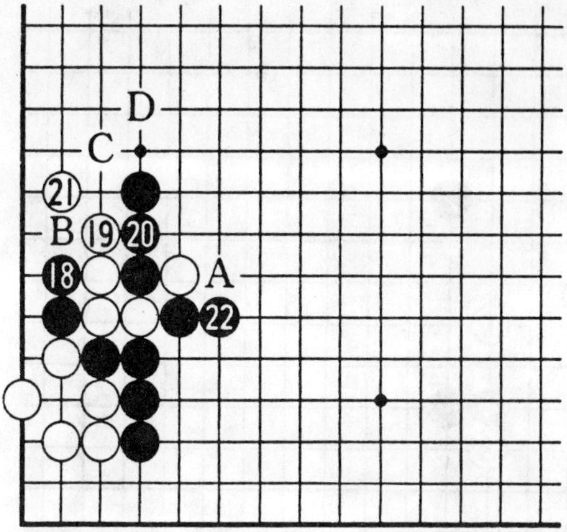

4 도

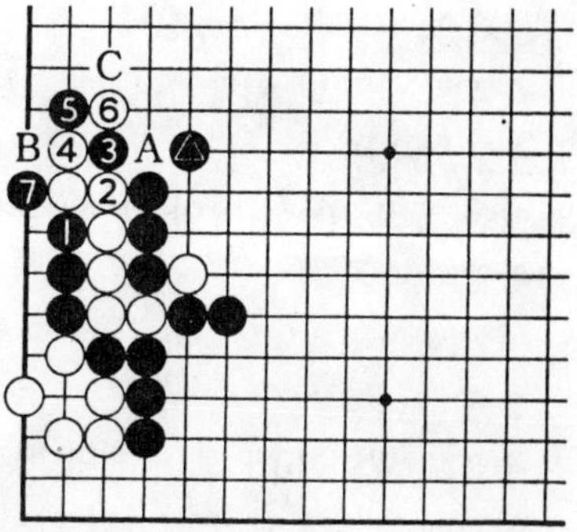

참고도

◇ 수단이 생기는 일례

4 도에 관해서는 흑의 여러 가지 사는 방법은 서술 대로이다. 그 일례를 들어 보면——

참고도(흑부터 살기)

▲가 왔을 때에 백이 떨어져 있으면 흑 1 에서 3·5로 놓아 백을 취하는 수가 생긴다. 이하 흑 7 까지는 알 수 있을 것이다. 다음에 백A라면 흑B, 백 잇기(3), 흑C로 축이다

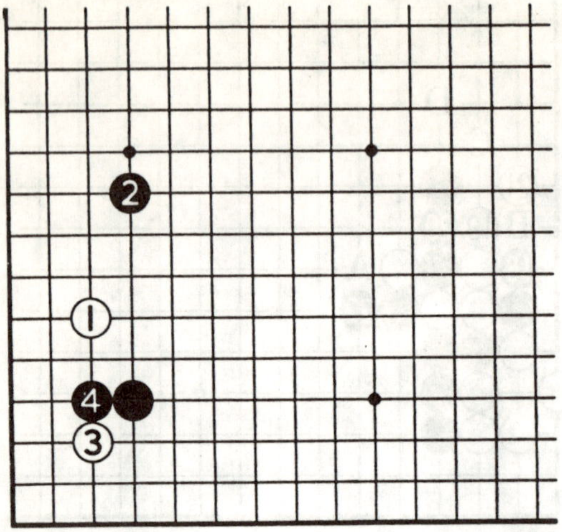

제34형

○제 34 형

흑 4 로 누르면 어떻게 될까. 그 변화를 다루어 보겠다.

1 도(차단)

백은 5 로 한 점 놓아 7 로 젖힌다. 이 마디는 앞에서 나왔었다.

이어서——

2 도(일단락)

흑 8 로 받아 10 으로 이으면 백 11 로 뛰어 일단락이다.

여기에서 흑A로 준비하면 단단한 수이지만 ▲과의 간격이 다소 좁아 고리형이 된다.

바둑계 1의 기록

▷ 프로 기사 연승 기록 ◁

24연승——林海峯 9 단

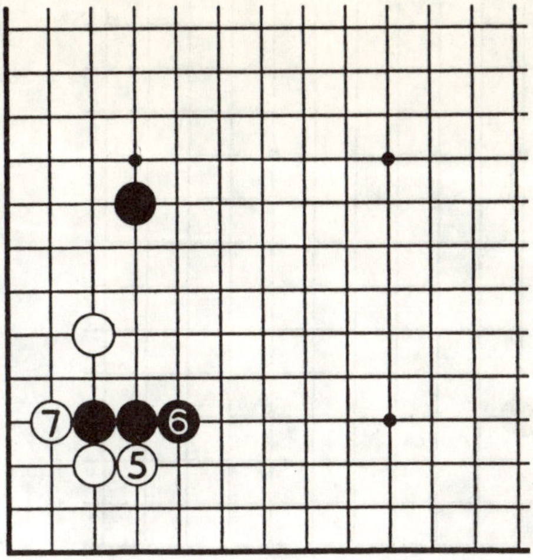

1 도

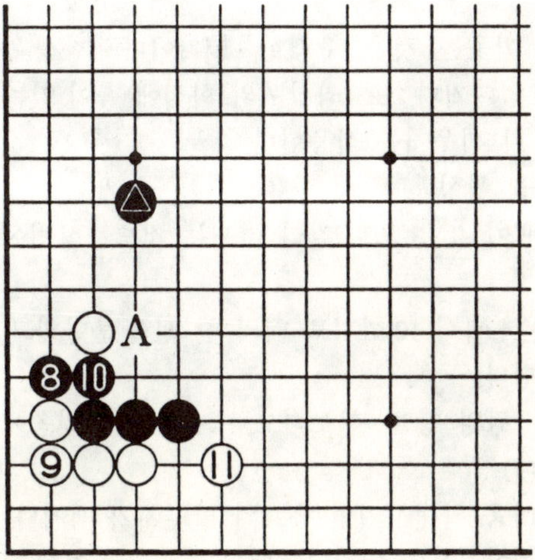

2 도

▷프로 기사 최고 년간 승률◁

94% — 坂田栄男 9단

▷프로 대국 최다수 수국◁

411수—山部 5단 대 星野 3단

▷프로 대국 최소수국◁

33수— 前田 9단 대 春山 5단

▷프로 한수 장고기록◁

3시간 54분 — 加田克司 9단

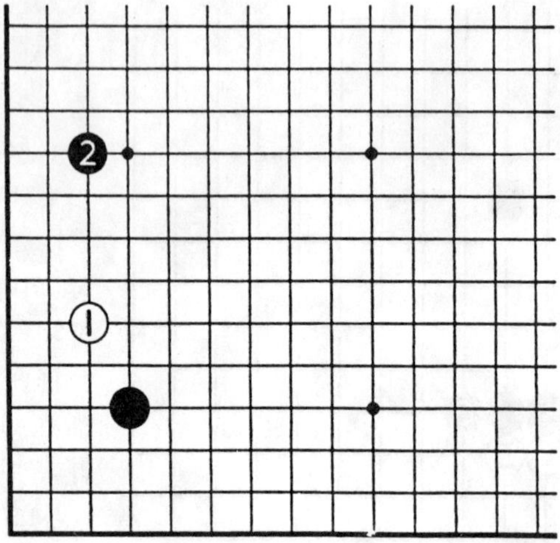

제35형

8. 3칸 끼우기

○제 35 형

흑 2 로 세 칸 끼우는 것은 유력한 놓기이다. 좌상귀에 흑의 매듭이 있다거나, 또 좌상귀의 화점에 흑이 있는 경우, 특히 흑 2 의 끼우기는 작용한다.

1도(흑 모양을 형성)

상형에 이어 백이 3·3 으로 갈라 바뀌는 것도 상법이다.

이 경우, 흑은 4 에서 10 까지로 백의 한 점을 분단하고, 백 11 까지로 정한다.

이 결과 백은 귀의 땅을 확보하고, 흑은 좌변 윗쪽에 모양을 뻗게 된다.

흑이 모양을 더욱 확대시키면 흑A의 날일자가 맥이다. 그리고 흑B의 붙이기를 겨냥한다. 백도 B로 받는 것이 형이다. 흑A에서 흑C로 견실

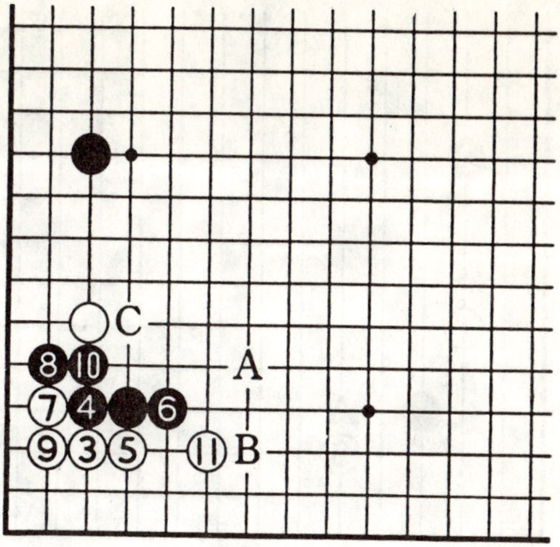

1 도

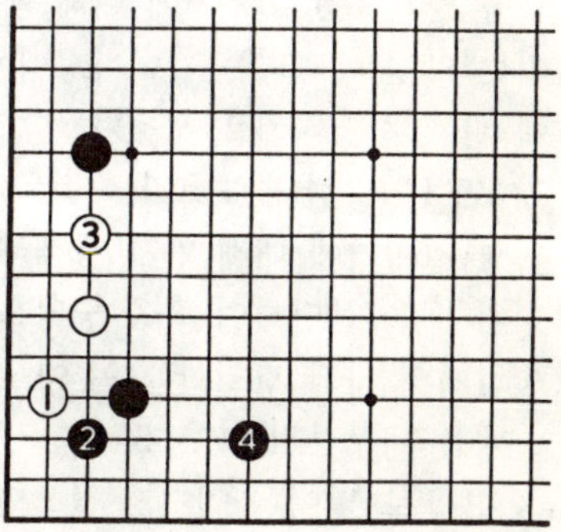

참고도

◇ 흑의 편한 가르기

백이 어떻게 놓아올 것인가는 흑으로써는 예측할 수 없다. 그러나——

참고도 (흑 만족)

가령 백 1 로 달려나오면 흑은 2 로 받고 백 3 의 준비에 흑도 4 로 벌리면 충분하다.

백의 3 과 그 아래쪽의 백돌과의 간격이 좁아 다소 고리형임에 대해 흑의 형은 쭉쭉 뻗고 있다.

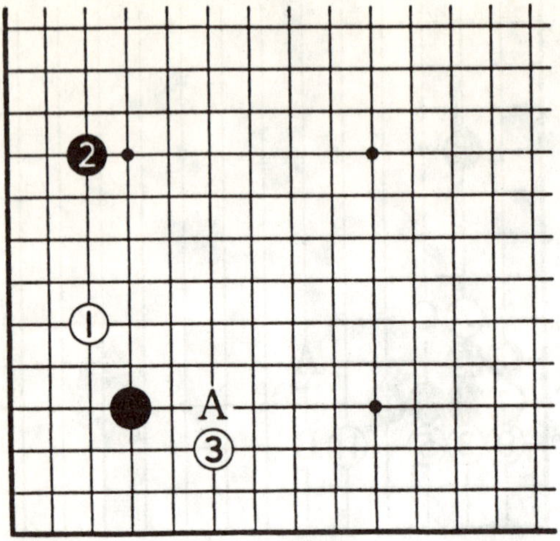

제36형

○제 36 형

양쪽 걸치기 정석에 들어간다.

흑2의 3칸 끼우기에 대해 백3(또는 백A)의 양 걸치기는 당연 예측되는 것이다. 이에 대한 흑의 응수방법 등에 관해 서술하기로 하겠다.

1도(일단락——호각)

양 걸치기에 대해 먼저 생각하지 않으면 안될 것은 상하의 백을 분단하여 흑을 중앙으로 가져가는 것이다. 그 중앙에서 가장 간명한 것이 이 흑4의 놓기이다.

백은 대부분의 경우 5의 3·3 넣기로 간다. 백이 만일 3·3으로 넣어 들어가지 않으면, 패를 보아 흑5로 3·3 점령하는 것이 호착이 된다.

흑6으로 누르고(▲의 끼운 쪽을 누른다) 백7의 연락에 흑8로 뛰는 것이 호수이다. 흑8로 뛰고 다음에 흑A의 봉쇄와 흑B의 뛰기(모양 확대)를 포함한다.

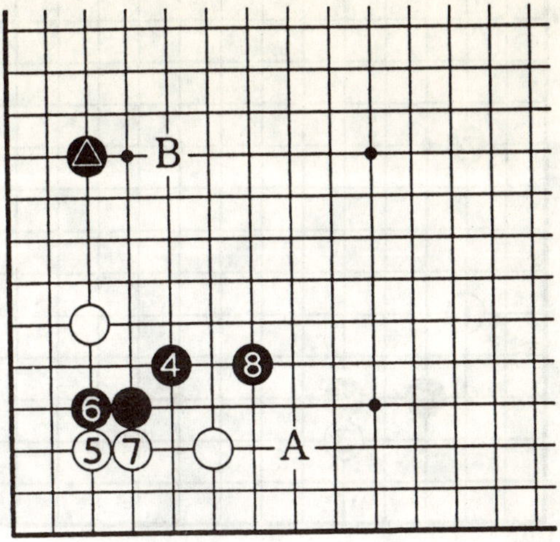

1 도

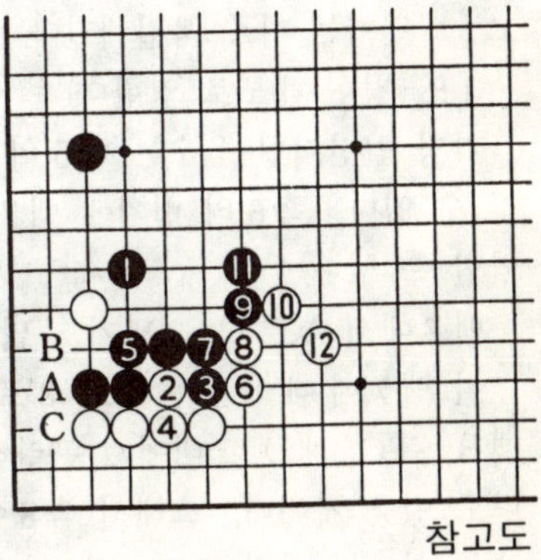

참고도

◇ 흑의 고리형

1도 흑 8 에서 우선 놓고 싶은 것은,

참고도(물(物)이 작다)

흑 1 의 걸침이다. 이렇게 해서 백의 한 점 움직임을 막으려는 것인데, 실은 이 수는 물이 너무 작다. 백 2 를 살리고 이하 백 12 까지를 상정해도, 흑은 돌이 중시되어 있고 백A, 흑B, 백C도 선수.

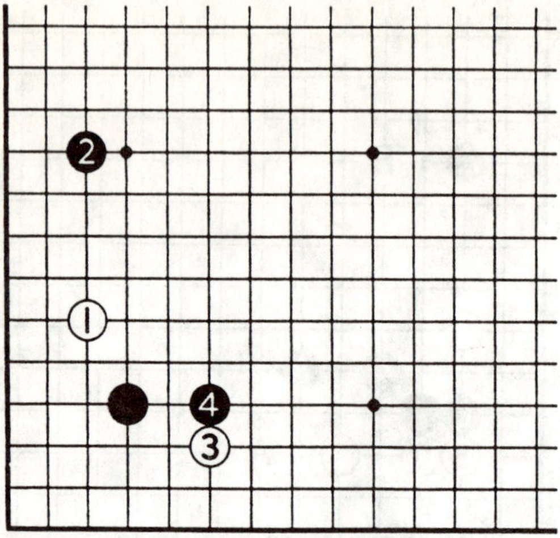

제37형

○제 37 형

백 1·3 의 양 걸치기에 대해 흑 4 로 이어가는 방법은, 전형의 놓기보다 강력하다. 단 백에도 여러 가지 응수가 있고 그 변화는 다소 복잡해진다.

1 도(강한 태도로 임한다)

가장 일반적인 응수는 백 5 의 젖히기. 이것은 누구라도 알 수 있다. 흑 6 의 뻗기에 백 7 은 이 한 수라고는 잘라 말할 수 없다.

백 7 에서 A로 3·3 넣기도 많이 사용된다.

이 백 7 에 대해서는 흑도 8 로 눌러 버틴다. 흑 8 에서는 백B, 흑C, 백D로 내어져 곤란해진다——라고 보는 사람도 있을 것이다. 그래서 흑 8 에서 D 등으로 놓는 안전책을 취하는 사람도 있지만, 이것은 다소 무르다. 백에 E로 뛰게 만들어 좋지 않다. 이 백B 내기에는 흑D, 백C, 흑F로 뻗어 충분히 놓을 수 있다.

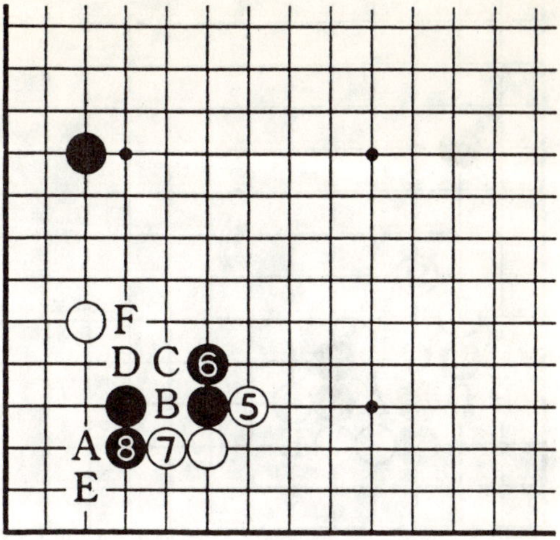

1도

◇속맥은 생명을 단축한다

바르게 놓는 방법을 모르는 사람은 우선 귀의 집을 확보하려는 생각을 한다.

참고도(흑의 위축된 놓기)

흑1·3의 마늘모 붙이기가 그것이다.

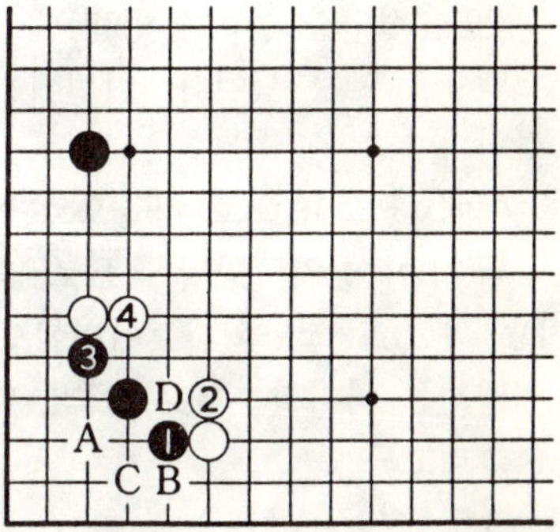

참고도

이 다음 흑A로 손을 넣어 몸의 안전을 기한다. 그러나 백에 2·4로 세워진 죄는 큰 것이다. 백B, 흑C, 백D, 등으로 살게 하여서는 더할 나위 없는 곤란을 겪게 된다.

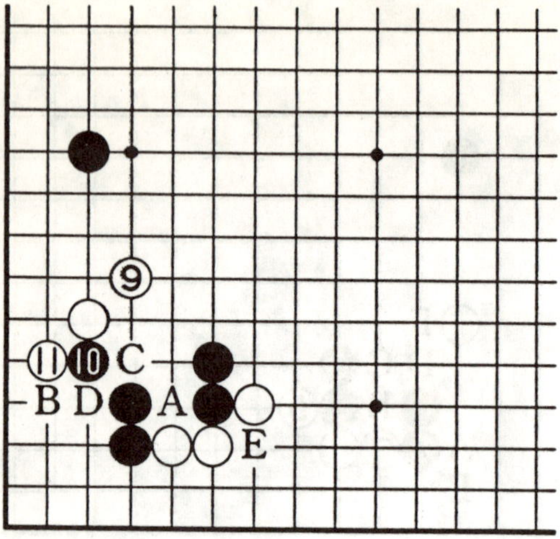

2도

2도(절단을 둘러싼 공방)

백9로 놓는 형이다. 이번에는 백A에서 내끊는 것이 강력하다.

이에 흑도 10으로 마늘모로 붙인다.

백11이 골치. 깜박 흑B로 받으면 백C의 단수에서 흑D에 백A로 절단된다. 이번에도 흑E의 끊기가 있으므로 어떻게든 처리할 수 있겠지만, 맛이 나쁜 것만은 확실.

그리고——

3도(형을 정한다)

흑도 12로 대어넣어 백의 겨냥을 막는다. 백을 13으로 붙게 하고 흑14로 누른다.

이상의 요령을 두 번 세 번 놓아 보아 단단히 머리속에 넣어두는 것이 중요하다.

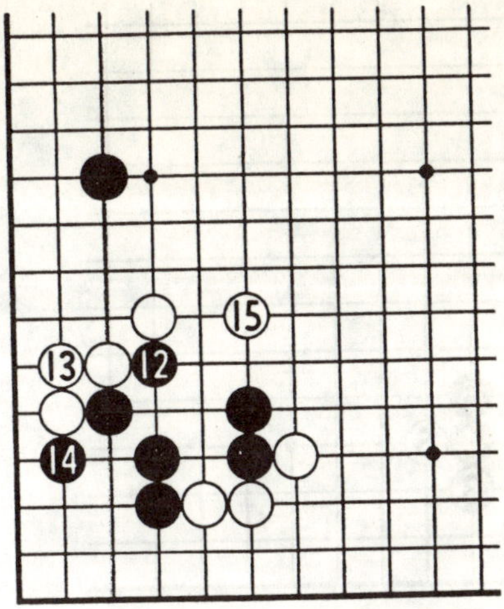

3 도

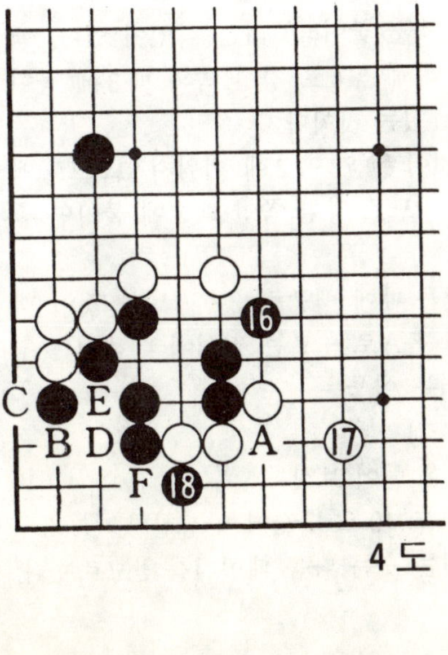

4 도

백 15의 뛰기에—

4도 (일단락——호각)

흑 16의 마늘모가 맥이다. 이것은 중앙에 머리를 내는 것과 동시에 A의 끊기를 보고 있다.

이 끊기에 대비해 백 17.

부분적으로는 흑 18로 젖혀 일단락이 된다(백은 손 빼기로 다른 곳으로 돈다).

이 흑 18을 놓아두지 않으면 백B의 겨냥이 강력하다. 흑C로 건너기를 정한 때, 백D, 흑E, 백F로 건너져 귀를 텅비게 만들어 버리는 것이다. 흑 18로 놓아 이 수가 없다는 것을 확인하도록 한다.

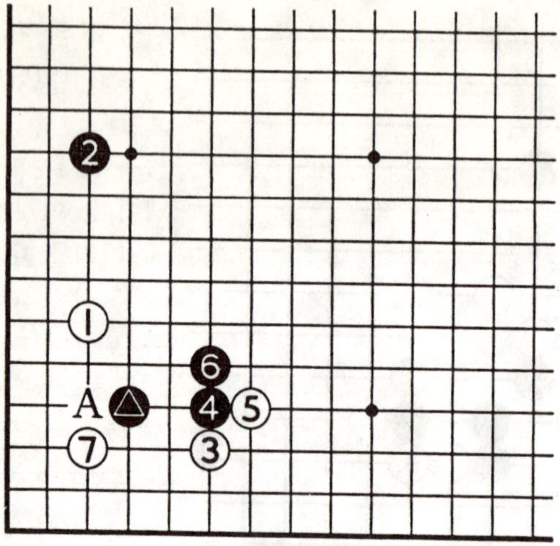

제38형

○제 38 형

'양 걸치기에 강한 쪽을 붙여라' 라는 격언이 있다. 백 1·3 의 양 걸치기에 대해 흑 4 로 강한 쪽의 백 3 에 붙여라——라고 가르치고 있는 것이다.

백 1 은 말할 것도 없이 ▲와 흑 2 에 끼워져 있으므로 백 3 이 보다 강하다. 그러므로 강한 쪽인 백 3 에 붙이면 좋다는 뜻이다.

흑 4·6 으로 붙여뻗은 때에 백 7 로 3·3 넣는 것이 백의 수법의 하나. 이때 흑A로 누르는 정석에 대해서는 후술할 것이며, 여기에서는 아뭏든——

1 도(일단락——호각)

흑 8 로 누르는 정석을 들어 보겠다.

백이 9 로 건너면 흑도 10 으로 끊어 안정한다.

백 9 에서 10 으로 잇는 수는 다음 페이지를 참고로 한다.

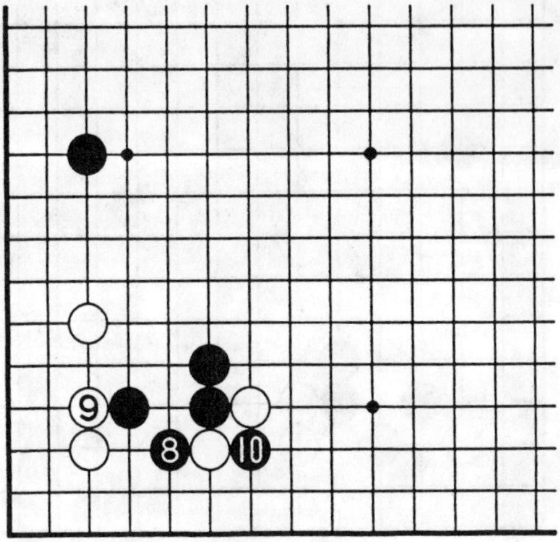

1 도

◇무른 수

참고도(흑 불충분)

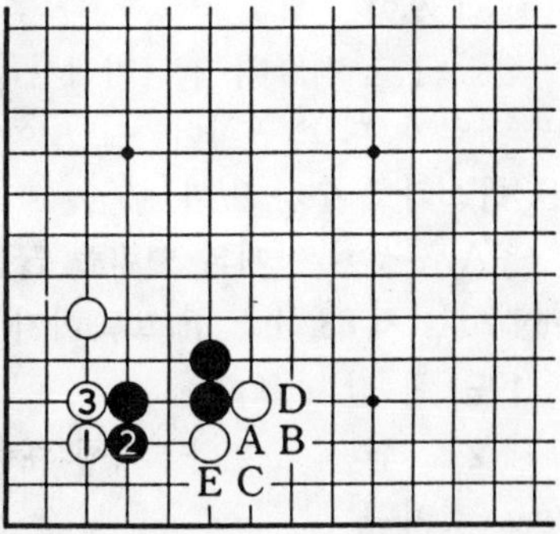

참고도

백이 1로 3·3 넣기에 들어갔을 때에 흑2로 응하는 사람이 있다. 이것은 백에 3으로 연락되고, 오른쪽 백에 영향이 없기 때문에 무르다. 흑A로 끊는 수는 있지만, 가령 백B, 흑C, 백D, 흑E를 선수로 살려도 1도보다 훨씬 떨어져 있다. 1도 흑8로 누른다는 것을 기억하도록 한다.

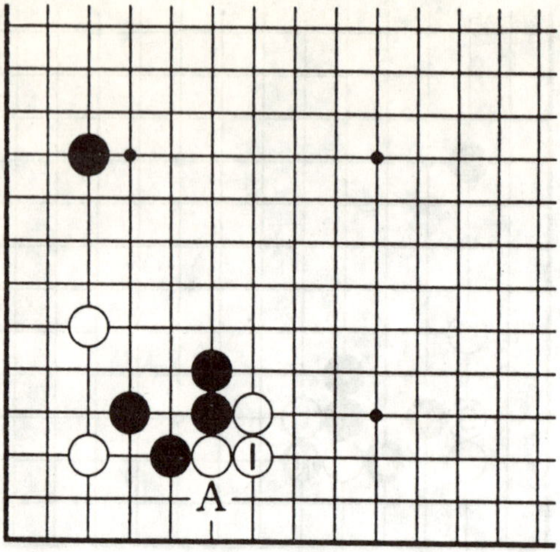

제39형

○제 39 형

전형 1도 백 9 의 건너기에서 이 백 1 로 단단히 이어가면 어떨까, 다소 귀찮더라도 알아두지 않으면 일련의 정석을 마스터할 수가 없다.

흑A로 젖혀 아래의 연락을 끊는 방법도 있으나, 그것에 대해서는 제 68 형을 참고로 하기 바란다.

1도(한 점 누르기)

흑2로 한 점 누른다. 이에 대해 백A라면 흑B로 놓아 좋은 것이다.

백도 3 으로 젖혀 버텨간다. 이에 대해 흑B로 분단을 책하는 것은 백C, 흑D 때 백A로 작용하게 만들어 버린다. 그러므로——

2도(일단락——흑 충분)

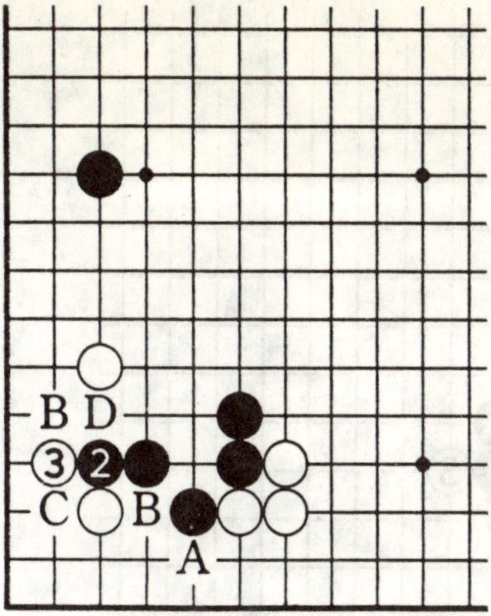

1도

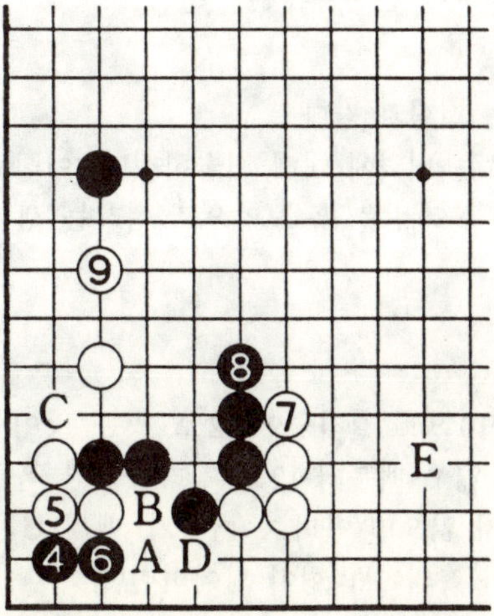

2도

흑4로 놓는 것이 낫다. 백5의 잇기는 어쩔 수 없다.

그리고 흑6으로 뻗어놓는 것이다.

여기에서 백A로내는 것은 흑B로 끊고, 흑D의 안기와 흑C의 젖혀내기가 균형이 되므로 성립하지 않는다. 또 백D로 젖히는 것도 흑A(또는 흑B)로 불안이 없는 것을 확인하는 것이 좋을 것이다.

백도 한 점 7로 눌러올려 9로 한 칸에 벌려 준비한다. 흑은 이 다음 대부분의 경우 E부터 쫓아 백 네 점을 공격하게 될 것이다.

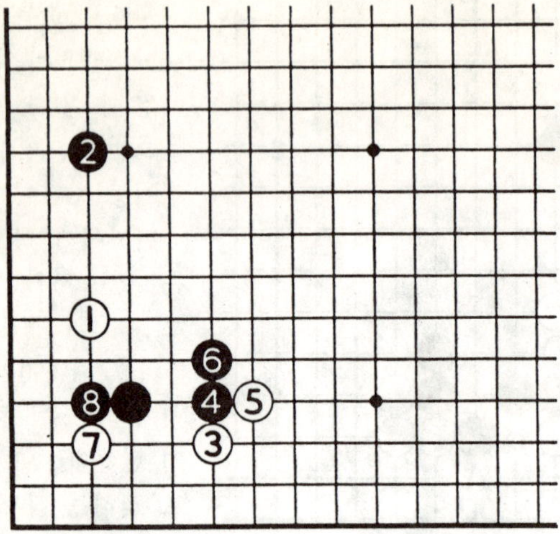

제40형

○제 40 형

백 1 이하 백 7 까지는 전형과 같다.

여기에서 흑 8 로 누르는 변화에 대해 서술하겠다. 이렇게 8 로 누르는 것은 윗쪽 좌변을 흑 모양으로 하려는 생각에서 놓는 방법이다.

이어서 다음 그림——

1 도(갈라넣기가 중요)

백이 9 로 건너면 흑 10 으로 갈라넣어 12 로 잇는 것이 중요하다. 이것을 놓지 않고 백부터 12 로 갈라넣으면 흑 A, 백 10 때 흑 B 로 잇지 않으면 안되고, 더우기 백의 C 젖혀잇기도 선수로 살아 흑의 고리형이 되어버린다.

흑 12 다음 백 D 의 단단히 잇기(차형)로 한길 아래에—

2 도(일단락—— 호각)

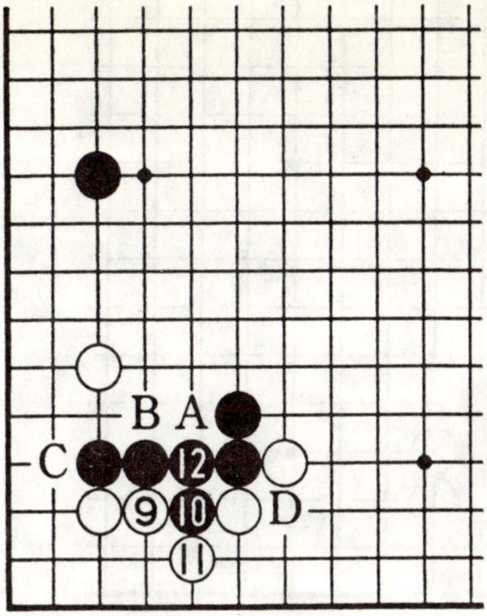

1 도

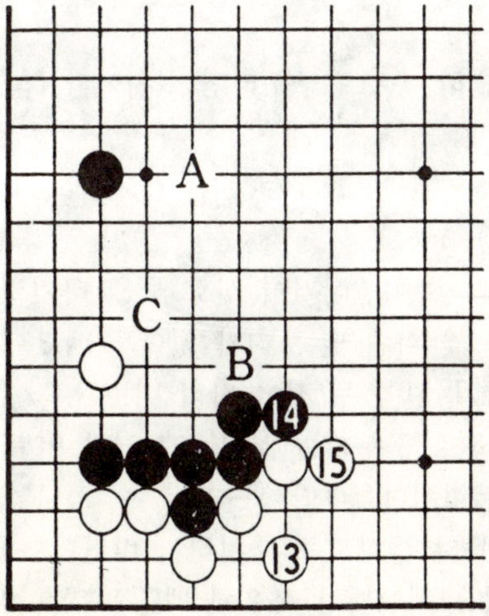

2 도

백 13 으로 걸쳐잇는 수가 있다. 이 경우는 흑 14 로 한 점 눌러 백 15 로 교환하고, 거기에서 선수로 다른 호점으로 도는 것이다. 이 그림의 부분에서는 예를 들면, 흑A의 뛰기가 호점이다.

또 흑 14 가 중요한 이유는, 이것을 백부터 14 로 눌러 올려져 흑B로 뻗는 형이 다소 딱 맞지 않고 오른쪽(하변)으로의 백의 두꺼운 맛이 작용할 것 같아서이다.

또 백 15 에 이어 흑C 등으로 작게 취하러 가지 않도록 주의한다.

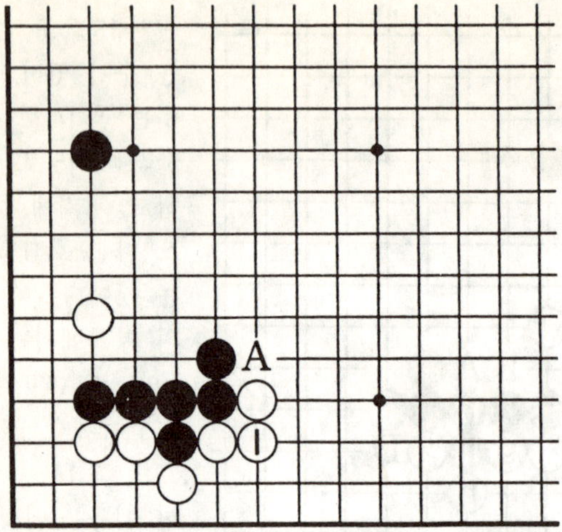

제41형

○제41형

백 1 로 단단히 붙여 가면(전형 2 도 백13에서) 흑은 어떻게 정하는 것이 좋을까.

전형과 혼동하여 단순히 흑A로 구부리면 실패이다 (**참고도** 참조)

우선—

1도(끊어 넣기의 맥)

흑 2 로 끊기를 한 개 넣는다. 이것이 실로 좋은 타이밍으로 백은 3 으로 잇는 것 외에 별 도리가 없다. 백 3 에서 A이면 흑 3 으로 끊겨 왼쪽 두 점이 잡혀 버린다.

백 3 을 요구하여 흑 4 로 구부리는 것이 순서였다. 이 뒤 백도 A로 안는 것이 본형이다. (다만 후수)

또 흑 2 의 끊기를 틀리지 않도록 주의하기 바란다. 흑 2 로 3 에서 끊으면 백B로 안겨서 흑 2 에 백C로 한 점 빠진 것만큼 백의 돌이 강화되어 버리므로 안된다.

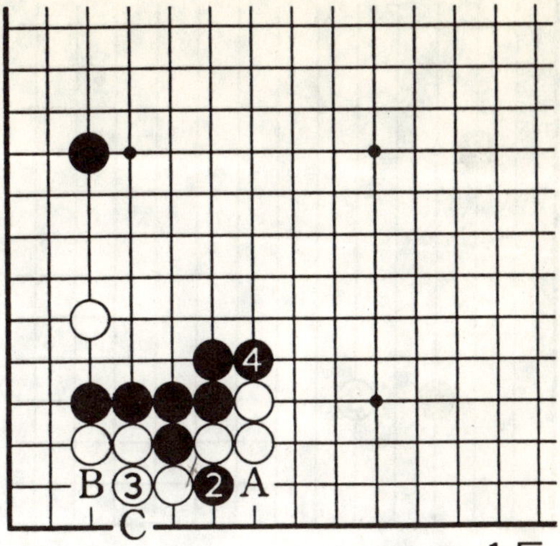

1도

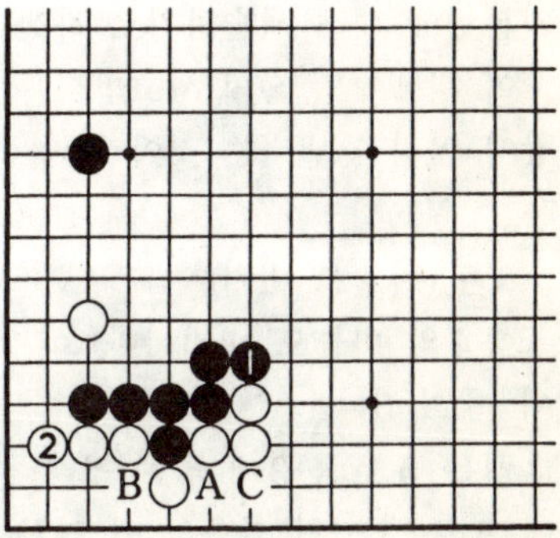

참고도

◇끊기의 찬스를 놓친다.

그럼 1도 흑2가 타이밍이 좋다는 것을 증명하겠다.

참고도 (내리기의 호수)

단순히 흑1로 구부리면 백2의 내리기가 좋은 수로 이것으로 흑A의 끊기는 듣지 않게 되었다. 이번에 흑A로 끊어도 백은 B로 이어 주지 않고 백C로 안아간다. 그렇게 되면 흑A로 끊은 의미가 없다.

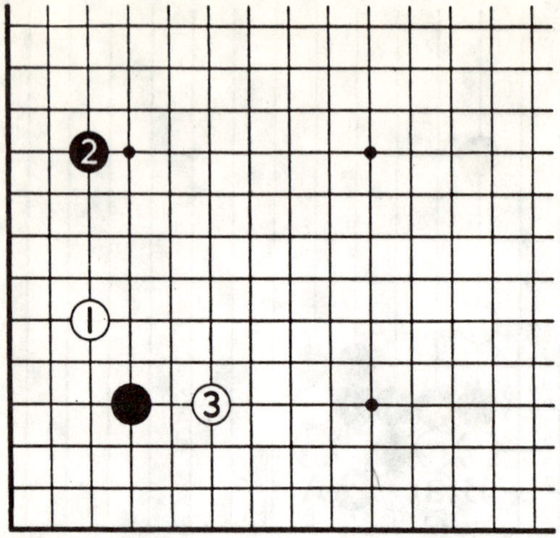

제42형

○제42형

이번에는 백3으로 한쪽을 높이 낀 때에 생기는 정석의 기본형에 대해 서술하기로 하겠다.

이 경우에도 흑의 사고방식은 항상 백을 좌우에 끼고 중앙에 머리를 낸다는 것이 된다. 그 가장 간단한 치기 방법은,

1도(마늘모 내기)

흑4의 마늘모 내기이다. 이것으로 백의 두 점을 좌우에 끼고 있다.

백은 5로 3·3에 넣는 것이 상장. 이것에서 달리 쳐 흑에 5로 놓이면 좌우의 백 양쪽이 어려워진다.

흑6이 바르다. 이렇게 눌러 백돌을 낀 ▲의 의도를 일관하는 것이 중요하다.

백이 7로 연결된 때 흑8로 젖히는 것이 알아차리지 못하는 호수인 것이다.

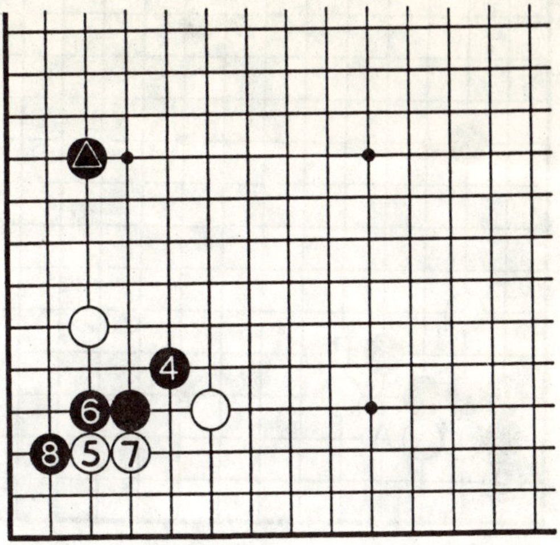

1 도

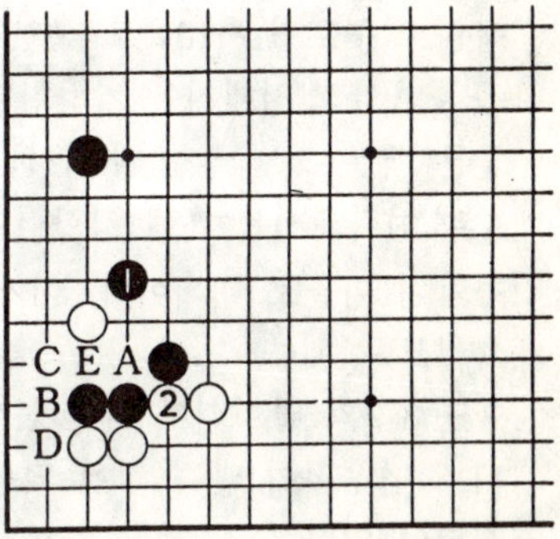

참고도

◇물건이 작다

1도의 흑 8 에서 거의 초급자는,

참고도 (나쁜 걷기)

흑 1 로 걸어 가는 것이다. 이것으로 백의 한 점의 움직임을 막으려는 것이다. 그러나 이것으로는 백 2 로 단수되어 흑 A, 백B, 흑C, 백D가 선수이고 흑E로 이으면 돌이 굳은 형이 되어 버리는 것이다.

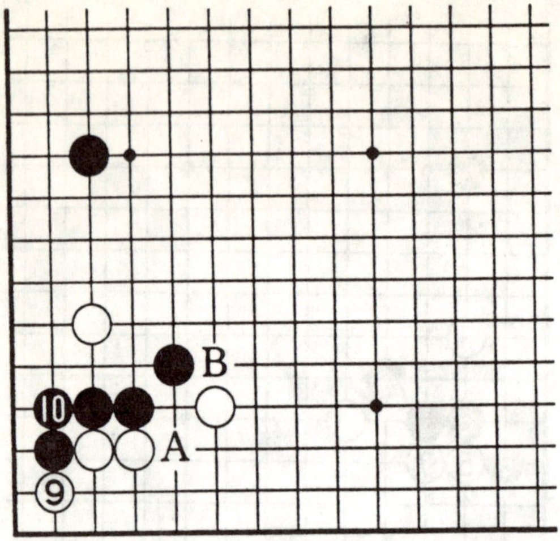

2도

2도 (젖혀 내기의 맛)

백9로 누르면 흑10으로 붙인다. 이렇게 하여 붙여 둔 다음 흑A의 젖혀내기를 겨냥한다.

물론 백은 그냥 놓아 두어서는 안된다. 그렇다고 해서 백A로 연락해서는 흑에 영향력이 없고 흑B로 쳐져서는 안된다.

그러므로 백은,

3도 (걸쳐 붙이기가 딱 맞는다)

11로 단수하여 넣는 것이 되는데 흑12로 걸쳐 붙여져 정형되어 있다.

앞 페이지 1도 흑8의 젖히기는 3도 흑12까지를 상정한 것이었다. 다만 이 젖히기는 본형과 같이 한쪽이 날일자로 다른 쪽이 일시에 높게 양걸침이라는 것을 잊지 말 것.

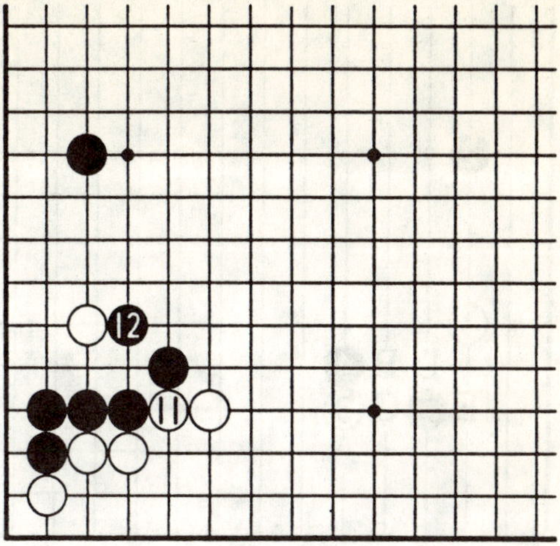

3 도

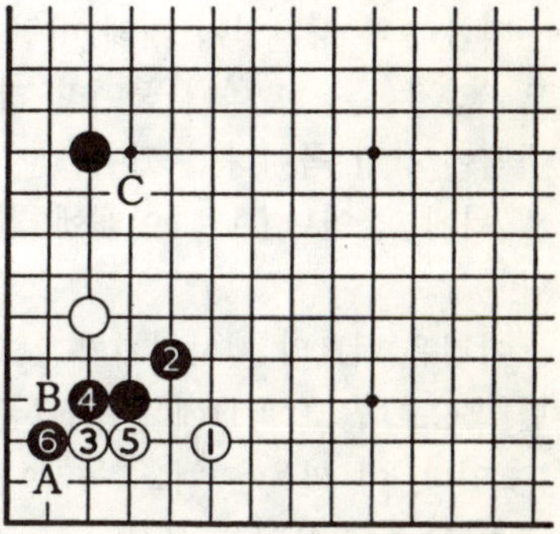

참고도

◇형의 혼동

참고도(백이 선수)

백 1 의 날일자 양걸침인 경우이면 백 5 때 흑 6 으로 젖히는 것이 실수이다. 백A로 눌려 흑 B로 이은 때 백의 형에는 상처가 있으므로(2도라면 흑A의 겨냥이 생겼다) 백이 선수 C로 도망치면 흑 2 이하의 두꺼운 맛이 반대로 공격당하게 된다.

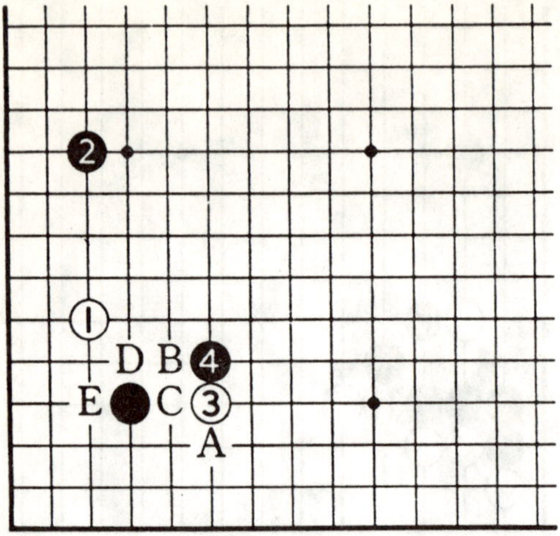

제43형

○제43형

백 1·3의 양걸침에 대해 마찬가지로 중앙에 머리를 내도 '양걸침 강한 쪽에 붙여라'라는 격언은 생긴다.

백이 강한 쪽이라면 끼여 있지 않은 3쪽이다. 즉 흑4로 위에 붙인다(A로 아래에 붙여서는 안된다)는 것이다.

이것은 백B의 젖혀내기가 있고 조금 싫은 느낌도 있지만 흑C로 끊고 백D에는 흑E(급소)로 내려 충분히 싸울 수 있다. 이 싸움은 백도 무리이므로 —

1도(흑은 모양을 형성)

백5로 젖히는 수이다.

흑은 6으로 당겨져 있는 것이 정착(흑6에서 A로 뻗지 않도록 주의)이다.

백은 여기에서도 7로 3·3으로 들어가는 것이 예상된다.

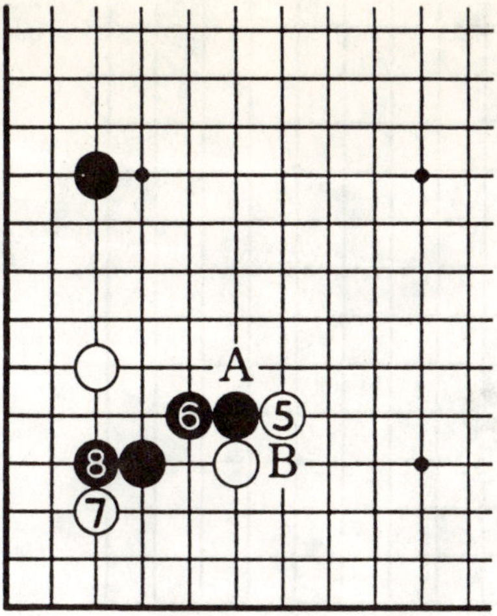

1 도

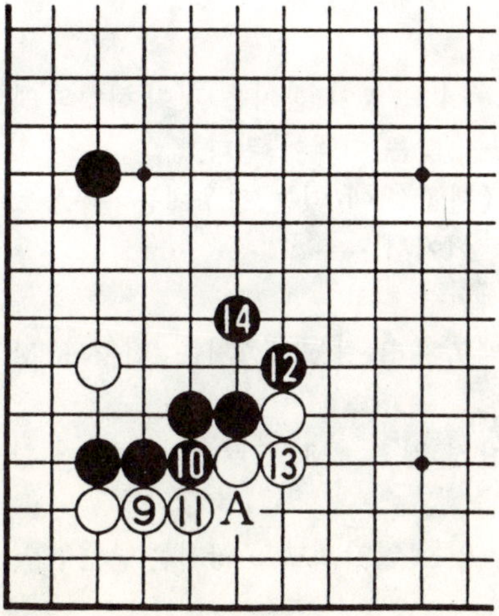

2 도

흑 8 로 차단하여 윗쪽에 모양을 형성한다(다만 흑 8 에서는 흑B로 끊어 변화한다.)

2 도(일단락－호각)

백 9 에 흑10에서부터 14까지로 형을 정하는 것이 바르다. 흑10을 치지 않고 있으면 백10으로 넣어져 형이 깨진다. 또 흑12로 단순히 젖히는 것이 바르다. 아뭏든 흑13으로 끊기에서부터 해가고 싶어도 그것은 백A로 붙여져 좋지 않다.

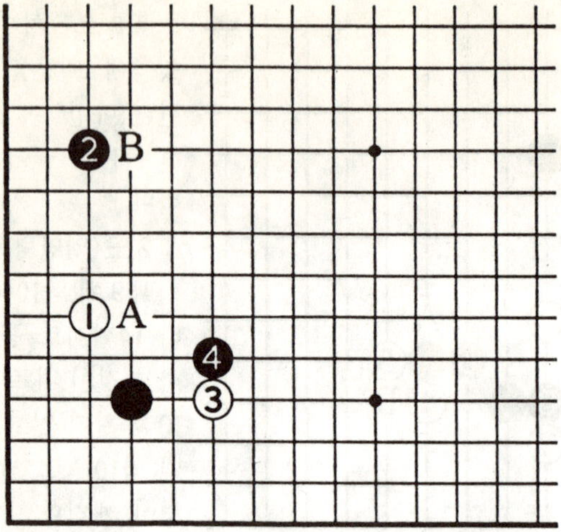

제44형

○제 44 형

백 3 의 양 걸치기에 흑 4 로 높이 붙이는 것이 하나의 맥인데, 이것을 A로 붙이는 것은 이맥이 된다.

단 흑 2 가 B의 위치(제 4 선)에 있는 경우에는 흑A 로 붙이는 수도 성립한다. 이어서——

1 도(끊기)

백 5 의 젖히기에서 백 7 의 3 · 3 넣기까지는 전형과 같다.

여기에서 흑A로 누르지 않고 흑 8 로 끊어가는 수가 상당히 강력한 것이다.

백이 이어야 할 곳을 잊지 않았으므로 끊기는 당연한 것이다.

백으로써 B로 단수해도 흑C로 내려지고, 백 C로 단수해

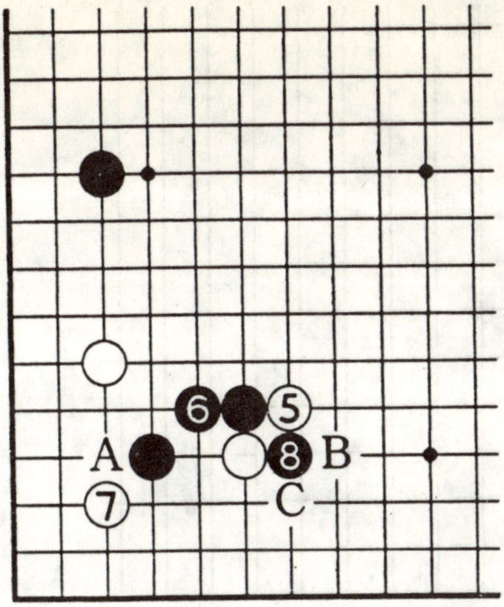

1 도

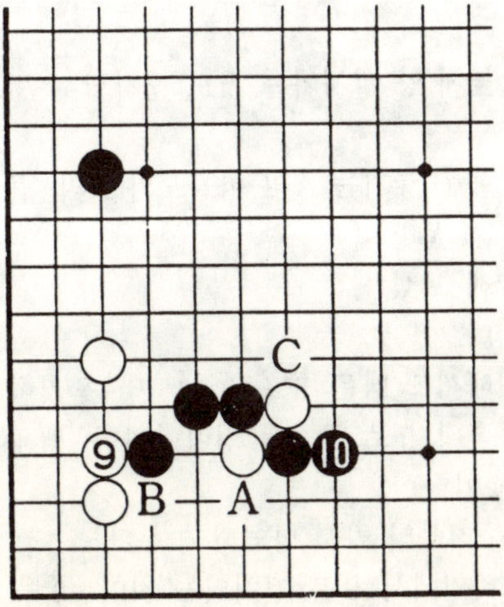

2 도

도 흑B로 뻗어져 잘 되어가지 않는다. 그렇다면 백으로써는 -

2도(일단락, 흑 두껍다)

오른쪽은 그대로 두고 백9로 건너는 수밖에 별도리가 없다.

흑은 거기에서 10으로 뻗어 끊는 것이 호수로 훌륭한 형이 된다. 이 10에 의해 오른쪽에 작용한 두꺼운 맛은 상당한 것이다.

백A로 움직여낼 여지는 있으나 흑B로 눌러 넣어져 곧 좋아지지는 않는다. 게다가 흑C의 축의 안기도 있어 대단한 수는 없는 듯하다.

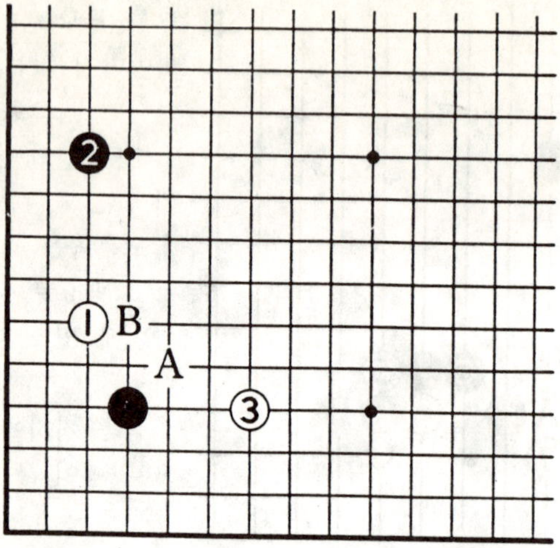

제45형

○제 45 형

백은 3 으로 두 칸 높게 양 걸쳐가는 것도 생각할 수있다.

이 경우 흑이 알기 쉬운 놓기는 A의 마늘모와 B의 붙이기이다.

우선 흑A부터 서술해 보겠다.

1 도(걸쳐잇기의 맥)

흑4 의 마늘모에 대해서도 백은 5 로 3·3 넣는 것이다. 어떤 상황에서도 흑에 5 로 급소를 점령당하면 백에게 있어서는 곤란한 것이다.

흑6 은 ▲에 끼운 주지부터 가서 당연히 누른다.

여기에서 백7 의 젖히기에서 9 로 걸쳐잇는 것이 좋은 수이다. 즉 이 다음——

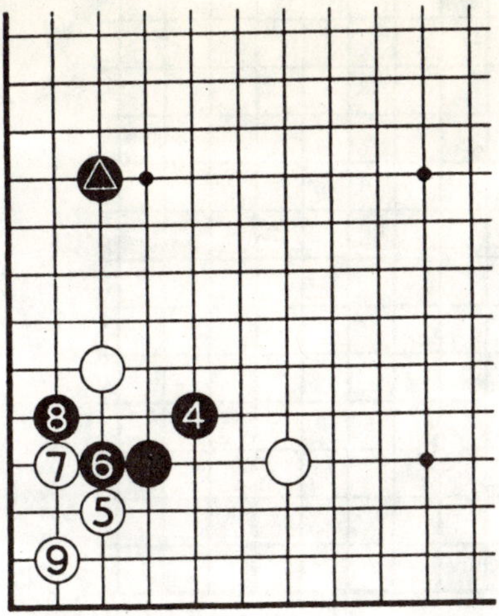

1 도

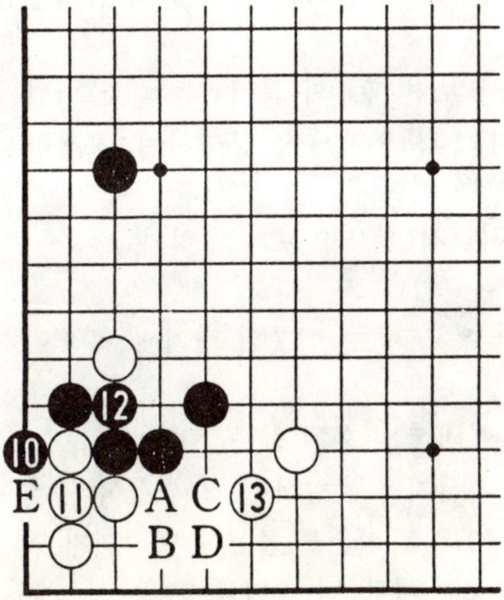

2 도

2 도(일단락, 호각) 흑에 12로 이어져 백 13으로 건너려 하는 것이다. 이에 흑 A도 백 B, 또 흑C도 백D로 연락(단지 패의 의미는 있는 제 11문 참조) 하고 있다.

도중 흑 10의 단수는 절대로 잊지 않도록 한다. 백의 눈 모양을 빼앗아둔다는 의미로써 단수는 반드시 12로 이어 먼저 정해두지 않으면 안된다.

초급자 대부분은 흑 10의 단수에 백 F로 패가 될 우려가 있으나, 그것은 대부분의 경우 흑으로써는 빼버리면 좋은 것이다.

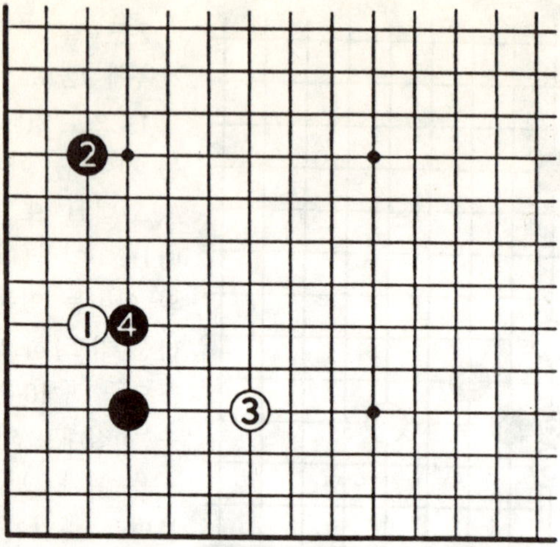

제46형

○제 46 형

그러면 흑 4 로 왼쪽의 백돌에 붙이는 정석에 대해 서술해 보겠다.

흑 2 로 끼운 의도에서 보면 흑 4 의 붙이기는 다소 변칙이 되지만, 그러나 백의 1 과 3 의 돌을 분단하여 공격한다는 의미에서 이치에 맞는 것이다.

그러면 어떻게 변화하는지 생각해 보기로 하자.

1 도(유사형)

백 5 의 젖히기에 흑 6 으로 뻗고, 백 7 의 뻗기에 흑 8 로 누른다.

여기에서 곧 백 A 에서 내끊는 수는 없다(참고도 참조). 그러므로 백 9 로 놓아 내끊기를 겨냥하는 것이 형이다.

흑도 이에 저항하여 10 으로 마늘모 붙인다. 여기까지 오면 앞에 나왔던 정석과 비슷하다(제 37 형)는 것은 알 수 있을 것이다.

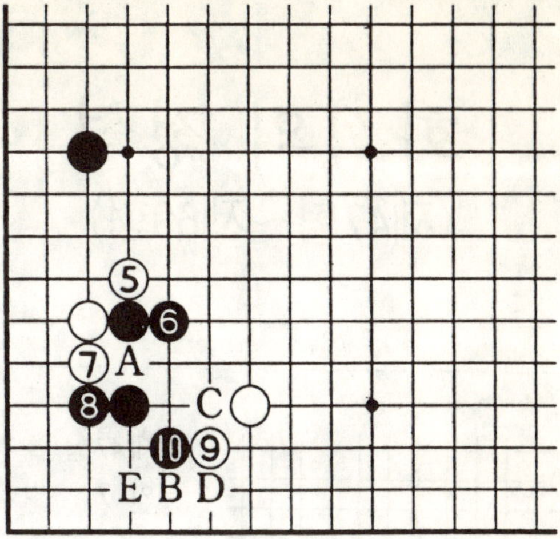

1도

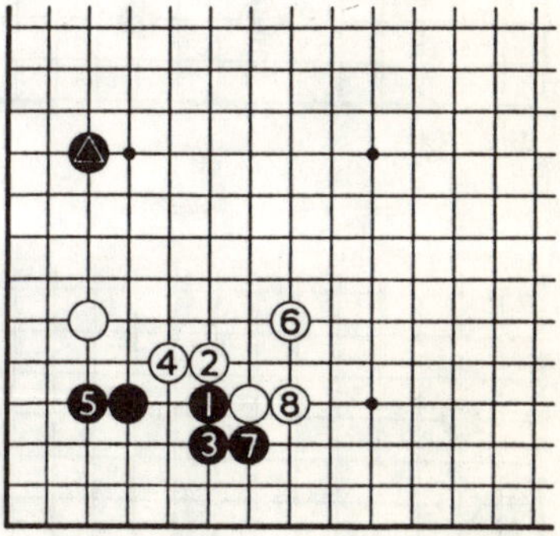

참고도

◇다른 방법

제46형 흑4의 붙이기에서는——

참고도(기대기)

흑1로 기대가는 놓기도 있는데 나는 오히려 이렇게 놓는 것을 권하고 싶다. 백2로 젖히면 흑3으로 내리고, 백4에는 단단히 흑5로 귀를 굳힌다. 백8까지가 되어 백에 두꺼운 맛을 주는데, ▲이 절호점이 되고, 무엇보다도 흑이 알기 쉽다.

화점의 정석
(제47형~제69형)

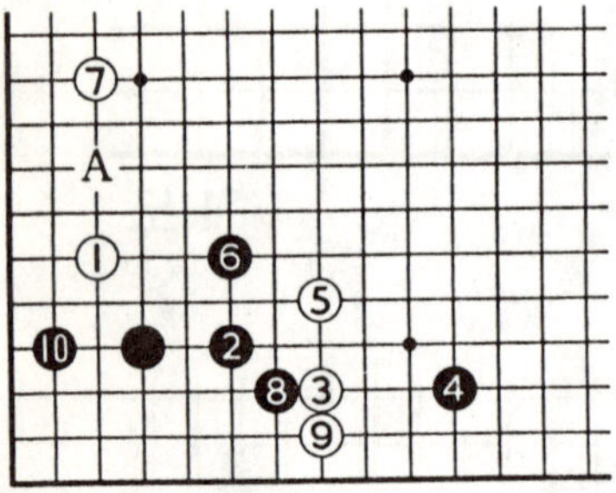

제 47 형

○제 47 형(호각)

백이 7로 벌렸을 때 흑 8을 살리고 10으로 귀에 준비하여 A를 노리는 것도 유력.

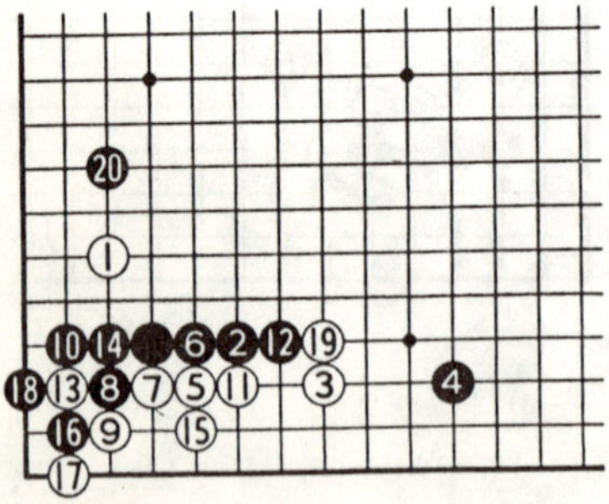

제 48 형

○제 48 형(흑 두껍다)

백 7의 넣기에 흑 8로 젖히는 것은 강력한 놓기이다. 흑 20까지 두껍다.

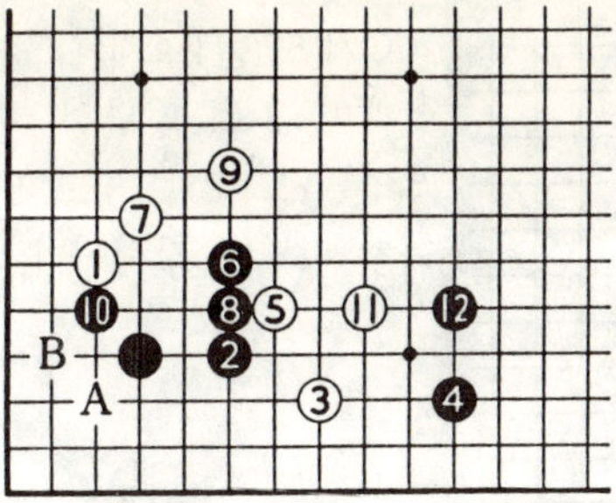

제49형

○제 49 형(호각)

백 7 의 넣기에 8 의 잇기, 이하 흑 12 까지 호각(백 A에는 흑B) 이다.

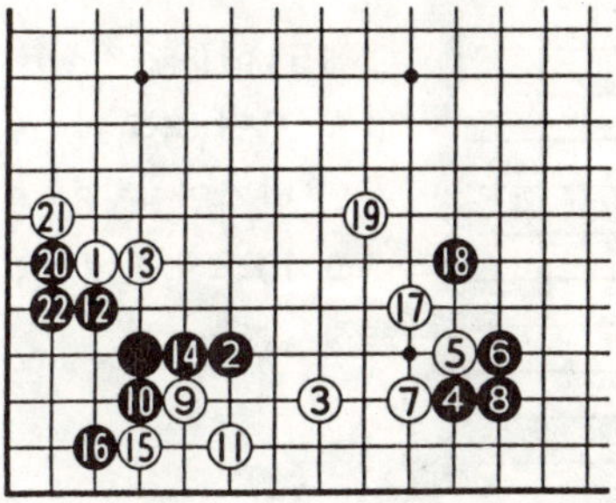

제50형

○제 50 형(흑 간명)

수수가 길기 때문에 어려운 듯하지만 놓는 형은 비교적 간단하다.

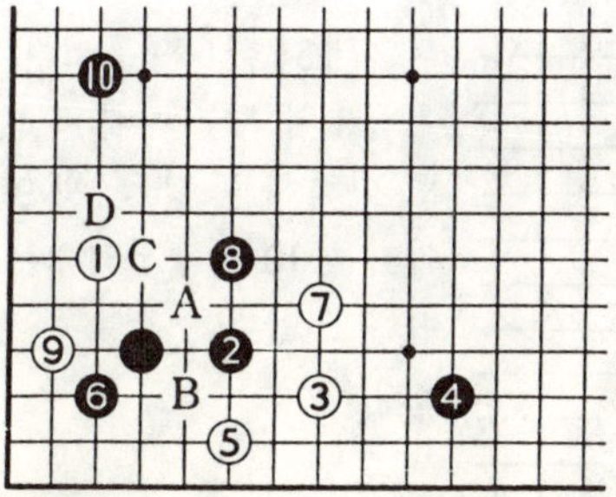

제51형

○제 51 형(싸움)

백 9 의 달리기에 흑10으로 끼워 반격(백A, B 등으로 준비 흑C, 백D를 교환).

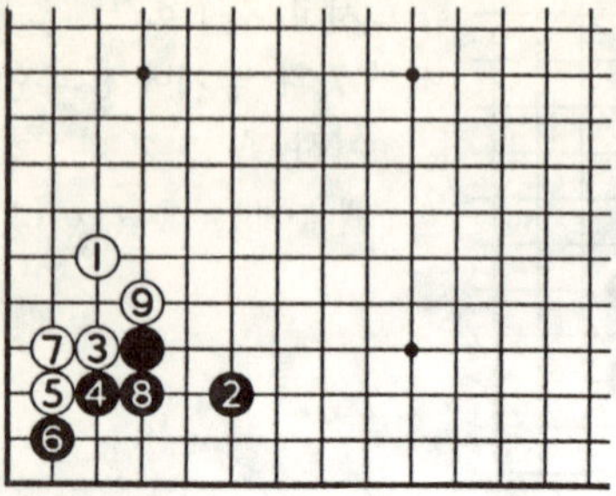

제52형

○제 52 형(호각)

백이 7로 단단히 이으면 흑도 8로 잇고, 9까지 알맞은 갈림이다.

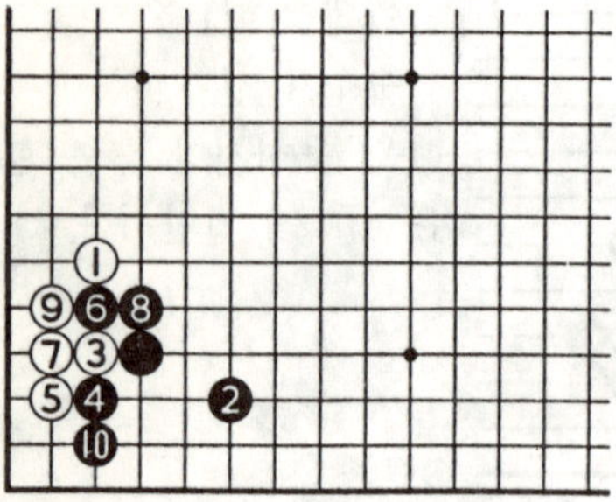

제53형

○제 53 형(흑 견실)

얼핏 보면 속되어 보이기도 하지만, 흑6·8 그리고 10으로 내리면 나쁘지 않다.

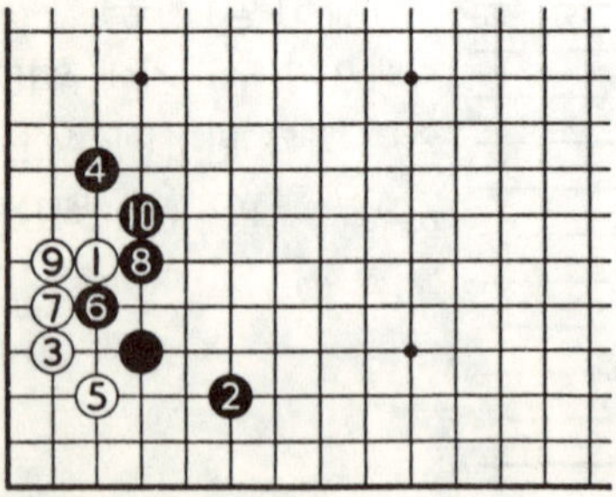

제54형

○제 54 형(흑 두껍다)

백 3의 달리기에 흑4로 반격하는 정석. 백9까지는 10의 젖혀내는 변화도 있다.

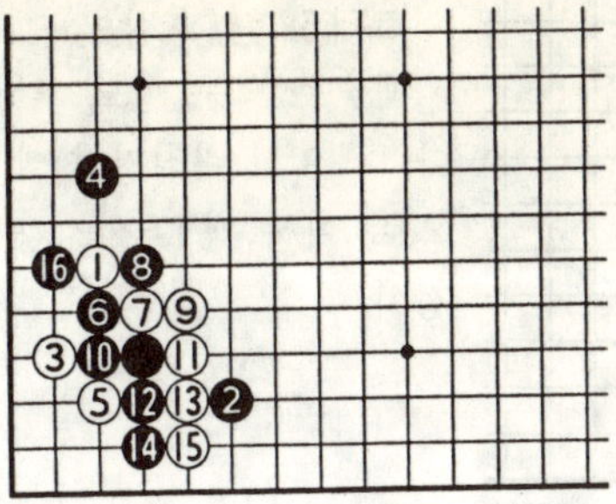

제 55 형

○제 55 형 (호각)

흑 6 에 대해 백 7 의 대어넣기. 흑 8 로 단수하여 10 으로 잇는 요령이다.

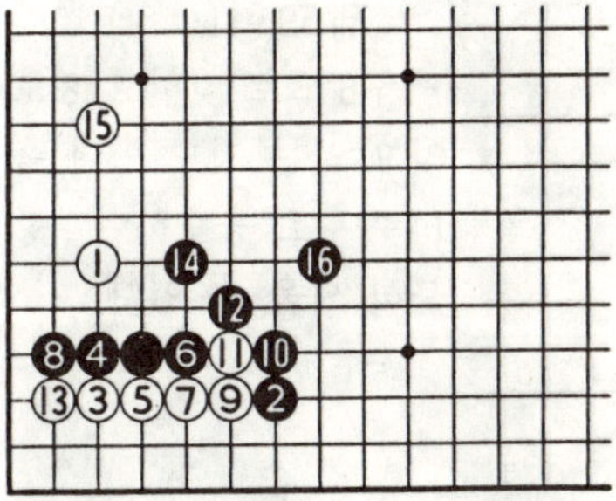

제 56 형

○제 56 형 (흑 충분)

흑 2 의 눈목자에 백 3 으로 넣는 형. 흑 16 까지 두꺼운 맛으로 충분히 대항할 수 있다.

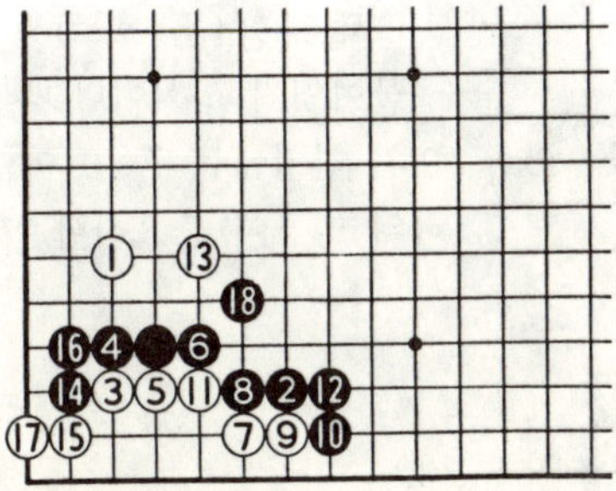

제 57 형

○제 57 형 (흑 두껍다)

백 7 의 달리기에 흑 8 ·10으로 정한 곳에서 생긴 정석. 흑은 두꺼운 맛으로 우세.

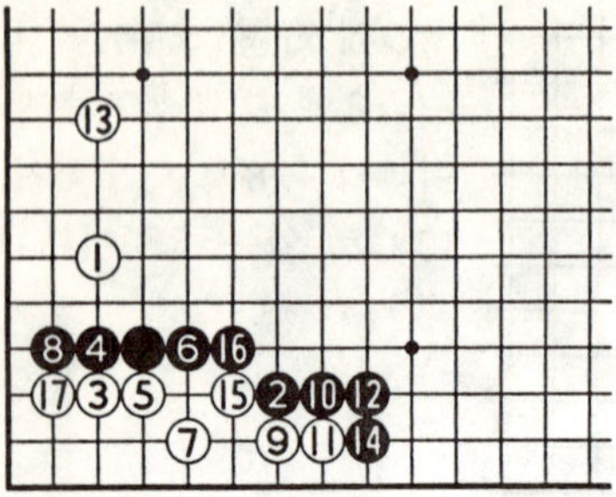

제58형

○제58형(호각)

백7로 넣는 형도 있다. 흑8의 내리기가 맥으로, 이하 백17까지가 정석.

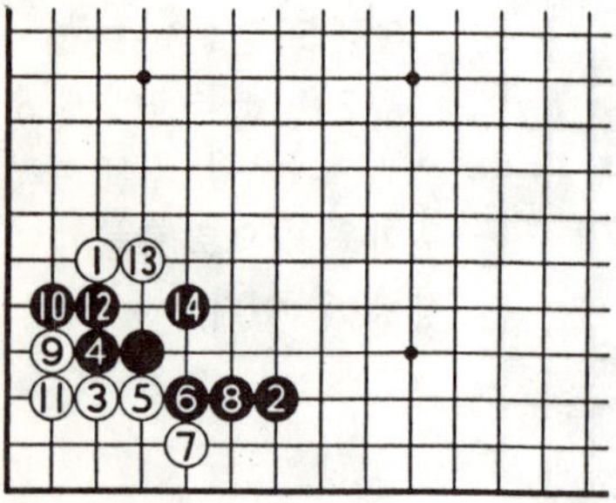

제59형

○제59형(호각)

흑6으로 젖히고 8로 잇고 있는 것도 있다. 흑14까지로 응수하여 충분히 싸울 수 있다.

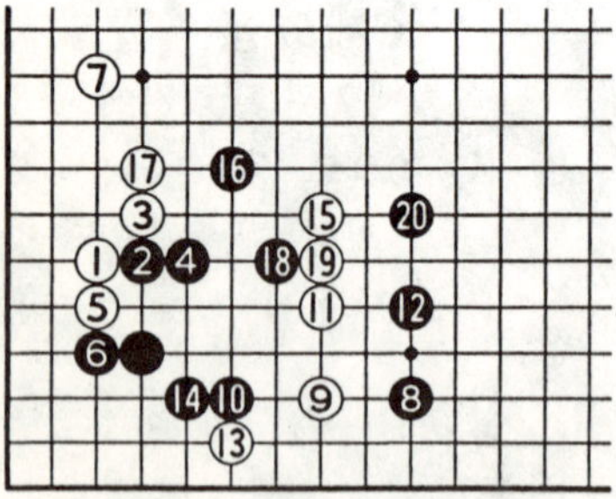

제60형

○제60형(흑 호조)

붙여잇기 정석이다. 백9의 침입에는 흑10 이하의 맹공이 중요하다.

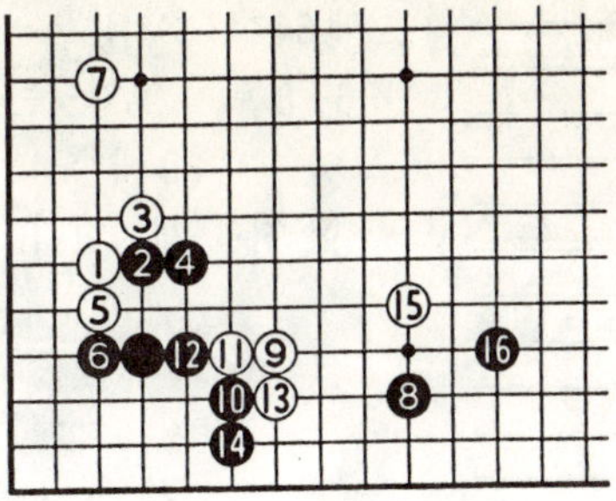

제61형

○제61형(흑 충분)

백9의 침략에는 흑10으로 준비하면서 추격하게 된다.

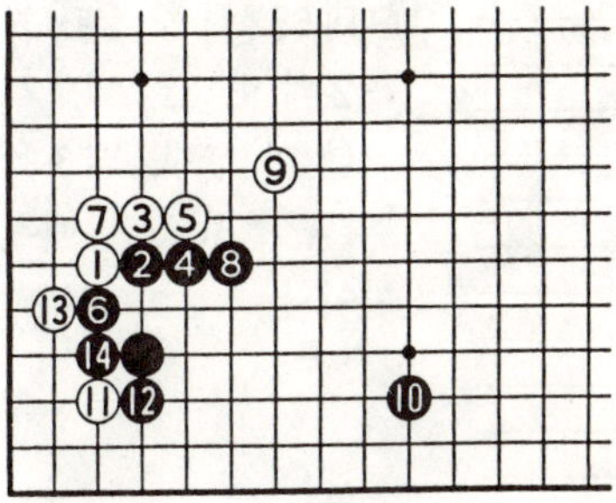

제62형

○제62형(호각)

백5의 눌러올리기에는 흑6으로 눌러넣는다. 흑14까지 호각이다.

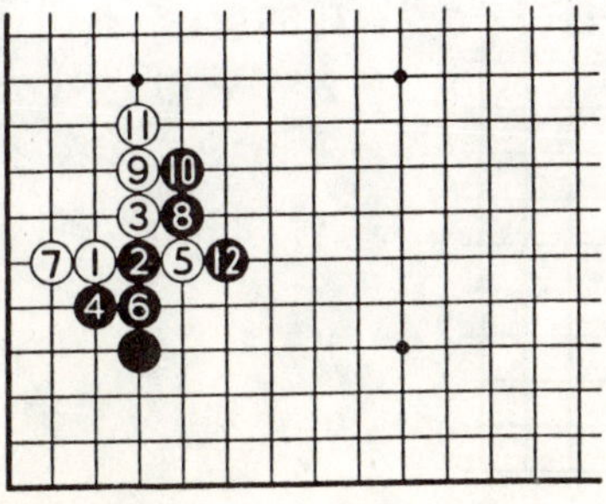

제63형

○제63형(흑 두껍다)

붙여누르기 정석이다. 흑10에 11의 뻗기라면 흑12로 눌러 만만세이다.

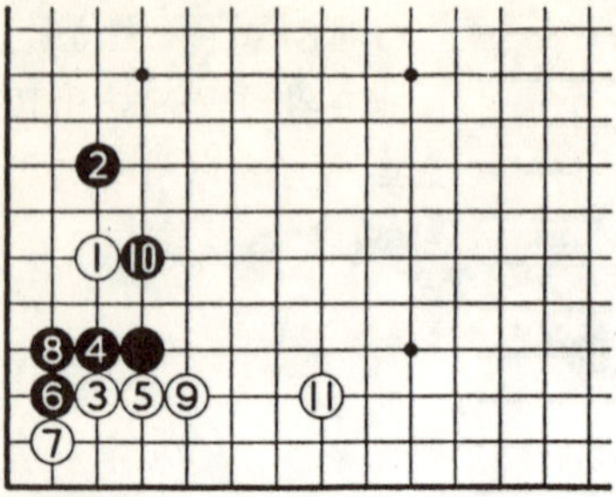

제64형

○제 64 형 (호각)

흑 6 · 8 로 젖혀잇는 것도 있다. 백 9 에 흑10 으로 한 점을 제지한다.

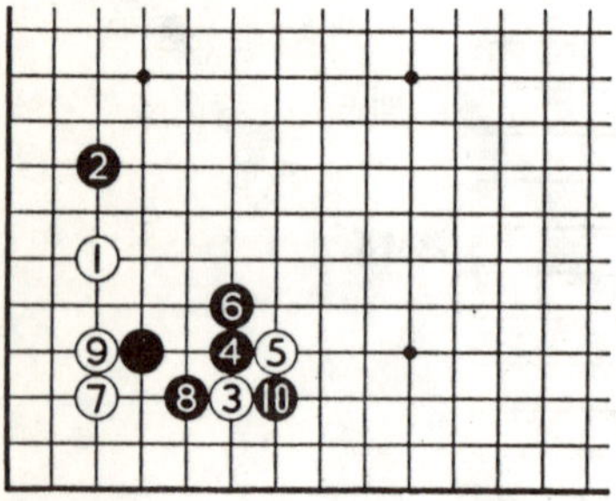

제65형

○제 65 형 (흑 좋다)

흑 2 의 한 칸 끼우기는 전형과 같다. 백 3 으로 양쪽 걸쳐 갔을 때의 변화이다

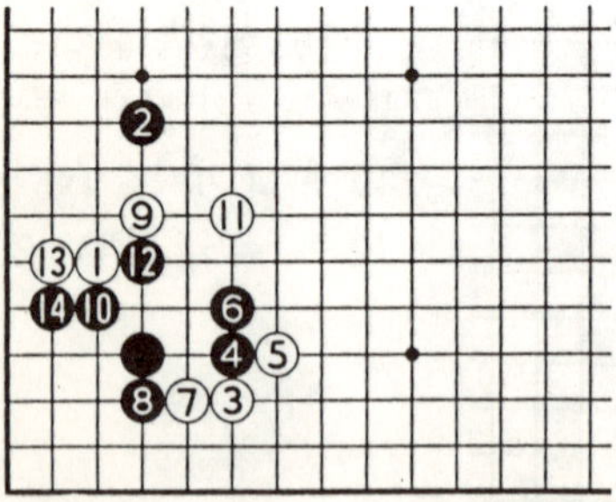

제66형

○제 66 형 (흑 견실)

흑 2 의 두 칸 높이 끼우기에 백3으로 양쪽 걸쳤을 때 생기는 정석이다.

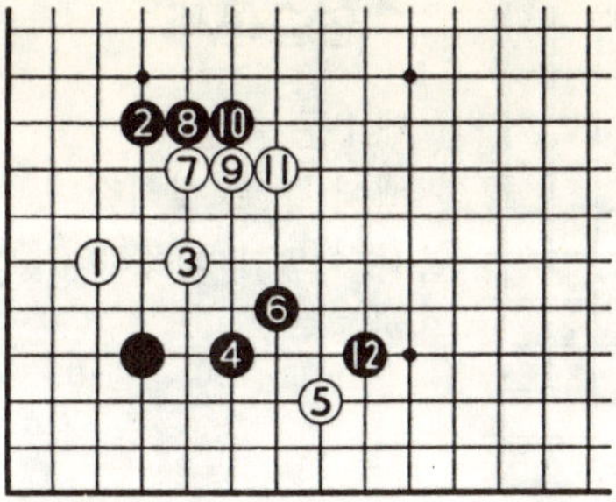

제67형

○제 67 형 (흑 호조)

흑4의 한 칸 뛰기에 백5로 끼워가는 것은 다소 지나친 놓기이다. 흑 쾌조.

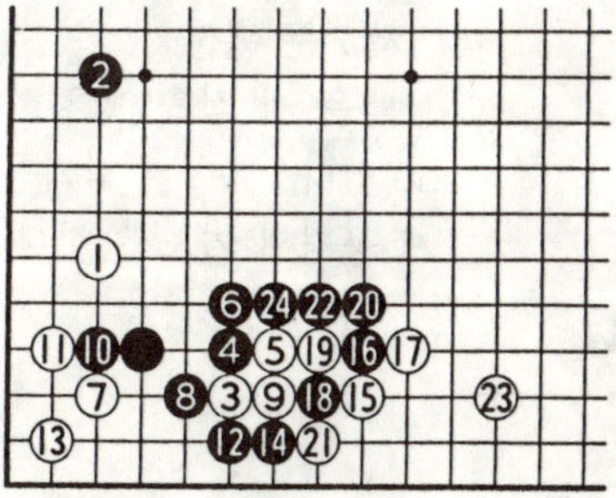

제68형

○제 68 형 (흑 두껍다)

백11에 흑12로 젖힌 때 생기는 정석이다.

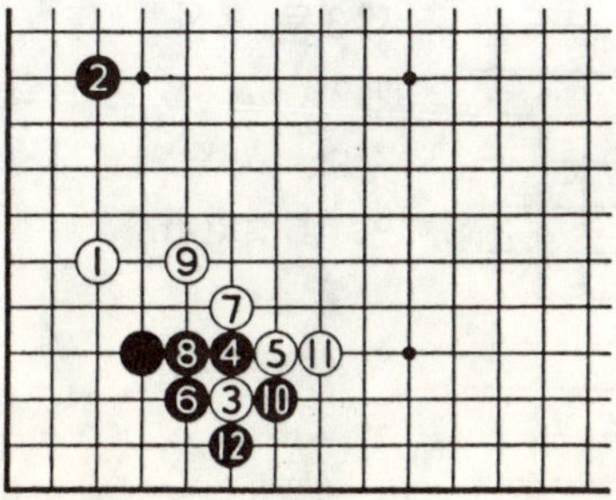

제69형

○제 69 형 (호각)

붙여누르기 정석의 대표적인 형이다. 흑12로 빼어도 나쁘지 않다.

○연습문제

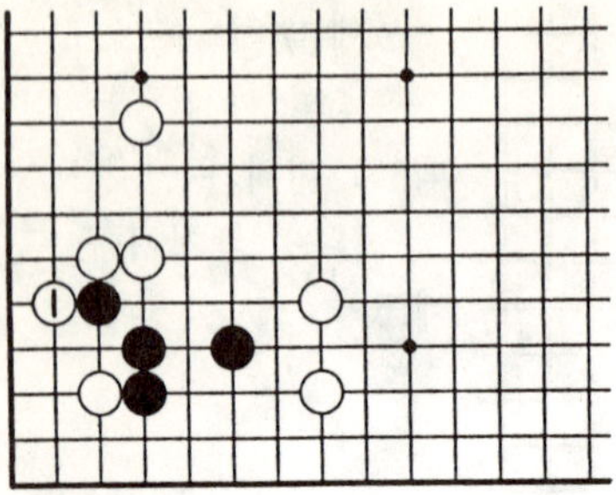

제 1 문 흑선

제 1 문 흑선

백이 1로 젖혀갔다. 흑은 어떻게 대응하면 좋을까.

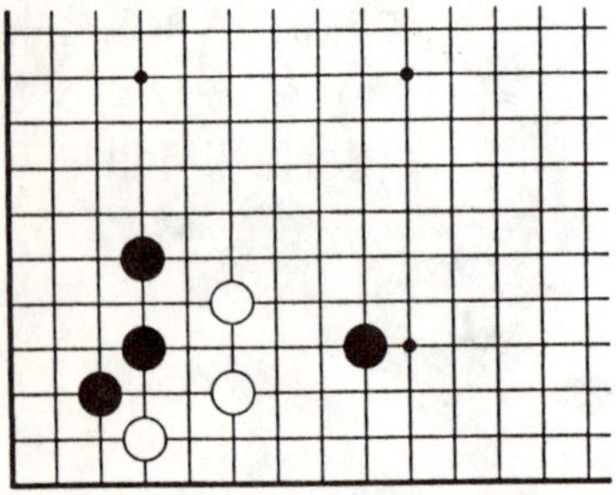

제 2 문 흑선

제 2 문 흑선

백은 세 점을 방치하고 있다. 흑부터 날카롭게 공격해 가도록 한다.

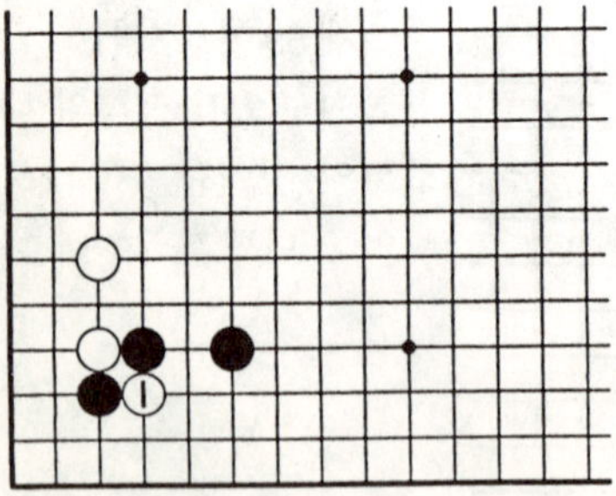

제 3 문 흑선

제 3 문 흑선

백이 1로 엇갈려 끊어갔다. 흑은 어떻게 응해야 할 것인가.

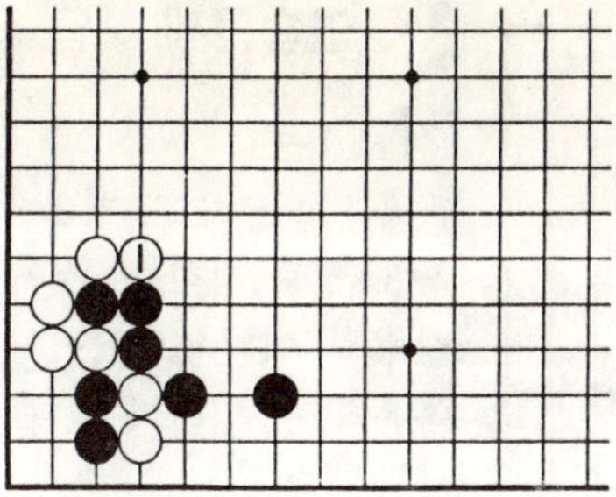

제 4 문 흑선

제 4 문 흑선

백이 1로 붙여올렸다. 흑은 어떻게 놓는 것이 묘수일까?

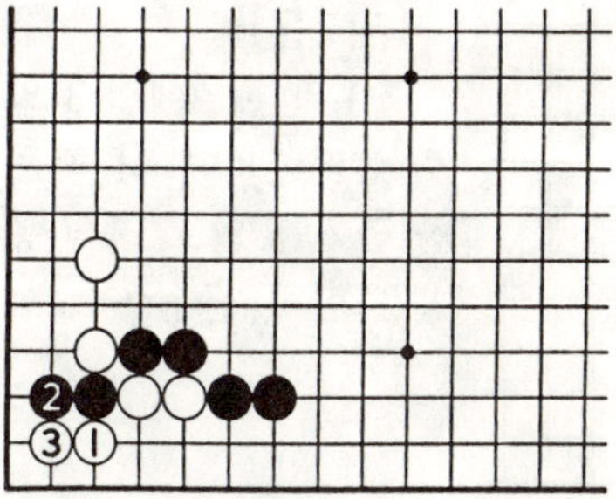

제 5 문 흑선

제 5 문 흑선

백 1·3으로 귀를 도우러 갔다. 흑의 바른놓기를 나타내어라.

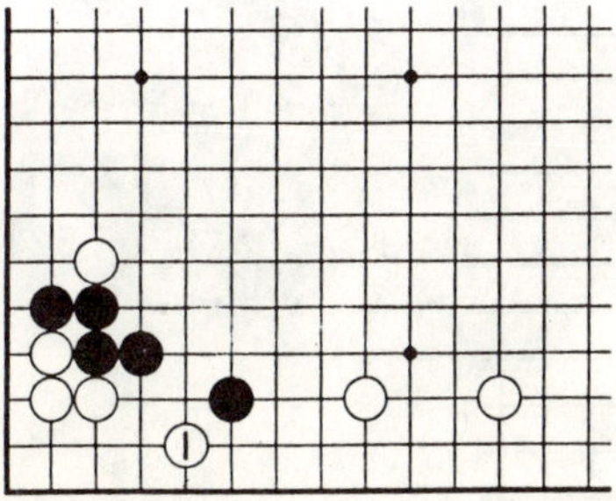

제 6 문 흑선

제 6 문 흑선

백 1의 달리기에 흑은 어떻게 대처하는 것이 좋겠는가. 오른쪽의 백에 주의.

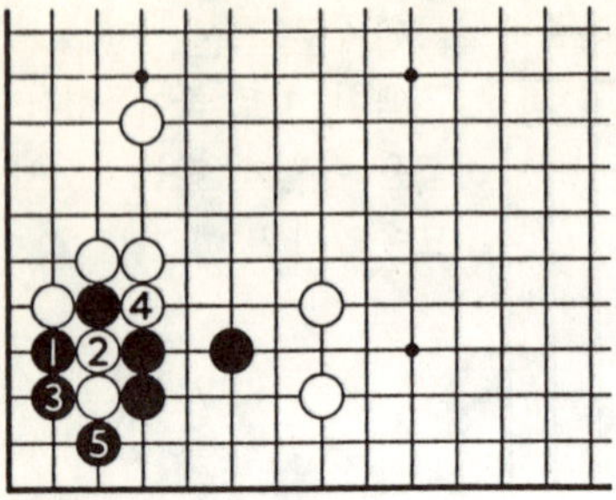

제 1 문

◇연습문제 해답

〔제 1 문〕

흑 1 로 누르고, 백 2 에 흑 3 · 5 로 정하는 것이 상법. 이것으로 귀의 흑은 죽을 염려가 없다.

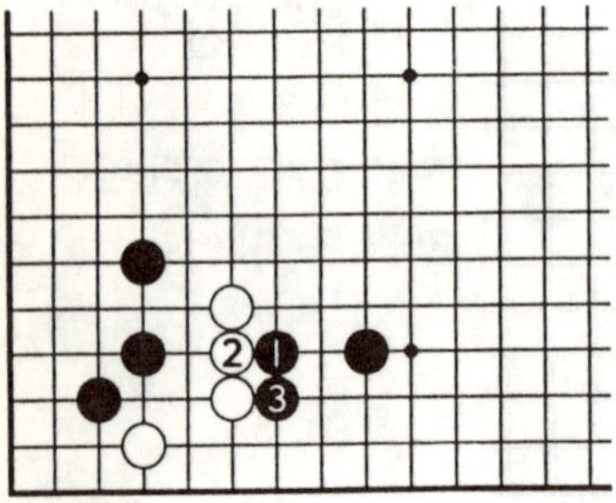

제 2 문

〔제 2 문〕

흑 1 의 빼기에서 3 으로 눌러넣으면 이 백은 곧 근거를 잃고, 흑의 맹공을 받게 된다.

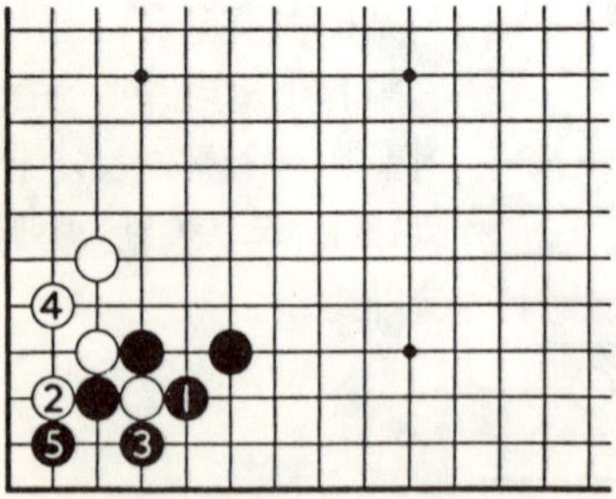

제 3 문

〔제 3 문〕

보통 흑 1 로 단수하면 좋은 것이다. 백 2 에는 흑 3 으로 뺀다. 흑 5 까지 두꺼워진다.

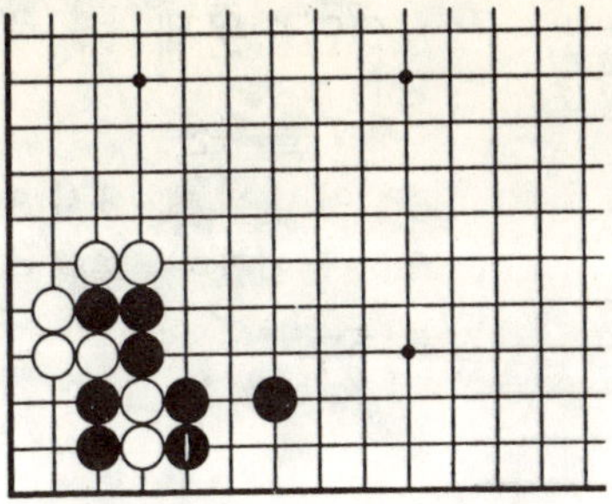

제 4 문

〔제 4 문〕

이렇게 불안정한 형에서는 흑 1 로 한 점을 안는 것이 바른 놓기인 것이다. 묘수라고 할 수 있다.

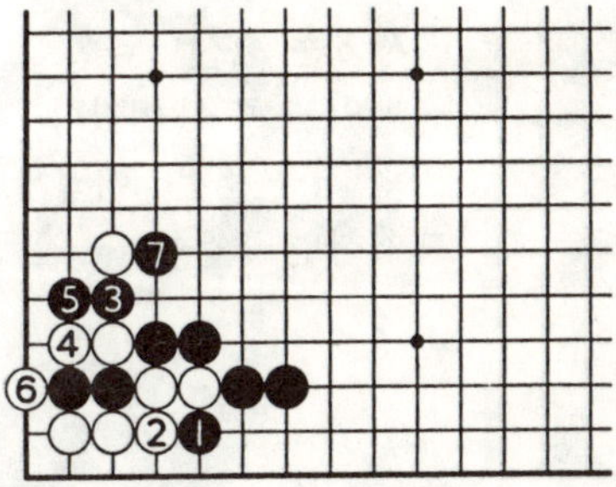

제 5 문

〔제 5 문〕

흑 1 의 단수를 잊지 않도록. 그 다음 3 에서 7 까지로 정하도록 한다.

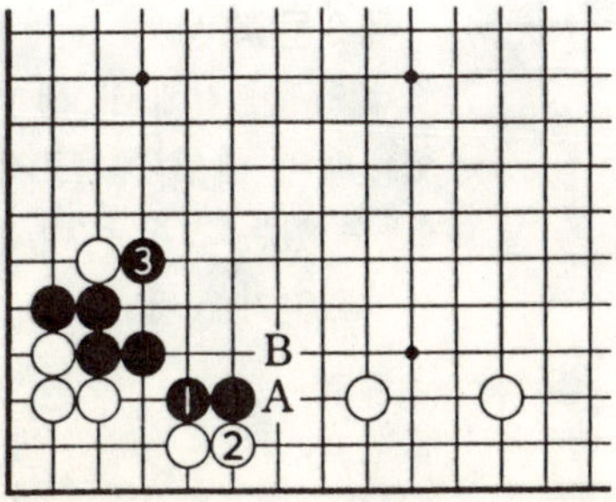

제 6 문

〔제 6 문〕

흑 1 로 연락하고 3 으로 머리를 젖히는 것이 바른 놓기이다. 다음에 백 A라면 흑B의 젖히기가 선수이다.

○연습문제

제 7 문 흑선

백이 1의 빼기에서 3으로 끊어갔다. 흑의 다음 응수는?

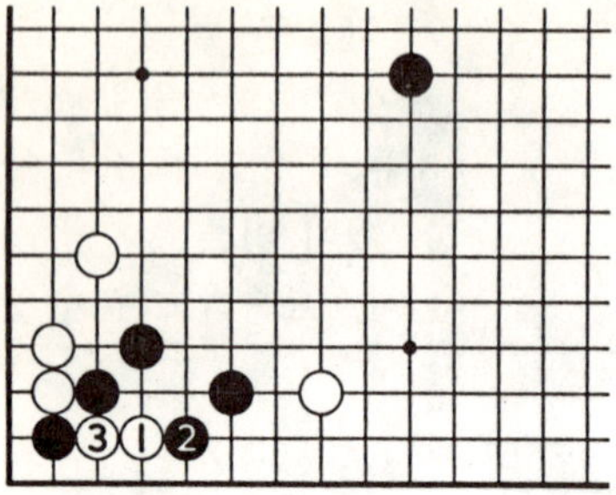

제 7 문 흑선

제 8 문 흑선

백이 1로 내어갔다. 이런 경우 흑은 어떻게 대처하면 좋을까.

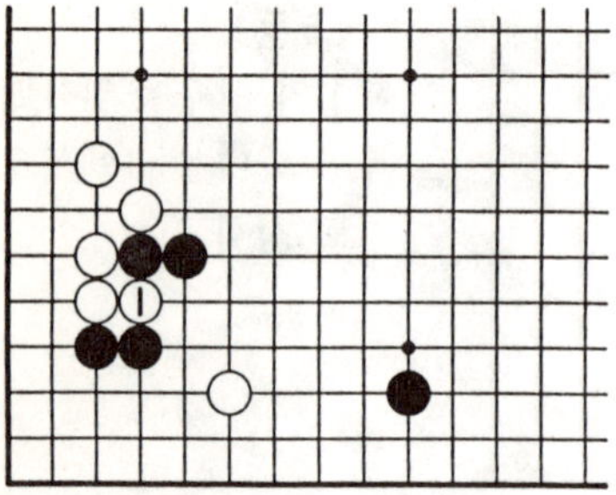

제 8 문 흑선

제 9 문 흑선

붙여 뻗기에서 생긴 형. 백의 세 점을 공격할 수 있는 것은 어디에서부터인가.

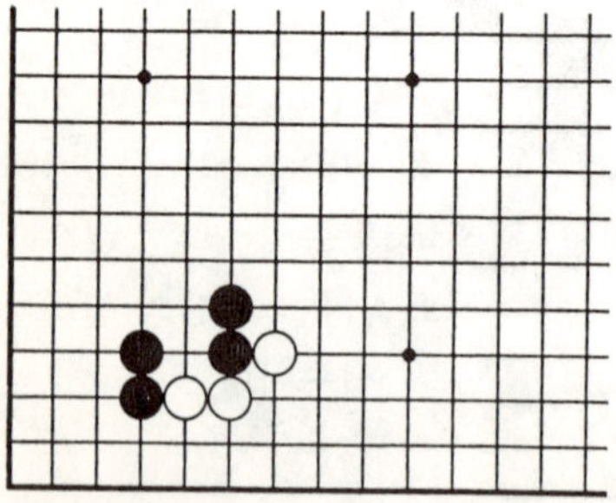

제 9 문 흑선

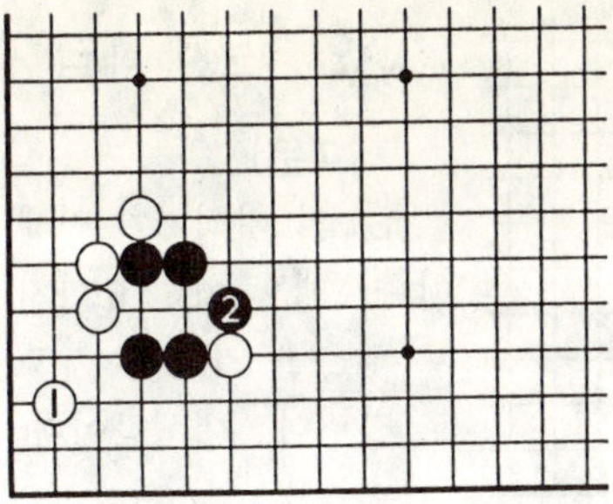

제10문 흑선

제 10문 흑선

백 1의 달리기에 흑 2는 이맥이다. 그 이유를 알겠는가? 바른 수법은?

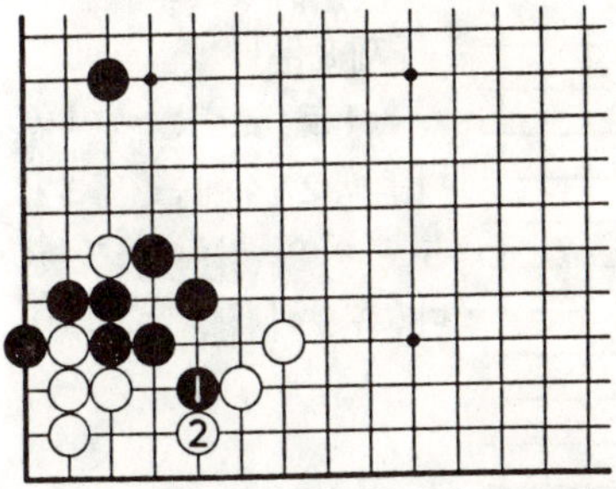

제11문 흑선

제 11문 흑선

흑 1에 백 2로 갔는데, 흑부터 패가 되도록 하고 싶다.

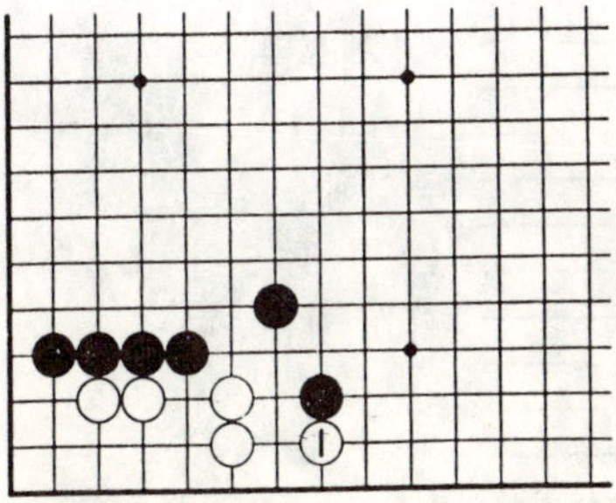

제12문 흑선

제 12문 흑선

백이 1로 붙여갔다. 흑의 다음 한 수를 나타내 본다.

◇연습문제 해답

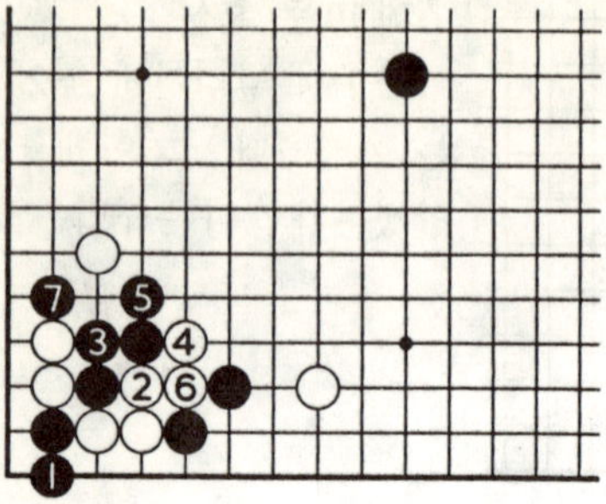

제 7 문

〔제 7 문〕

흑 1 의 내리기가 정해이다. 백 2 이하 6 까지로 탈출을 기하면 흑 7 로 갈린다. 대성공이다.

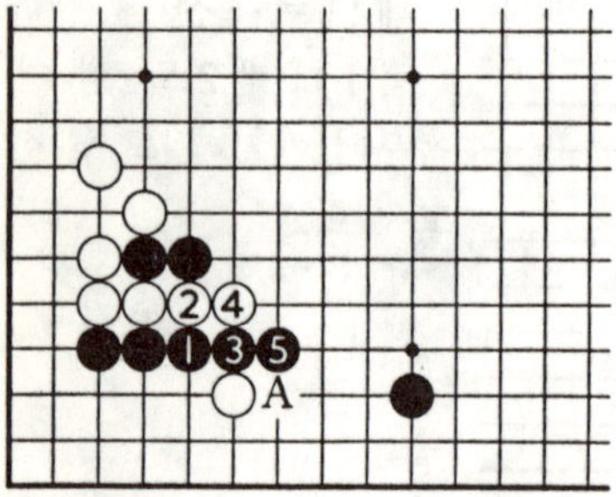

제 8 문

〔제 8 문〕

흑 1 로 늦추는 것이 좋다. 백 2 · 4 에는 흑 3 · 5 로 흑의 집이 정돈된다(흑 5 에서 A는 위험).

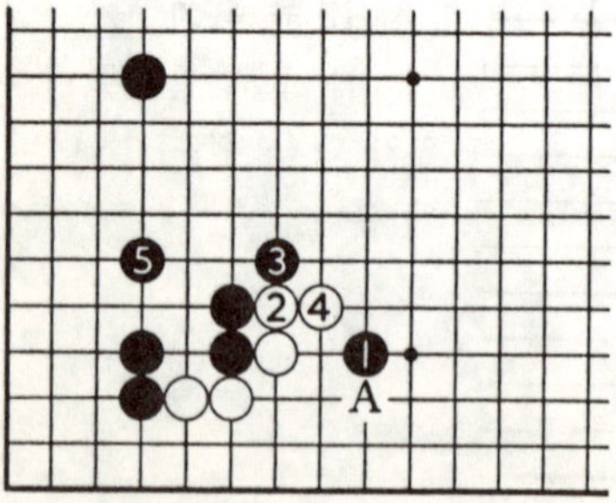

제 9 문

〔제 9 문〕

흑 1 (A도 정해)부터 공격해간 참. 백 2 · 4 에는 흑 3 · 5 의 요령으로 형을 정돈한다.

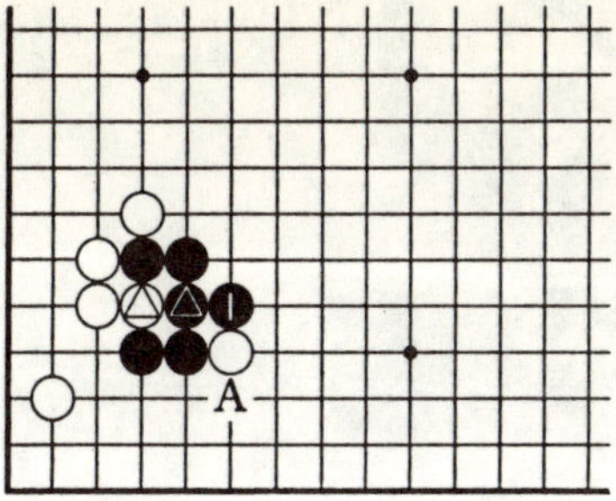

제10문

〔제 10 문〕

쌍립 이음의 장소를 가령 △과 ▲ 교환했다고 하자. 흑 1 로는 놓을 수 없다. 흑A가 정착이다.

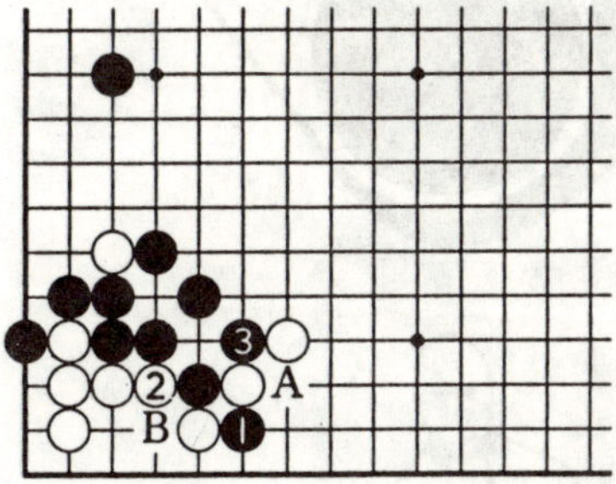

제11문

〔제 11 문〕

흑 1 의 쳐들어가기가 강력한 맥. 백 2 로 단수, 흑 3 에서 패가 된다(백 A라면 흑B에서 큰 패).

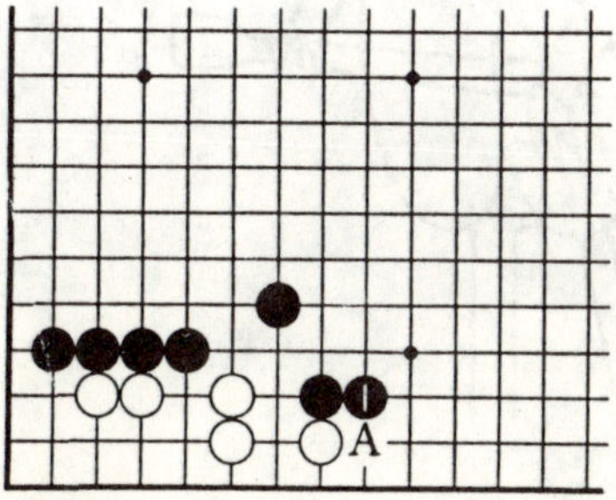

제12문

〔제 12문〕

흑 1 로 뻗는 참이다.

흑A로 누르면 백에 1 로 엇갈려 끊겨 곤란하다.

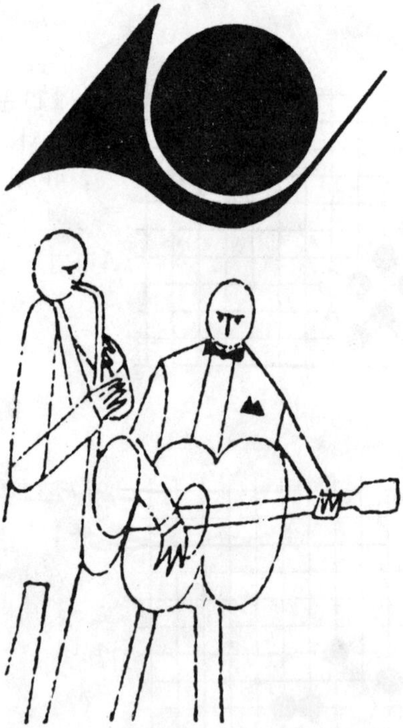

제2장

3·3의 정석

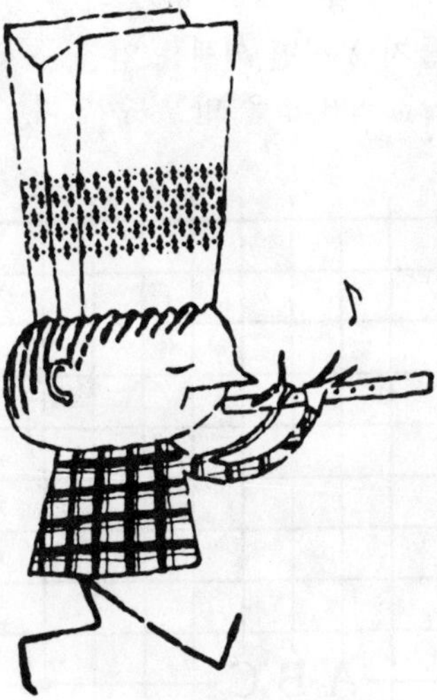

3·3에 관하여

3·3은 글자 그대로 왼쪽에서도 또 아래에서도 제3선째에 있는 것으로, 3선의 교점에 상당한다.

이 3·3을 점령하는 것에 의해 볼 수 있는 특징은, 그 한 수로 귀를 확보할 수 있다는 것일 것이다. 집이 박한 사람에게 있어서 이것만큼 의지가 되는 착점은 없을지도 모른다. 이것은 3·3의 장점이다.

그러나 3·3에도 약점은 있다.

우선 모양을 만들기 어렵다는 것이다. 또 같은 말이지만, 상대에게 모양을 뻗게 하기 쉬운 것이다.

집을 만들지 못하면 외세를 얻을 수 없다. 반대로 외세를 얻을 수 없으면 집을 만들 수 없다. 이것은 바둑의 숙

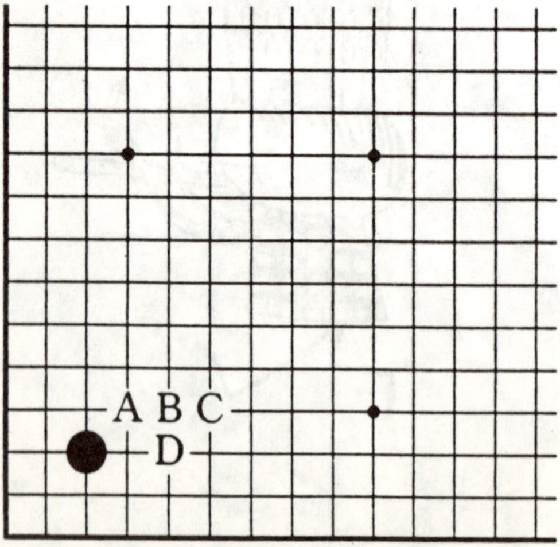

명인 것이다. 집도 확보할 수 있고, 게다가 세력도 뻗을수 있어야 한다.

3·3의 큰 특징은 또 하나 있다. 그것은 발이 빠르다는 점이다.

3·3은 한 수로 귀를 확보할 수 있으므로 천원으로 빨리 향할 수가 있다. 스피드를 주체로 하는 근대 바둑에 적합한 착점인 것이다.

그러나 3·3이 성기게 놓여지게 된 것은 최근의 일인 것이다.

에도 시대에는 3·3을 '파문의 수'라고 말했었다. 그것은 3·3에 놓으면 선생님으로부터 '그런 수를 놓으면 장래의 가망이 없으므로 바둑에서 손을 씻고 고향으로 돌아가라'라고 질책받았다고 한다.

어째서 그랬던가 하면, 3·3은 귀에 편중되어 있다고 판단되기 때문이다. 분명 3·3은 화점에 백A(그림)로 놓여지면 압박받고 또 사이에 백의 외세가 생겨버린다. 그것을 귀에 편중되어 있다고 본 것이다. 그러나 그것에 의해 생긴 흑의 집은 무시할 수 없다. 요는 그것에 의해 생긴 백의 두꺼운 맛 외세를 작용시키지 못하도록 움직이면 좋은 것이다.

3·3이므로, 소목과는 달리 소위 굳힘은 없다. 그러나 흑B나 흑C로 준비하는 것도 굳힘에 뒤지지 않는 훌륭한 것이다.

그것을 방해한다는 의미에서도 백B나 C 또는 D로 안아가는 것은 역시 큰 것이다.

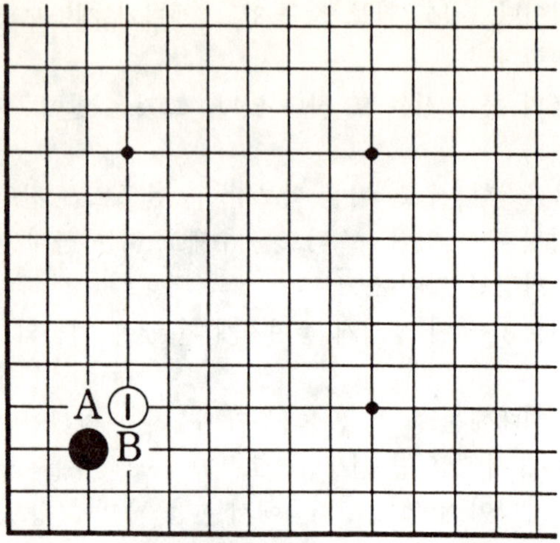

제 1 형

9. 어깨를 붙인다

○제 1 형

전술한 바와 같이 3·3의 정석은 한 수로 귀를 점거하고 있다는 잇점은 있으나, 위치가 다소 낮다는 결점이 있다. 그 결점을 잡는 것이 이 백 1의 어깨 붙이기이다.

백에 1로 어깨를 붙여지면 어떻게든 뻗지 않으면 안된다. 그것이 3·3의 약점인 것이다. A로 뻗을 것인가, B로 뻗을 것인가는 주위의 상황에 따라 선택된다.

1도(백은 중앙 지향)

만일 흑 2로 젖히면 백 3으로 뻗는다(단 백 3에서 A로 뛰는 것도 있다——제 4형 이하 참조).

흑 4, 백 5의 교환으로 손 빼기를 하는 것도 있으나, 백 B의 누르기가 호점이므로 흑 6, 백 7의 교환까지 놓는 것이 보통이다.

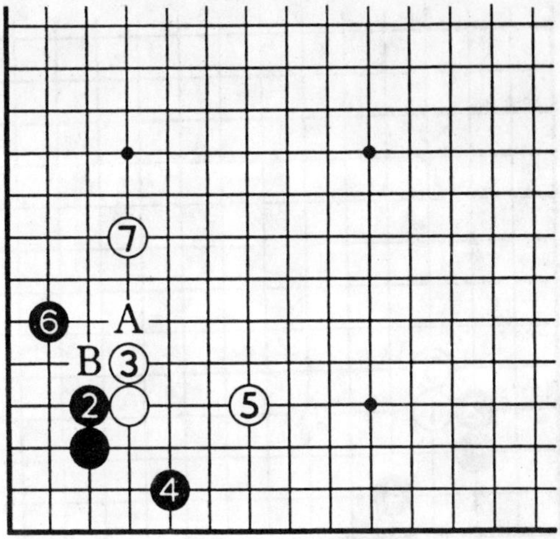

1 도

◇ 되돌리지 말라

1도 백 3 으로 위로 뻗는 것은 중요하며 여기에서 자주——

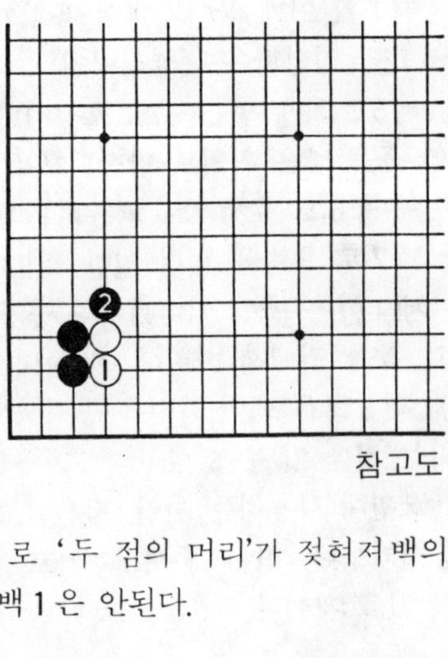

참고도

참고도(두 점의 머리)

백 1 로 아래를 눌러가는 것을 볼 수 있다. 어떻게든 집에 연관하여 아래쪽이 마음에 걸릴 것이다.

그러나 이것은 흑에 2 로 '두 점의 머리'가 젖혀져 백의 집이 위축되어 버린다. 백 1 은 안된다.

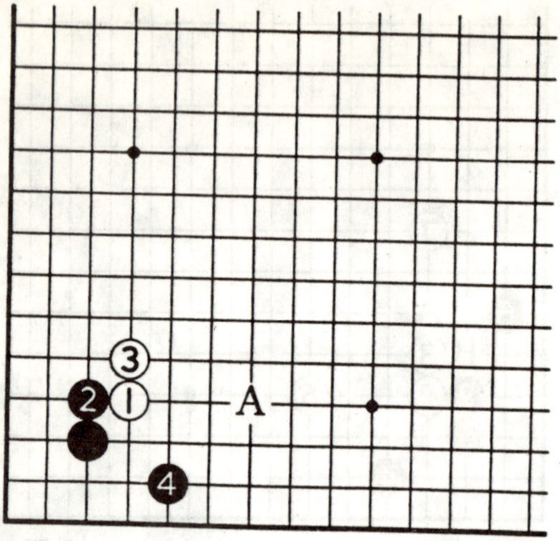

제 2 형

○제 2 형

백 1 의 어깨 붙이기에서 흑 4 까지는 전형과 같다.

1 도(일단락——눌러넣기)

백 5 로 눌러넣는 것도 호점이다. 이번에 백 A로 뛰어지면 흑은 낮은 위치로 압박되므로 흑도 6 으로 준비한다.

이 흑 6 도 호점으로 백 5 와는 균형이 되어 있다.

백 7 로 3 칸에 벌려 일단락이 된다.

제 1 형은 백이 어디까지나 중앙에 두꺼운 맛을 구축하고, 흑을 귀에서 살린다——이런 방침으로 있는 것에 대해, 제 2 형은 백이 좌변을 중시하여 하변을 가볍게 보고 있다는 것을 알 수 있다.

요컨대 사용하는 사람, 사용되고 있는 국면에서 중앙이 중시되느냐, 변이 중시되는가로 정석이 달라진다고 할 수 있을 것이다.

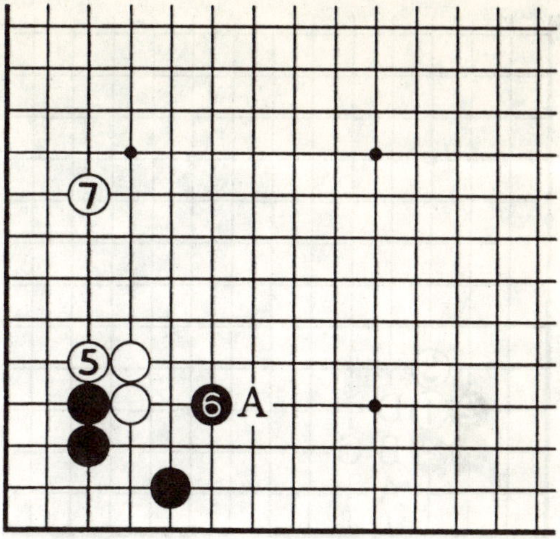

1도

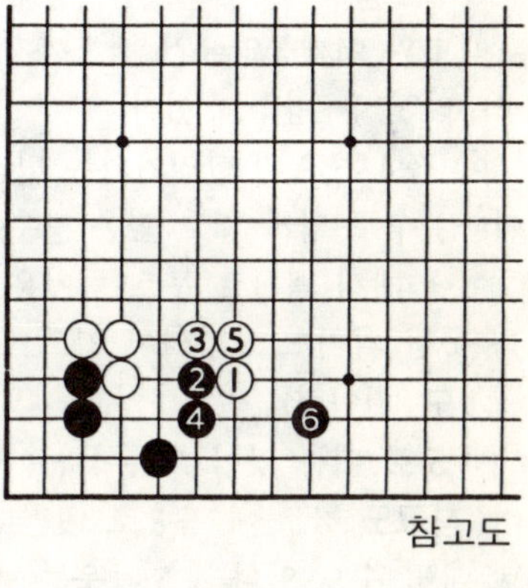

참고도

◇ 위치 문제

1도 흑6을 놓지 않은 경우——

참고도(저위)

역시 백1의 뛰기가 호점이 되어 있는 것이다.

흑에는 2에서 6까지로 놓아 오른쪽에 내뛰는 방법도 있으나, 전체의 위치가 낮기 때문에 반드시 바람직하다고는 할 수 없다. 따라서 1도 흑6이 호점이 되는 것이다.

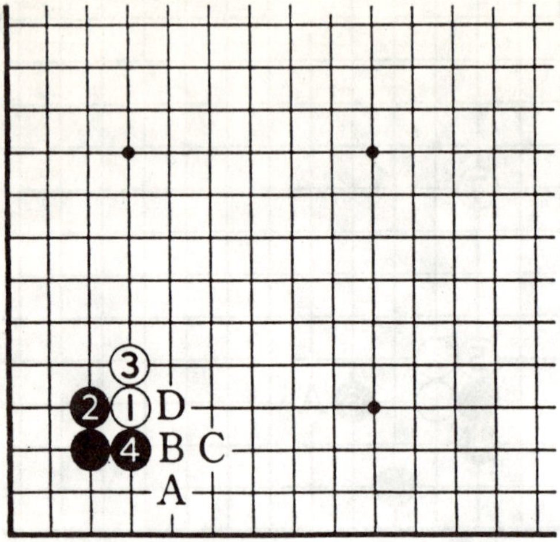

제 3 형

○제 3 형

백 1 의 어깨붙임에서 백 3 까지로 진행했을 때에 흑 4 로 구부려 놓는 방법도 있다.

이 흑 4 는 A의 달리기와는 달리 상당히 수 두꺼운놓기이다. 수 두껍게 놓고 싶은 경우에는 이 흑 4 를 채용한다.

이에 대해 백B로 누르는 것은 흑C, 백A에 흑D로 끊는 듯한 의미도 포함되어 있으므로,

1 도(일단락)

백 5 로 뛰는 것이 보통이다. 흑 6 으로 뻗고 백 7 의 대비(참고도 참조)에 흑 8 로 내뛴다. 단 흑 8 에서는 A쪽으로 내뛸 수도 있다. 그 경우는 백B로 누르게 될 것이다.

백 9 까지의 결과, 흑도 귀에서 안정했지만, 백의 두꺼운 맛이 상당한 것이기 때문에 일장일단이 있다.

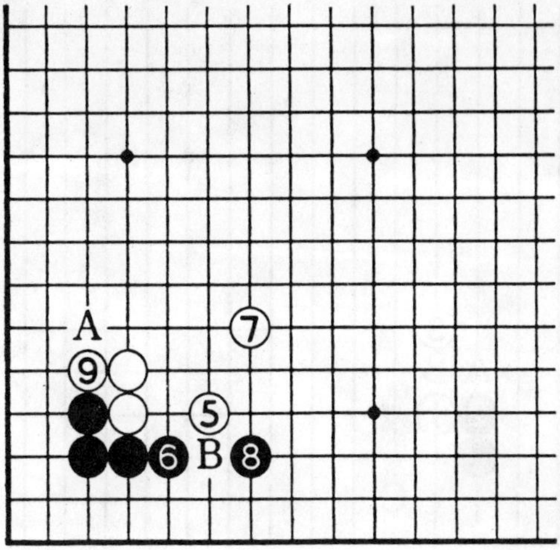

1도

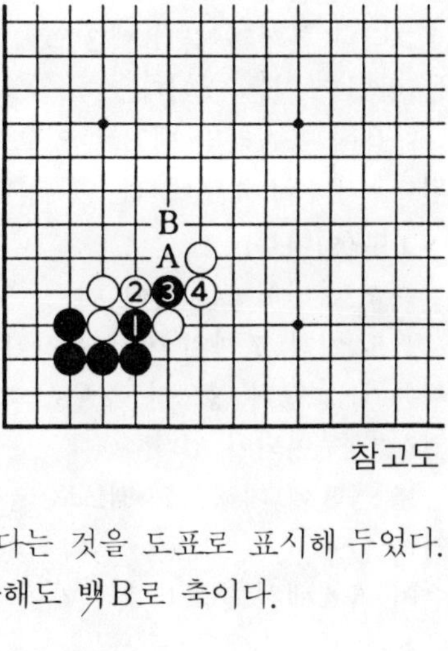

참고도

◇ 내끊기의 대비 형

상대의 내끊기에 대한 대비 방법은 여러 가지가 있다. 그 중에서 가장 작용이 큰 대비 방법은 1도 백7이다. 이 뒤 가령 —

참고도(축)

흑이 1·3으로 내끊어가도 백2·4로 걱정없다는 것을 도표로 표시해 두었다. 백4에 이어 흑A로 탈출해도 백B로 축이다.

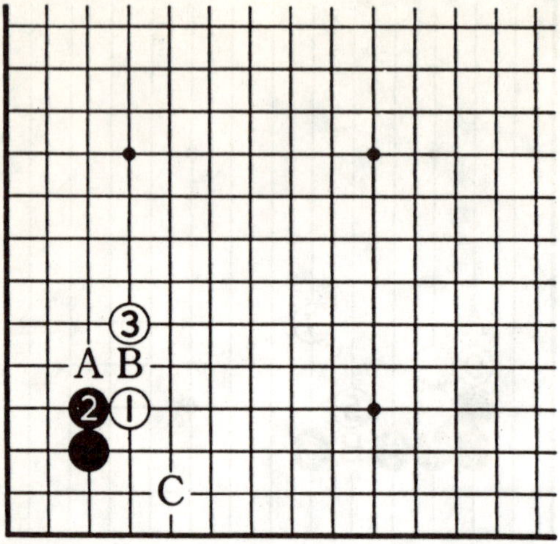

제 4 형

○제 4 형

제 1 형에서 제 3 형까지의 방법을 기억해두면 백의 놓기로써는 충분할지도 모른다.

그러나 본형과 같이 백 3 으로 뛰어 가볍게 지울 수 있는 방법도 있는 것이다.

다음에 흑A라면 백B로 잇고, 흑이 좌변을 세 점 놓게 된다. 제 1 형 1 도에서는 두 점밖에 놓여져 있지 않다.

1 도(일단락)

흑 4 로 젖혀넣는 것이 맥.

백 5 이하 7 까지 이런 상장이다. 흑은 8 로 오른쪽으로 뛰든가, 그렇지 않으면 흑A로 좌변 위로 내뛰든가——그 권리가 부여되어 있다.

또 흑 8 에 대해서는 백B로 눌러넣는 것이 상당히 큰수가 된다.

이 흑 4 에서는 흑C부터 가는 것도 있다

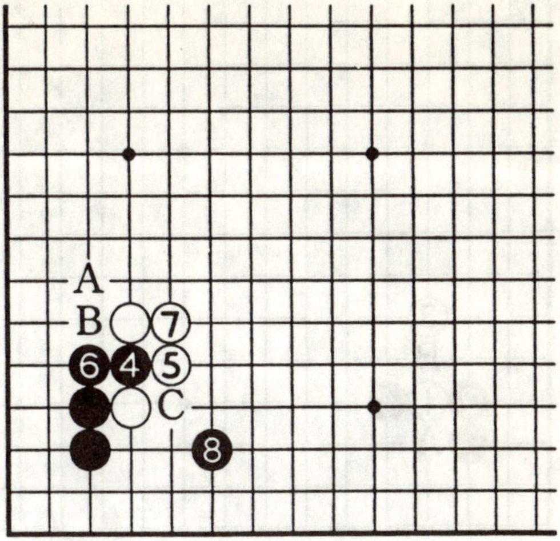

1도

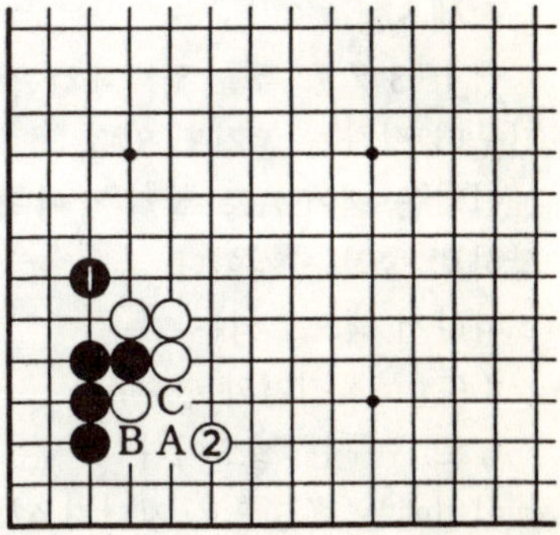

참고도

◇대비형

1도 흑8로 놓으면 백B로 놓는 것이 크다고 했다. 그러나 흑8에서 흑A로 뛰면 아래쪽을 백은 어떻게 대비할 것인가.

참고도(작용하는 잇기)

흑1에 대해 백2로 대비하는 것이 하나의 형이다. 본래 백A의 걸쳐잇기도 있을 것이다. 단 백B는 흑C의 끊기를 남기기 때문에 안된다.

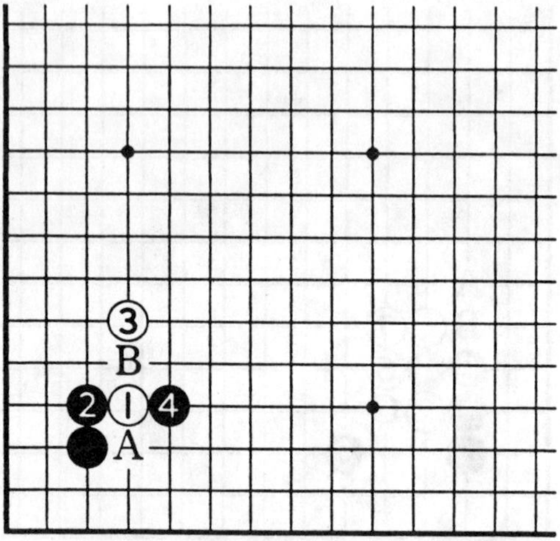

제 5 형

○제 5 형

백 1·3 으로 흑을 압박해간 것에 대해 흑 4 의 끼워붙이기부터 정하는 놓기도 있다.

이것은 백이 A로 눌러 넣어주면 흑B로 갈라 넣고 백을 상하로 풀려는 것이다.

따라서 백으로써는——

1 도(부풀리기와 단수)

5 로 부푸는 정도이다.

이번에는 흑 6 으로 건너지 않으면 안된다. 흑 6 에서 A로 내리는 수도 생각할 수 없는 것은 아니지만, 이것은 다소 살려 백에 B로 뛰게 하는 정도이므로 좋지 않다.

흑 6 으로 건너면 백 7 의 단수하는 것은 필연으로——

2 도(걸쳐잇기)

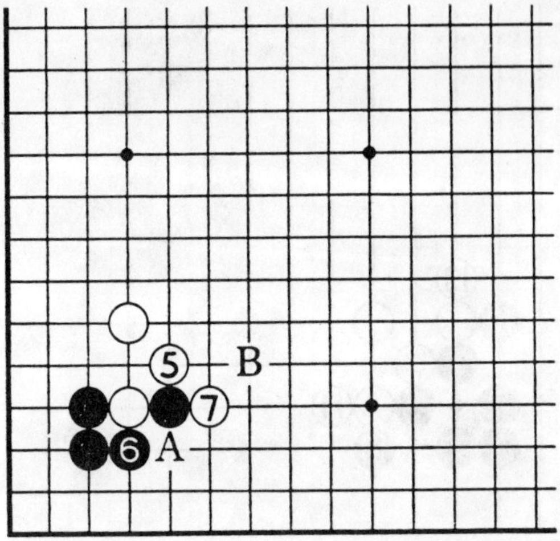

1도

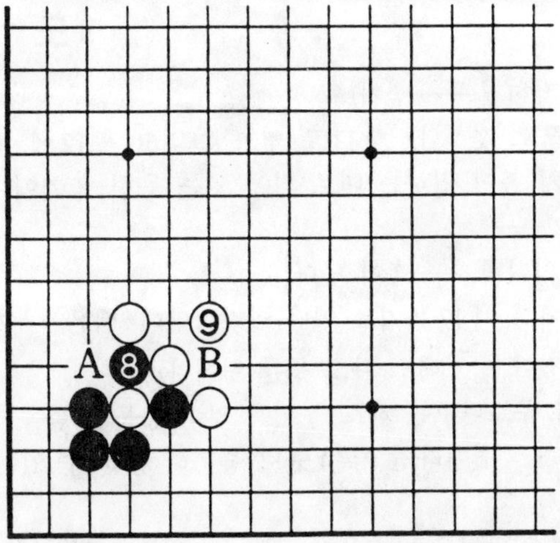

2도

흑8로 뺀다. 여기에서 백이 A로 단수, 흑에 B로 끊긴다. 그렇게 되면 백은 좀처럼 잘 되어갈 수가 없다. 그러므로 백은 얌전하게 9로 걸쳐있는 정도이다. 이어서—

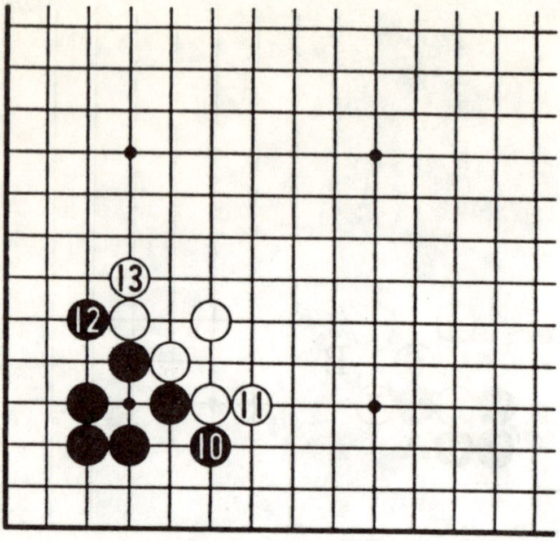

3도

3도(젖히기—— 뻗기)

흑10으로 젖힌다. 백11로 뻗고, 그리고 흑12에 백13으로 마치 흑이 원하는 대로 되어 있는 듯한 놓기이다.

그리고——

4도(일단락—— 흑이 낫다)

흑12에서 백17까지로 일단 일단락인데, 백은 두꺼운 맛이 생겼다고는 해도 다소 무른 형이다.

그러나 무르다고는 해도 두꺼운 맛이 충분한 힘을 발휘하고 있는 국면이라면 이 4도로 충분히 놓을 수 있는 것이다.

정석은 일반적으로 좋은가 나쁜가, 또는 호각이라는 식으로 불리우지만, 그것은 어디까지나 부분적인 문제이며, 그것이 비록 부분적으로 나쁘더라도 대국적으로 상당히 뛰어난 정석일지도 모르는 것이다.

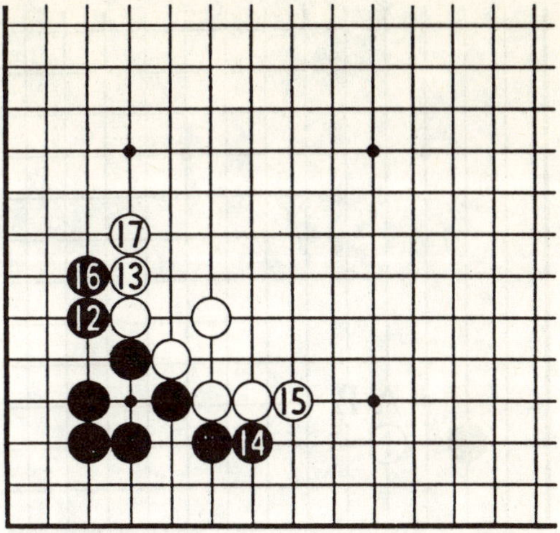

4 도

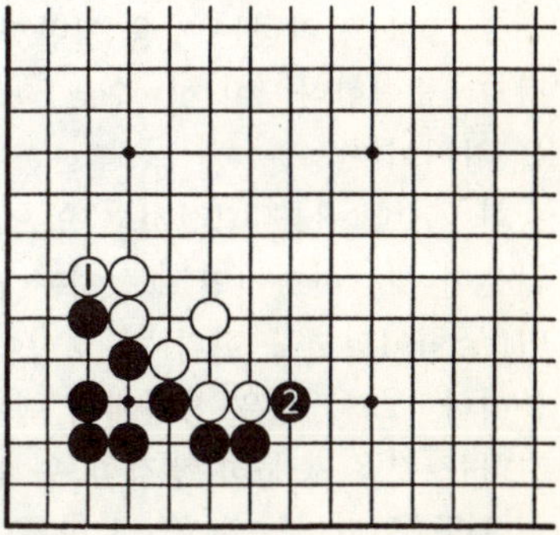

참고도

◇ 큰 젖혀올리기

4 도와 같이 흑 12 의 넣기가 살려지고 14·16 으로 점차 살려지면 마침내 반발하고 싶어진다.

참고도(큰 젖혀올리기)

4 도 흑 14 에 참고도 백 1 로 누르는 것은 당연히 흑 2 로 젖혀 구부려간다. 이것이 상당히 큰 것이다. 어지간히 윗쪽에 백의 큰 모양이 생기지 않는 한 계산은 맞지 않는다.

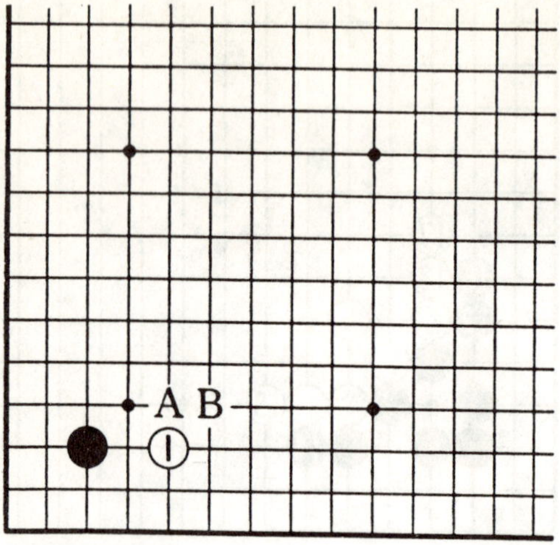

제 6 형

10. 한 칸 걸치기

○제 6 형

3·3 을 점거하는 것을 일반적으로 '한 수로 끊고 있다' 라고 표현한다. 이 한 수로 귀의 요소를 점령하고 있다는 의미이다.

한 수로 귀를 점령하고 있으므로 방치해 두어도 좋지 않을까 생각하겠지만 그렇지는 않다. 흑부터 A나 B로 대비(굳힘이라고도 한다)가 호점이 되는 상황도 생기기 때문이다. 그와 같은 상황에서 백 1 로 걸치고, 그 대비를 저지하는 것은 충분히 생각할 수 있는 것이다.

1 도(일단락——한 칸 받기)

흑 2 로 한 칸에 받는 것이 단단한 놓기이다. 백도 3 으로 두 칸에 벌리는 정도. 경우에 따라서는 흑 2 에서 A로 대응하고, 백 3 에 흑B로 전개하는 정도가 좋은 경우도 있다.

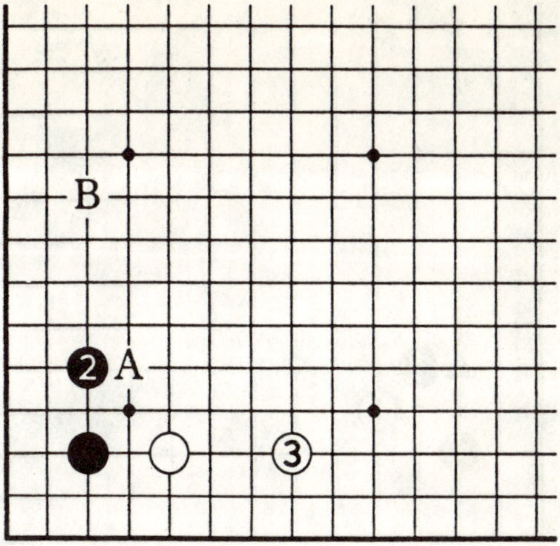

1도

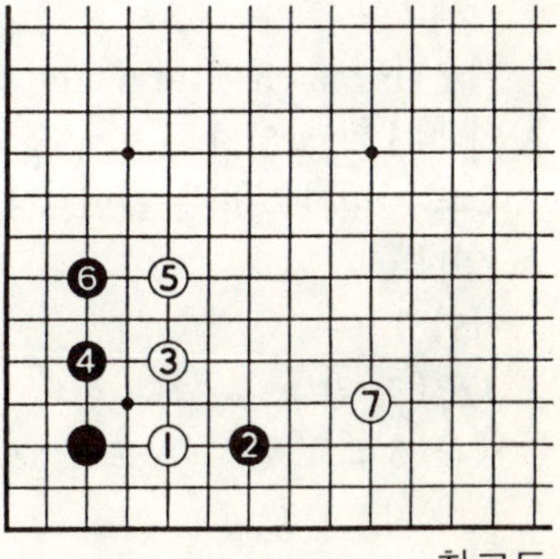

참고도

◇서둘러 끼우면

3·3의 돌에 대해 상대가 걸쳐올 때 끼워가는 케이스는 그다지 볼 수 없다.

참고도(급전)

예를 들면 흑2로 끼워본다. 백3·5로 보통 놓아도 흑4·6으로 받으면 안된다. 거기에서 백7 등으로 끼워지면 급전은 이루어지지 않는다.

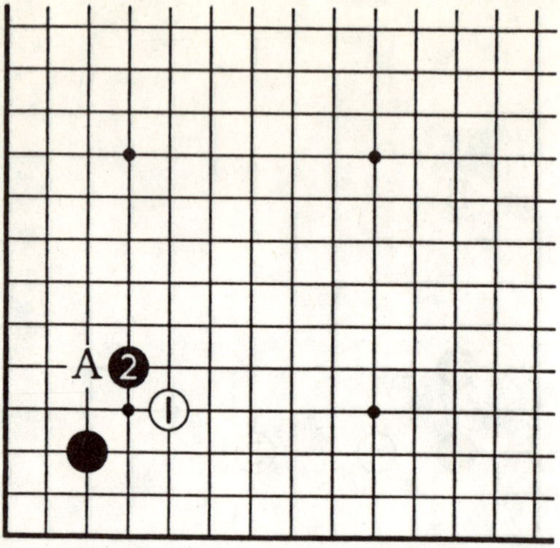

제 7 형

11. 날일자 걸침

○제 7 형

백부터는 3·3에 대해 여러 가지 걸치는 방법이 있다. 이 백 1의 날일자 걸치기도 그 한가지이다. 이에 대해 흑 2로 날일자로 받는 것이 보통(흑A로 한 칸에 받는 것도 있다).

이어서——

1도(진행)

백은 3으로 한 수 누르고, 5로 마늘모 붙여 흑의 응수를 본다.

흑A로 당기는 것은 느슨하다. 백에 B로 벌려져 흑의 형이 고리형이 되어 있다.

그래서 흑의 놓기로써는 C로 대어 넣고, 백D에 흑E로

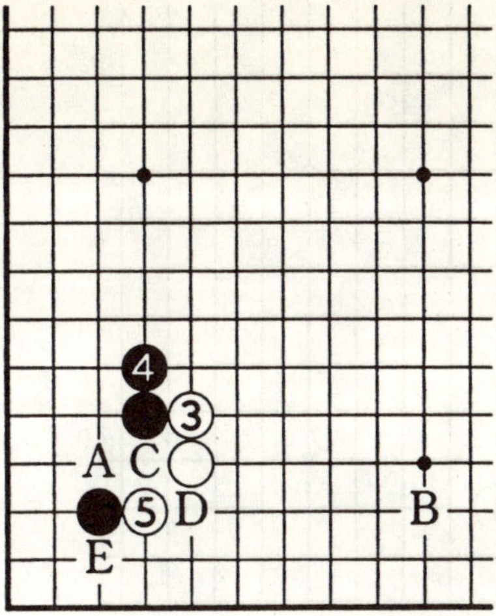

1도

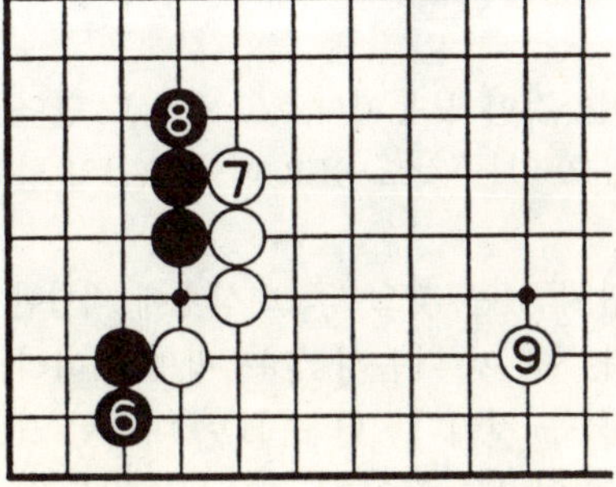

2도

내리든가——

2도(일단락—호각)

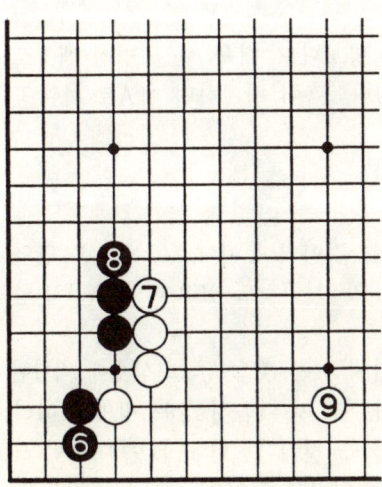

흑에 흑6으로 내리든가 하는데 백은 7로 한 점 누르기를 살려 9로 전개하는 것이 정석이다.

백으로써는 이 전개를 미리 읽어, 제7형 백1로 날일자에 걸치는 것이다.

그러나 흑도 좌변에 상당한 집을 확보하고 있으므로 백은 그것을 각오한 다음에 이 정석을 채용하지 않으면 안된다.

요는 백9를 점령하는 가치가 어느 정도인가 하는 것일 것이다.

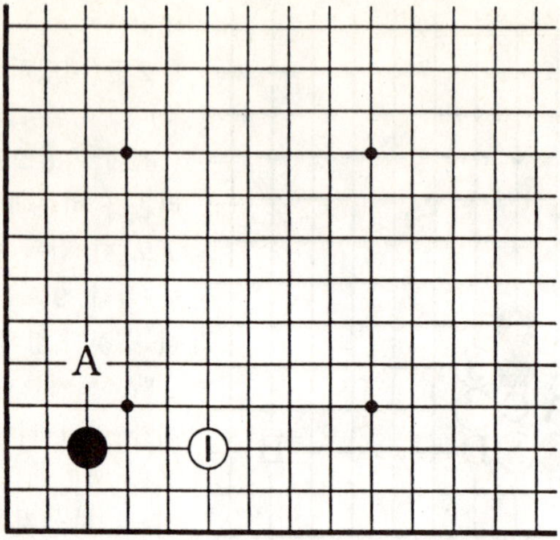

제 8 형

12. 두 칸 걸침

○제 8 형

3·3의 흑에 대해 전형보다도 더욱 한길 멀리 백1로 두 칸에 걸친 놓기도 있다. 흑이 방치하면 백A로 끼워 공격하려는 것이다.

흑의 응수는——

1도(두 칸 벌리기)

흑2의 두 칸에 벌리는 것이 보통이다. 또 흑A로 단단한 수로 한 칸에 대응하고 있는 것도 있고, 더욱 흑B의 날일자로 받는 것도 있다.

그들은 각각 일장일단이 있는 것으로, 그 상황에 적합한 놓기가 요구되는 것이다. 또 이 다음의 놓는 방법에 따라 그 정석의 가치가 운운되는 것이다. 단 흑B로 대응한 경우 나중에 백부터 C로 막아가는 것이 호점이 되는 것도 잊어서는 안된다.

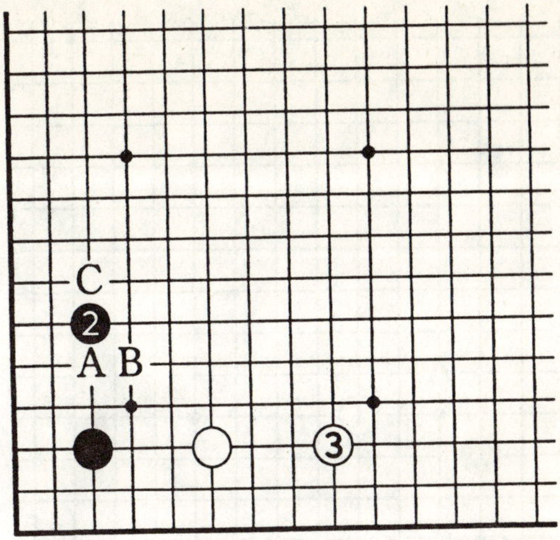

1도

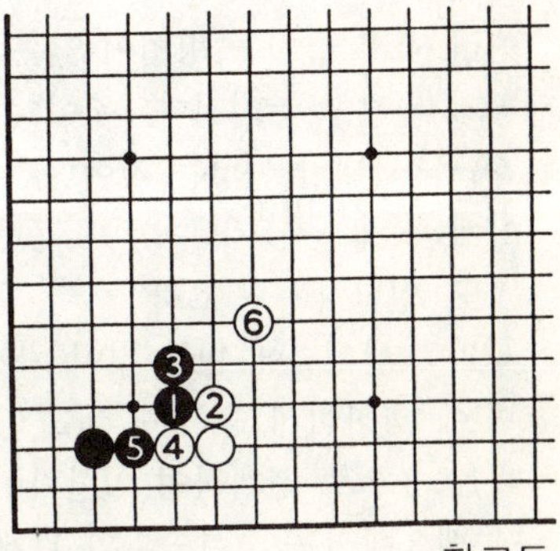

참고도

◇특수한 놓기

때로는 특별한 놓기도 있다.

그 일례는

참고도(사용법에 주의)

흑 1 로 어깨부터 가는 방법이다. 백 2 이하 6 이 되는데 이것은 오른쪽 백에 모양을 뻗게 하기 때문에 그다지 놓이지 않는다. 백에 6 까지 놓여져도 아깝지 않다——라는 상황일 때로 한정된다.

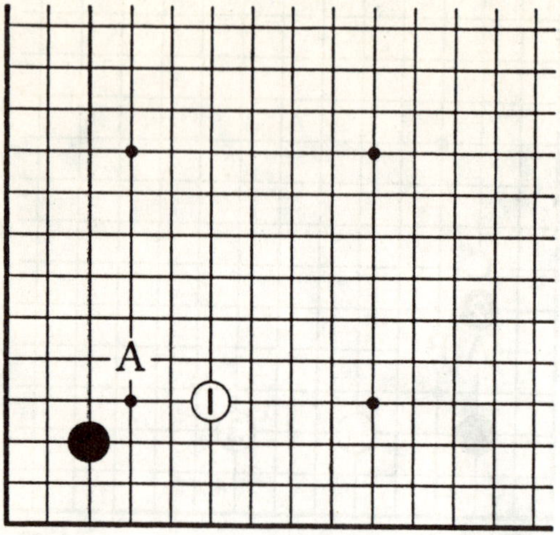

제 9 형

13. 눈목자 걸침

○제 9 형

여러 가지 걸치는 방법이 있는 중에 이 백 1의 눈목자 걸치기가 자주 놓여진다. 흑이 손을 빼면 백A 등으로 씌워 흑을 귀에 몰아넣는 것이다.

이에 대해——

1도(일단락——호각)

흑 2로 날일자에 받는 것이 가장 보통이다(외에 흑A로 한 칸에 침착하게 응하는 것도 있다).

백은 3으로 전개하여 일단락이다.

단 백 3에서는 오른쪽과의 관계로 백B로 두 칸에 대비하거나 또는 백C로 화점을 점령하는 등의 놓기도 있어어느 것이 최선이라고는 말할 수 없다.

백 3의 경우 흑은 당연 D의 뛰어들기를 겨냥할 것이다.

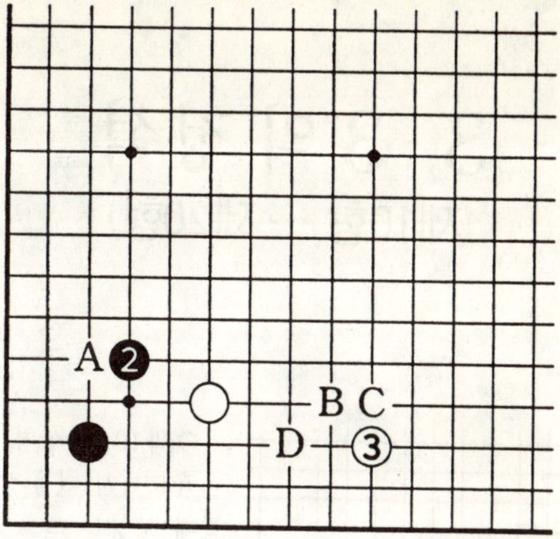

1 도

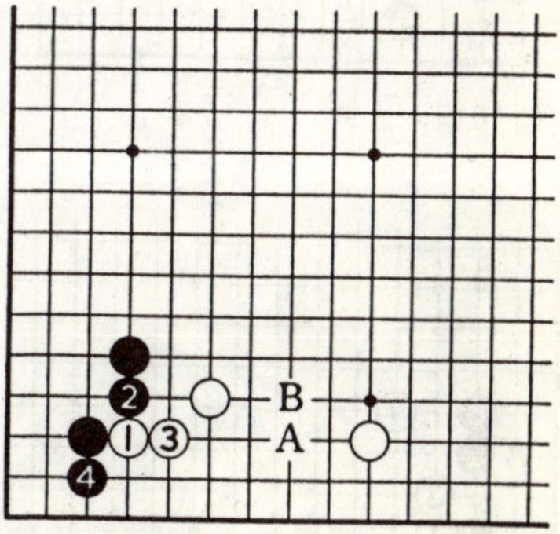

참고도

◇형 정하는 방법

1 도 흑에게 D로 뛰어들 여지가 있으므로이 것을——

참고도(붙이기)

백부터 굳히는 방법으로써 1의 붙이기부터 가는 것이 상법이다.

흑2 이하 4까지는 하나의 형이다.

이것에도 아직 흑A로 뛰어들 여지는 있으나, 백B로 붙여 두꺼운 맛을 살리면 백으로써는 충분하다.

3·3의 정석
(제10형 ~ 제20형)

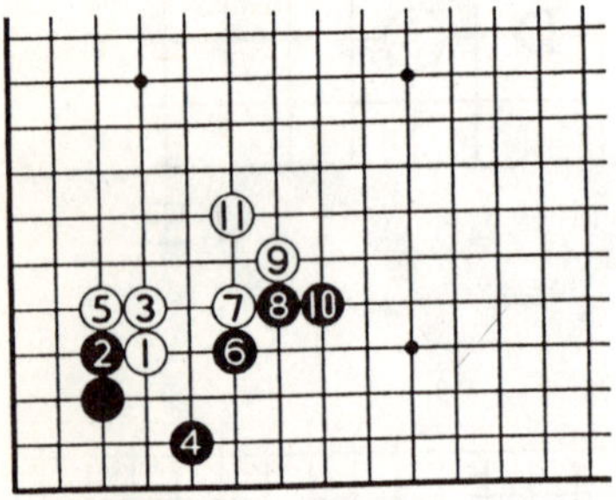

제 10형

○제 10 형(상형)

흑 6 까지 다음 백이 윗쪽에 모양을 뻗고 싶을 때의 놓기를 나타내었다.

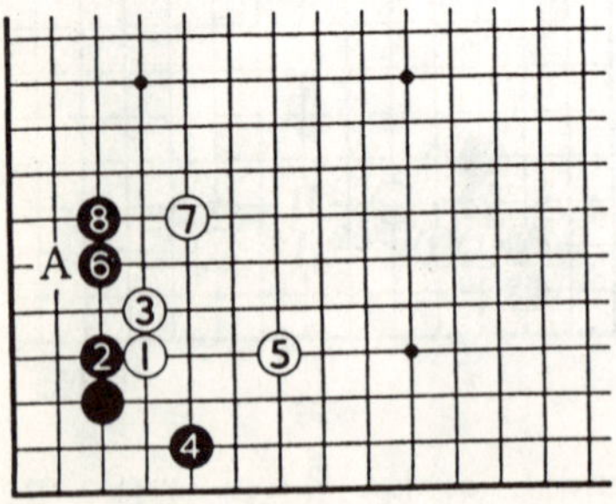

제 11형

○제 11 형(정형)

흑 6 에서는 A로 달리는 것이 보통이지만, 경우에 따라서는 이 6도 성립한다.

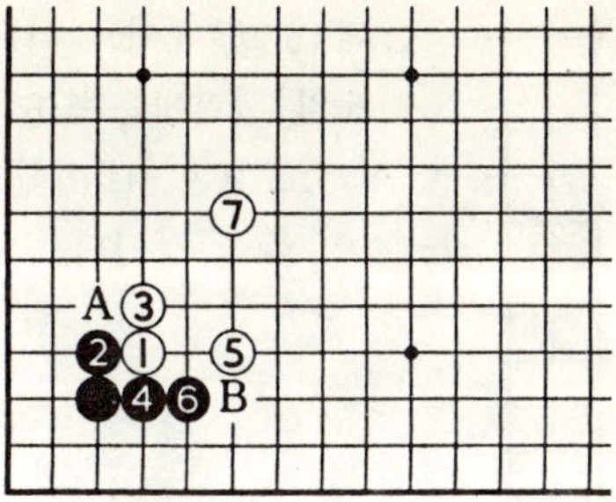

제 12 형

○제 12 형(백의 가벼운 놓기)

흑 6 의 뻗기에 백 7 로 가볍게 놓는 것도 상형이다. A와 B의 누르기가 균형.

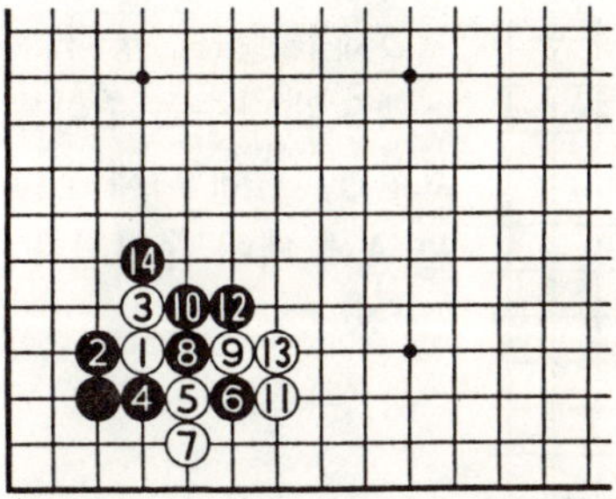

제 13 형

○제 13 형(흑 단연 우세)

백 5 에는 흑 6 의 끼워 붙이기가 맥. 백 7 은 흑 8 로 끊겨 곤란하다.

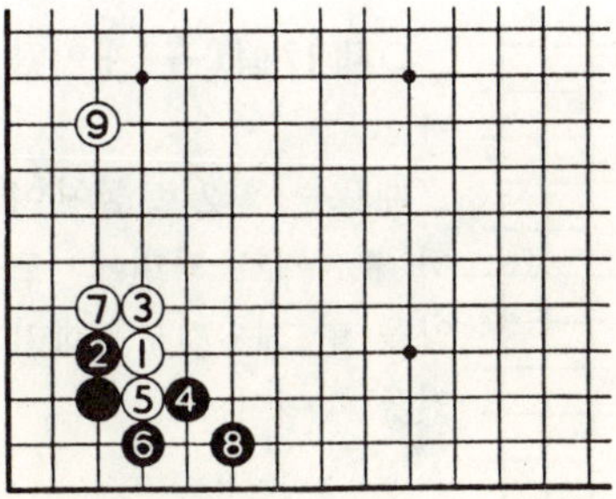

제 14 형

○제 14 형(백 좋다)

흑 4 로 뛰는 것은 안된다. 백 7 의 구부리기에 흑 8 이 뻘 수 없고 흑의 위치가 낫다.

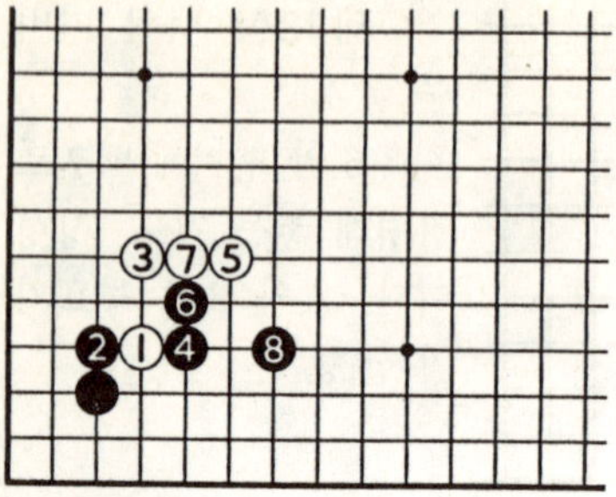

제 15형

○제 15형(흑이 낫다)

백 5의 뛰기에는 흑6을 살리고 8로 대비하는 것이 좋을 것이다.

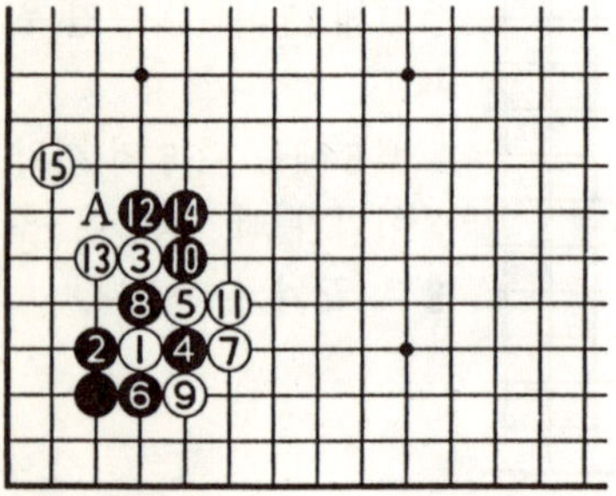

제 16형

○제 16형(흑 좋다)

백 9의 단수는 주의를 요한다. 축에 의해 흑14는 A에 백이 무너진다.

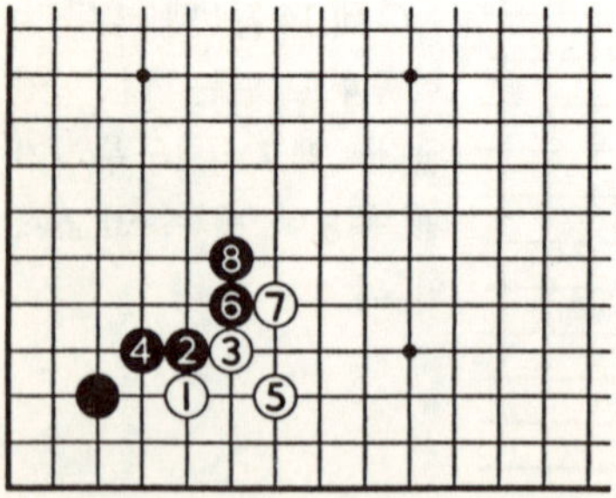

제 17형

○제 17형(흑 재미있다)

때로는 흑2로 붙여이하 8까지로 좌변에 모양을 만드는 것도 재미있을 것이다.

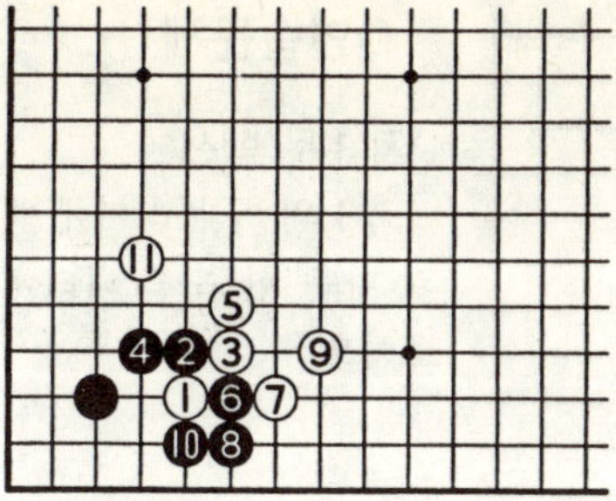

제 18 형

○제 18 형 (상황에 따라)

흑 2 · 4 에는 백 3 · 5 로 세우고, 이하 백 11까지로 놓는 방법도 있을 것이다.

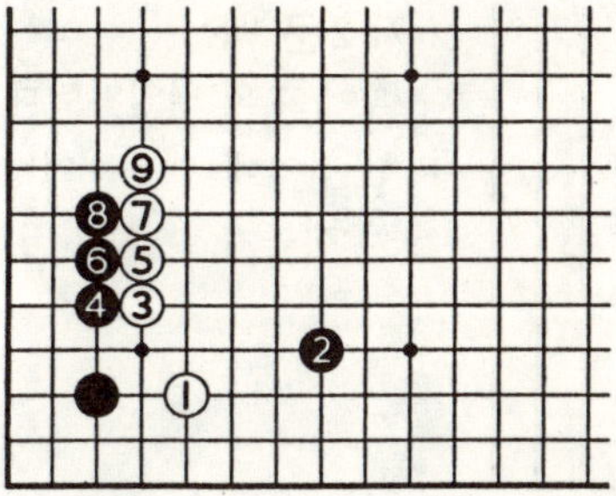

제 19 형

○제 19 형 (백 두껍다)

흑 2 로 끼워가는 것은 상황에도 따르지만 백 9 까지로 두껍게 놓여진다.

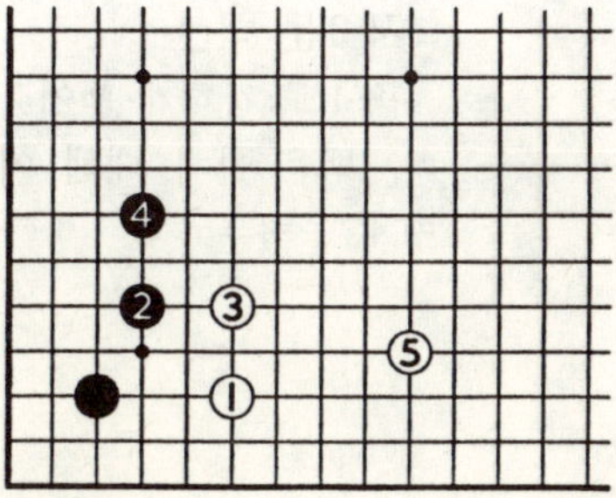

제 20 형

○제 20 형 (호각)

백 3 의 뻗기에는 흑 4 로 한 칸에 대비하고 있는 것이 중요. 백 5 까지 정형이다.

○연습문제

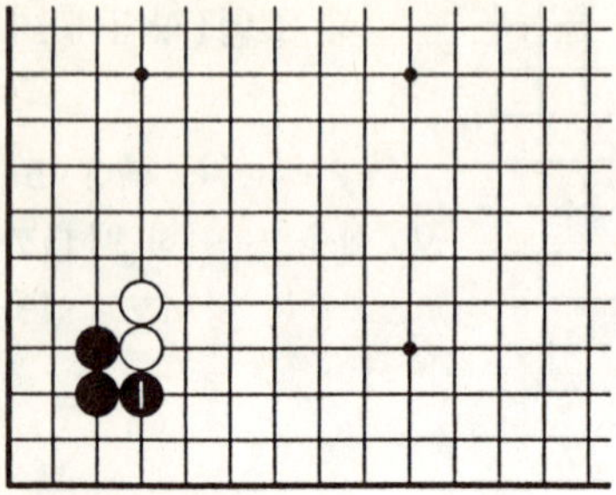

제 1 문 백선

제 1 문 백선

흑 1 의 구부리기에 백의 다음 한 수를 나타내 보시오.

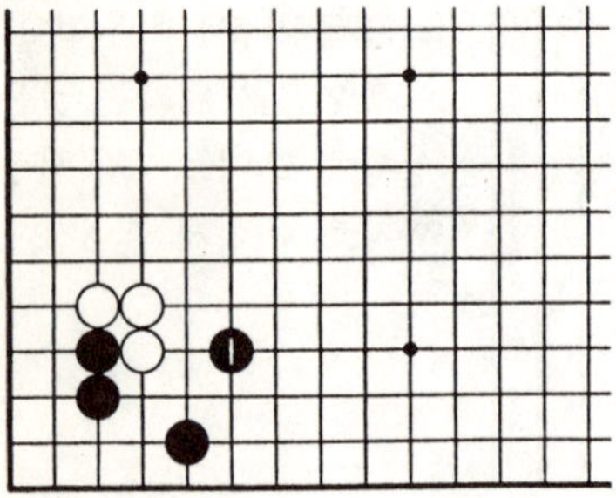

제 2 문 백선

제 2 문 백선

흑이 1 의 날일자로 대비한 참인데 백은 어떻게 놓겠는가.

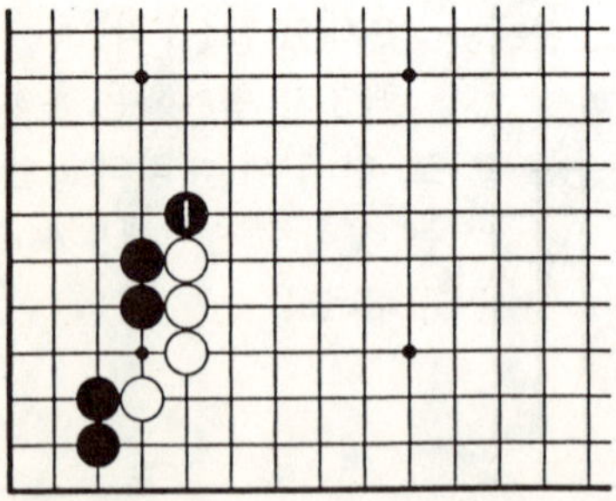

제 3 문 백선

제 3 문 백선

흑 1 로 강하게 뻗어갔다. 백은 이에 대해 어떻게 놓겠는가.

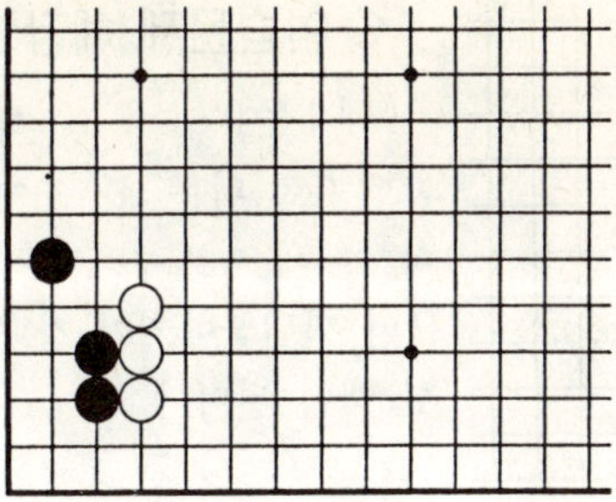

제 4 문 백선

제 4 문 백선

흑이 귀를 이대로 두고 백에게 무슨 수단은 없을까.

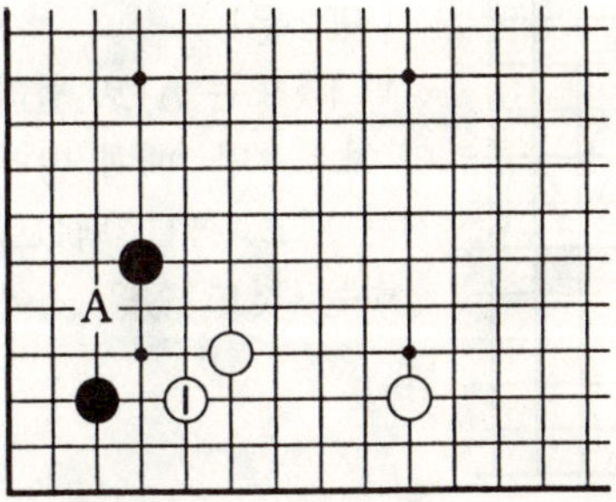

제 5 문 흑선

제 5 문 흑선

백 1 로 놓아 A의 뛰어 들기를 겨냥해 갔다. 흑은 어떻게 수를 넣을까.

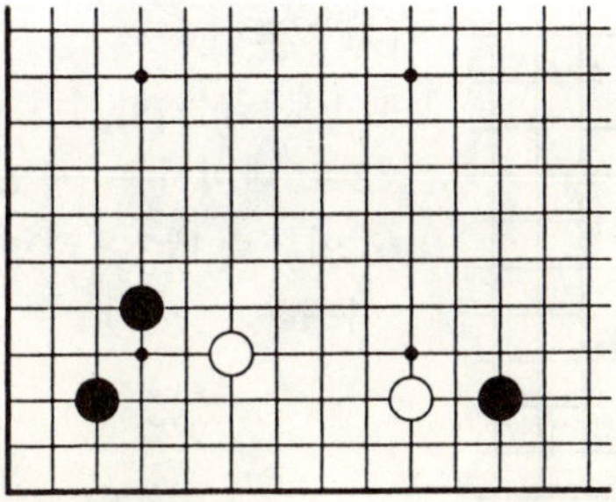

제 6 문 흑선

제 6 문 흑선

백의 두 점의 간격이 너무 벌어져 있다. 흑의 강력한 수단을 생각하여 보자.

◇연습문제 해답

〔제 1 문〕

백 1 로 뛰는 한 수이다. 이에 A로 누르면 흑 B의 끼워붙이기가 강력한 맥이 된다.

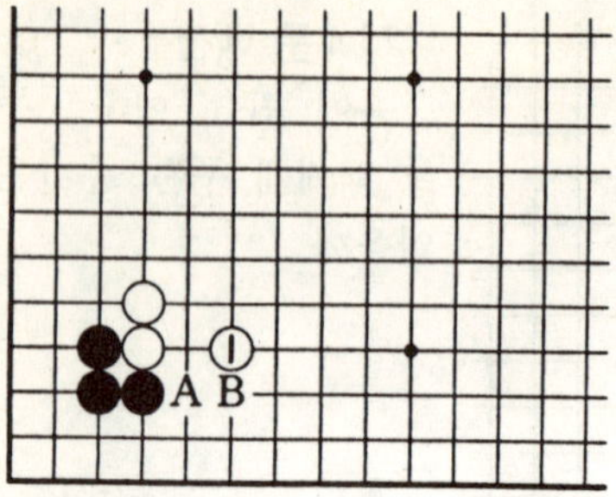

제 1 문

〔제 2 문〕

백 1 (또는 A)로 벌리면 보통. 단, 때에 따라서는 백B, 흑C, 백D로 정하는 것도 있을 것이다.

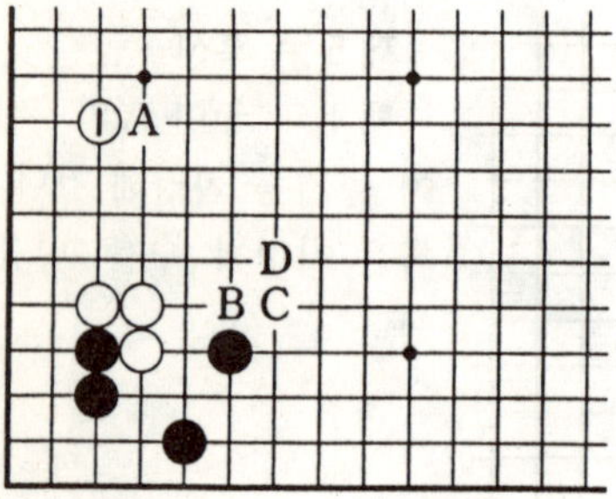

제 2 문

〔제 3 문〕

백 1 로 끊는 한 수. 흑은 2 로 대비하는 정도일 것이므로 백 3 으로 뻗어 싸운다.

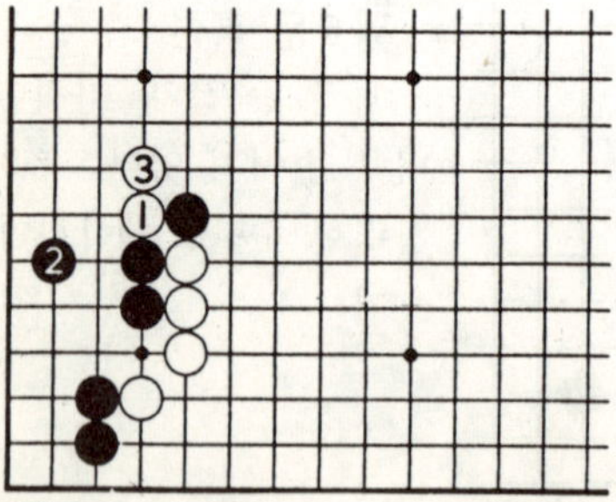

제 3 문

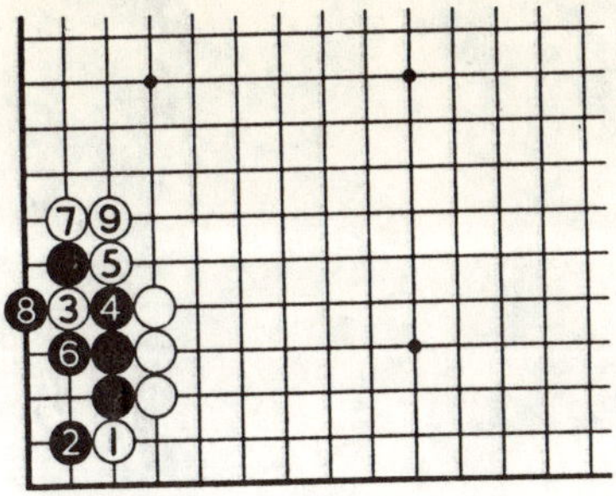

제 4 문

〔제 4 문〕

백 1 로 한 수 젖히기를 살리고 3 으로 붙여넣는 것이 강력한 맥. 백 7 · 9 로 대어 붙여 벽을 칠한다.

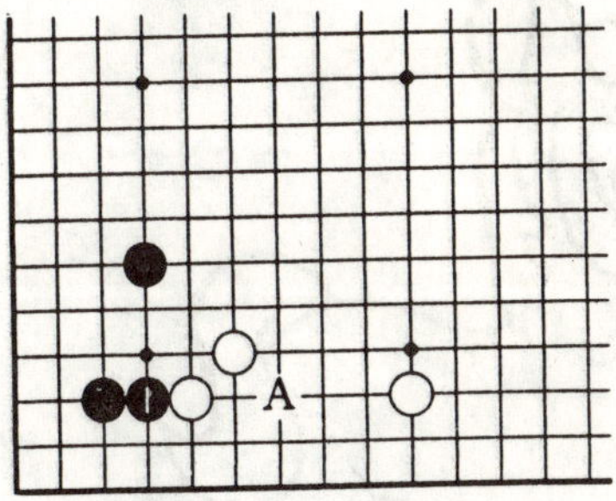

제 5 문

〔제 5 문〕

흑 1 로 붙여대는 것이 정해이다. 이것이라면 장래 흑 A 의 뛰어들기도 겨냥할 수 있을 것이다.

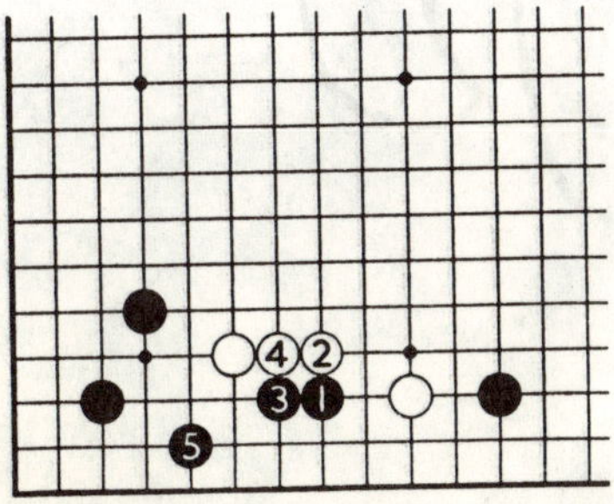

제 6 문

〔제 6 문〕

흑 1 로 강력하게 뛰어들어가는 참이다. 백 2 정도가 상장인데, 흑 5 까지로 근거를 빼앗긴다.

제 3 장

고목의 정석

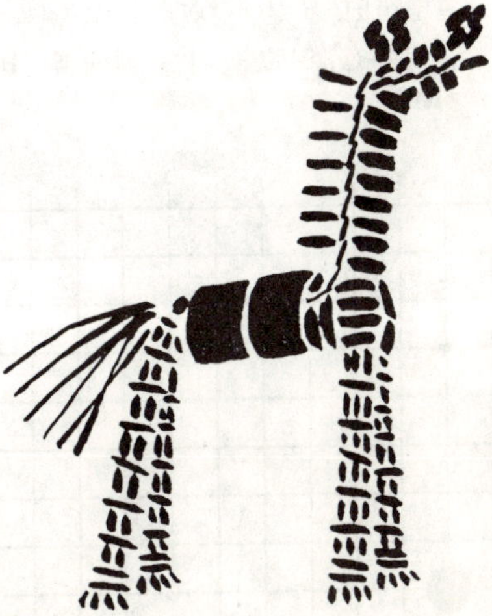

● 고목에 관하여

고목은 제 4 선과 제 5 선의 교점이다. 소목과 마찬가지로 한 귀에 두 곳이 있다. 그림의 검은 동그라미와 A의 위치가 그 고목이다. 즉 바둑판 위에 여덟 곳이 있는 것이다.

4 선과 5 선의 교점이라는 것에서 생각해도 고목은 화점 이상으로 중앙 지향의 착점이라는 것을 알 수 있다.

그러므로 모양 바둑을 좋아하는 사람, 두꺼운 맛을 살려 중반전에 힘을 발휘하는 사람에게는 유력한 무기가 된다.

구체적으로 설명하면, 요컨대 상대가 소목(그림——B) 이나 3·3 (그림——C)으로 들어올 때에 위(바둑판 중

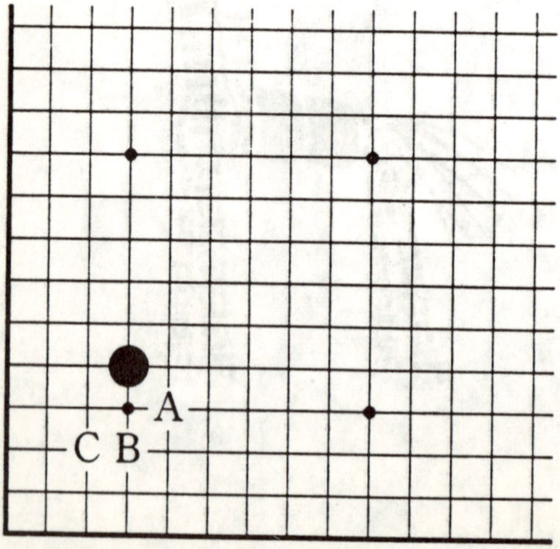

앙 방향)에서 압박하고, 상대에게 귀의 집을 주어 외세를 구축하려는 생각이다.

그러니 만큼 집이 무르다는 것은 부정할 수 없다.

상대가 그것을 꺼려 귀로 들어가는(걸친다는 의미) 것을 거부하면 소목에 굳혀(소목에서 한 칸에 굳힌 형으로 환원된다) 귀를 확보하게 된다. 아무리 중앙 지향이라고 해도 귀가 굳혀지는 것은 큰 것이다.

아마츄어들의 바둑을 보고 있으면, 그 중에는 고목을 철저하게 놓는 사람이 있다. 그것은 그것대로 괜찮다.

그런데 상대가 꺼려 들어오지 않으면 언제까지나 그대로 방치된다. 상대가 들어와 주지 않으면 장사가 되지 않는다——라는 뜻인지 모르지만, 이것은 상당히 좋지 않다. 역시 빠른 시기에 굳히지 않으면 안된다. 뭐니 뭐니 해도 굳히기는 포석상 최우선되는 큰 수인 것이다.

굳히기는 그렇다 치고, 만일 상대가 들어오면 어떻게 대처할 것인가, 그 구상을 생각하는데 도움을 주는 것이 정석이다.

정석을 공부해 두면 해둘수록 안목이 생긴다. 선수를 잡아 다른 호점으로 선착하기 위해서는 어떻게 정해야 좋을까, 등도 생각할 수 있다. 따라서 바둑의 승률도 좋아지게 될 것이다. 물론 강해지는 것이다.

이런 것은 고목 정석에 국한되는 것은 아니지만, 두꺼운 맛 만드는 방법, 돌의 방향 파악 등에 크게 도움을 줄 것이다.

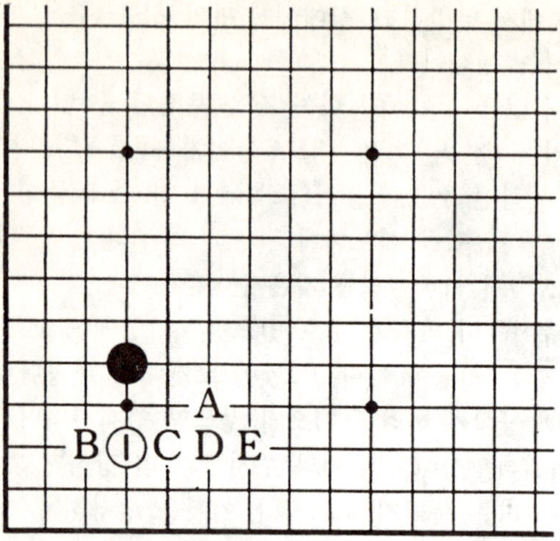

제 1 형

14. 소목 넣기——날일자 걸치기

○제 1 형

우선 고목의 흑돌에 대해 백 1 로 소목에 넣는(소목에 걸친다는 말) 수를 검토해 보기로 하자.

백 1 에 대해 흑의 놓기로써, A의 날일자 걸치기, B의 아래 붙이기, 그리고 C의 위 붙이기가 보통이다.

그 외에도 때로는 흑D의 끼우기, 또는 흑E의 끼우기 등도 놓여진다.

1 도(날일자 걸치기)

그러면 흑 2 의 날일자 걸치기에서 백 3 의 붙이기와 백 A의 붙이기를 생각할 수 있다. 우선 백 3 인데, 흑은 B로 누르며 간다. 그리고 흑C로 놓는 수법, 흑D로 젖혀내는 변화 등으로 나누어진다. 그들 기본적인 변화를 다루어 보자.

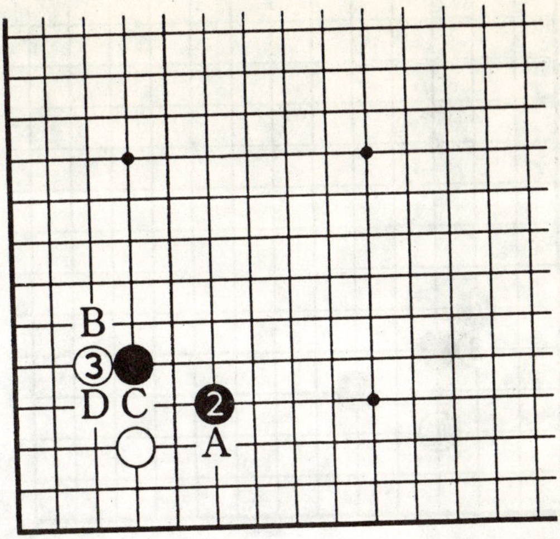

1도

◇손 빼기 정석

1도 흑2의 걸치기에 백은 태연하게 손을 뺄 수가 있다.

참고도(일단락)

새로이 흑1로 쫓은때에 백2로 놓아 푸는 것이다.

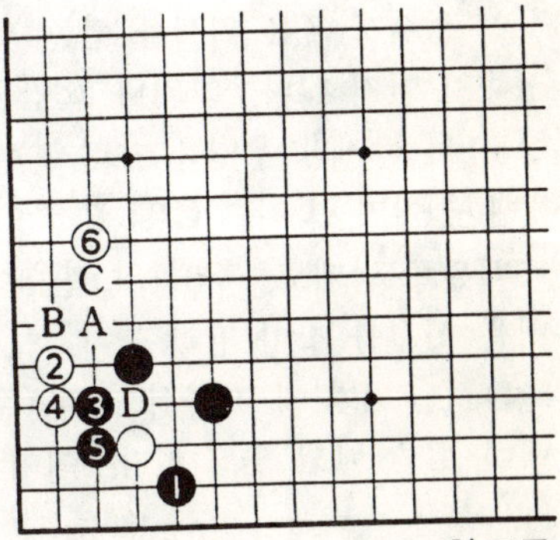

참고도

흑3은 어쩔 수 없을 것이다. 흑A로 밖에 놓는 것은 백B, 흑C, 백D로 놓여져 편하게 살아버리기 때문이다. 백6까지로 일단락이다.

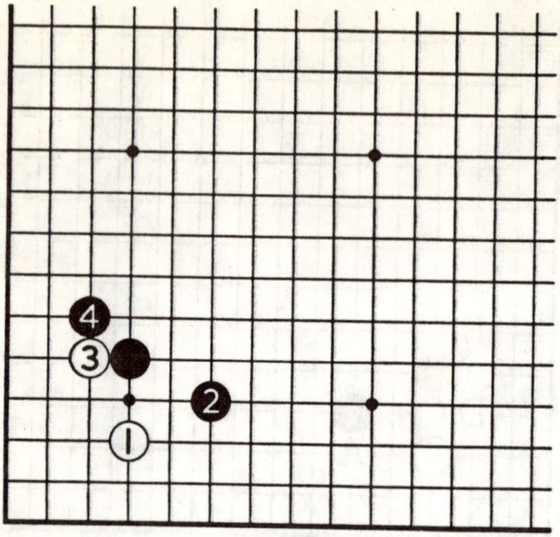

제 2 형

○제 2 형

백 3 의 붙이기에 대해 흑 4 로 밖에서 누르는 것이 간명하다.

이 정석도 흑은 외세를 뻗는 것이 되지만, 전형만큼 딱 정해져 있지 않다. 그러나 그만큼 백 쪽도 맛이 남아, 쌍방의 뒤 놓기가 우열을 가리게 될 것이다.

1 도 (일단락 —— 호각)

백 5 로 당기고, 흑 6 으로 단단히 이어 일단락이다. 이에 백은 선수를 잡아 달리 둔다.

그러나 상황에 따라서는 백A로 붙이고, 흑B에 백C로 내려 집을 넓힐 수도 있다. 이어서 흑D, 백E, 흑F가 된다.

또 백C로 달리는 경우도 있을 것이다. 흑B의 마늘모 받기이다. 이들이 흑의 두꺼운 맛을 강화하는 수단이 될 위험성도 있다는 것을 잊지 않는다.

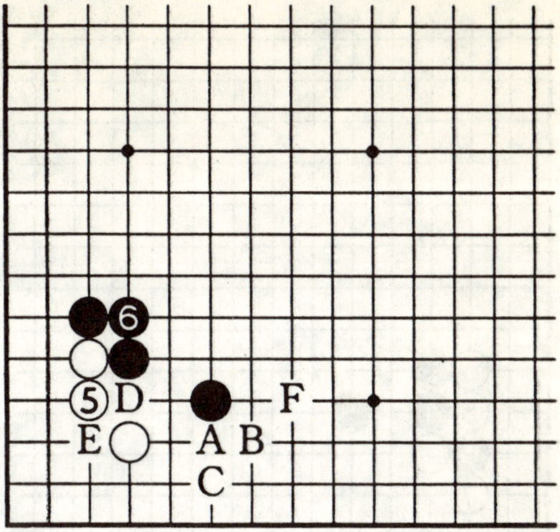

1도

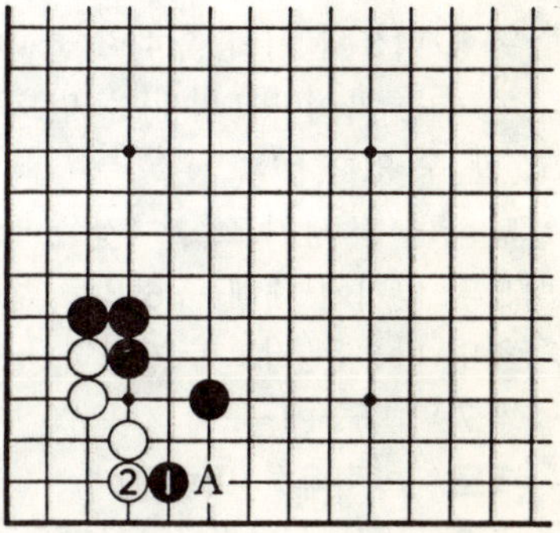

참고도

◇ 나중에 사는 맛

흑의 외세 강화에 도움이 되는 것을 두려워하여 1도 흑6 그대로 방치하는 케이스가 많을 것이다. 그 경우,

참고도(살리기)

흑부터 1의 실리는 언제라도 산다. 최근에는 흑A로 뛰어 귀로의 맛을 보는 수도 빈번하게 놓여진다.

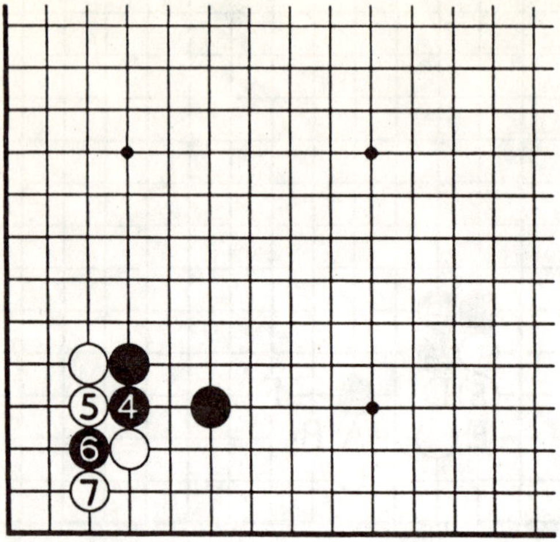

2도

2도(쳐들어가기)

본형 백3에 이어 흑4로 눈사태 수를 검토해 보자.

이 수는 흑이 벽(외세)을 만드는데 가장 간명한 놓기라고 할 수 있다.

단 후수를 당기므로, 그것은 알아두지 않으면 안된다. 백5의 받기에 대해 흑6으로 끊는 것이다. 이 요령만 납득하면 나중은 비교적 간단하다.

백7의 단수에——

3도(두 점으로 버린다)

흑8로 한 점 당긴다. 이것은 격언에 있는 '두 점으로 해서 버린다'의 테크닉이다. 흑8로 뻗어 이것을 도울생각을 말고 이용하면서 버리라는 것이다.

우선 흑10의 단수를 이용한다. 두 점으로 버리는 이

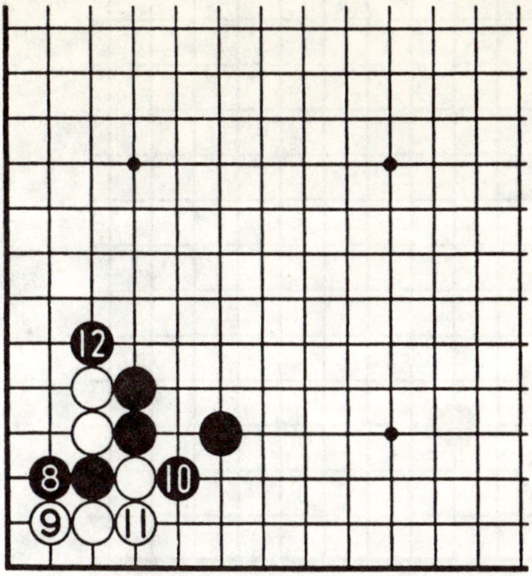

3 도

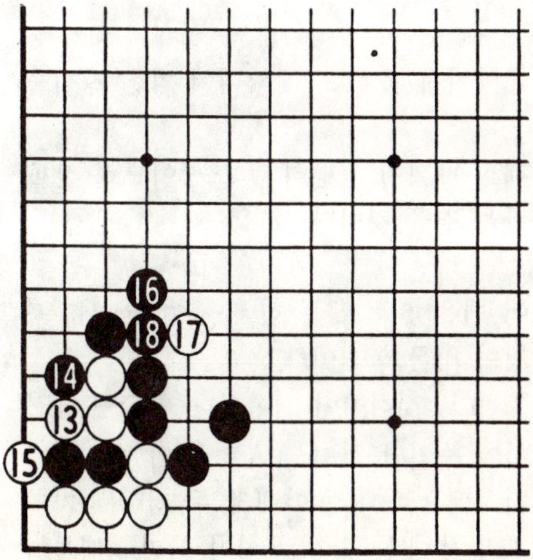

4 도

용법의 하나가 이 단수를 이용하는 것이다.

그리고 흑12로 젖혀——

4도 (일단락—— 호각)

백13으로 안게 하여 흑14로 단수를 살린다. 이것이 제 2의 이용법이다.

흑18까지 상당히 두꺼운 맛이 산다.

귀의 백의 집은 약 10칸이고, 이에 비하면 흑의 두꺼운 맛이 나을 것 같으나, 실은 흑 쪽이 한 수 쓸데없이 수를 걸고 있다.

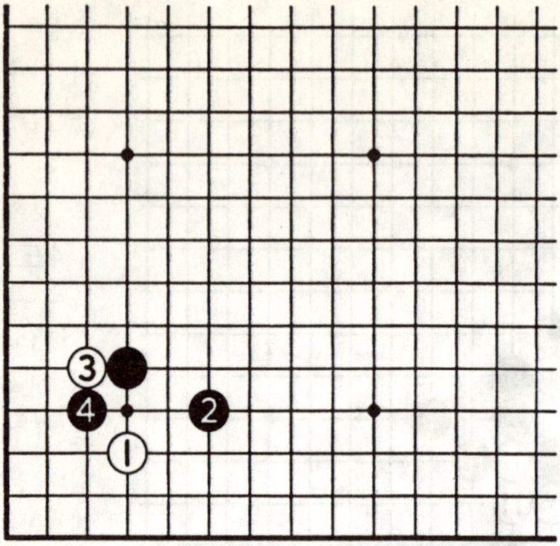

제 3 형

○제 3 형

그러면 백 3 의 붙이기에 흑 4 로 젖혀내어 가는 정석을 다루어 보자.

이것은 형이 정해질 때까지 상당히 긴 도정이므로 잘배워두지 않으면 곤란을 겪을 것이다.

1 도(뻗어넣기)

전도 흑 4 에 이어 백은 5 로 끊는 한 수. 여기에서 흑 6 으로 뻗어넣는 것이 바른 놓기이다.

백도 강력하게 7 · 9 로 젖혀이어 저항한다(참고도 참조)

백 7 · 9 로 젖혀이어 두기만 하면 흑A로 백의 한 점이 취해질 염려는 없다. 백B로 내려 아래의 두 점 취하기와 B의 위로 구부려 도망쳐 내는 수가 균형이 되기 때문이다.

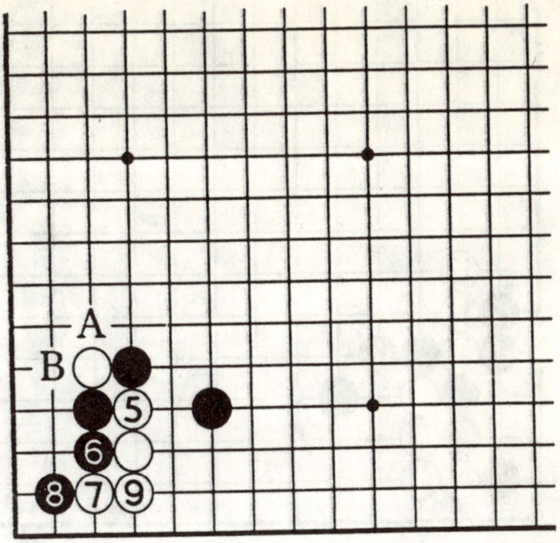

1 도

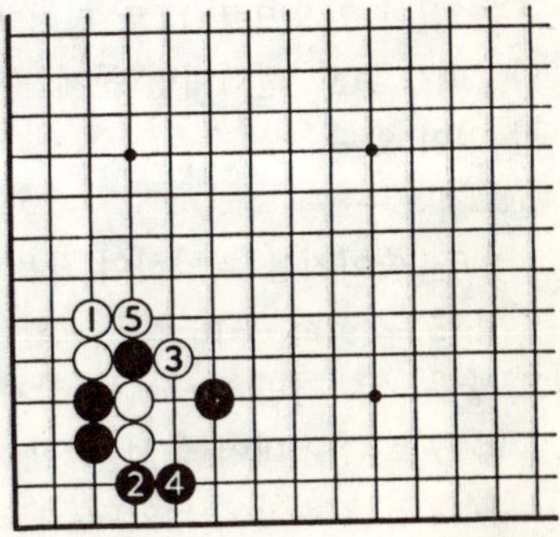

참고도

◇간명을 채용

1도 백 7의 젖히기에서 더욱 간명하게 정하는 방법이 있다. 단 축이 좋은 때와 윗쪽에 두꺼운 맛을 구축하고 싶은 경우에 한한다.

참고도(축 관계)

단순히 백 1로 뻗고 있다. 흑은 2로 젖히는 한 수인데, 상관 말고 3으로 축에 안는다. 다소 무르지만 백 5까지라면 간단하다.

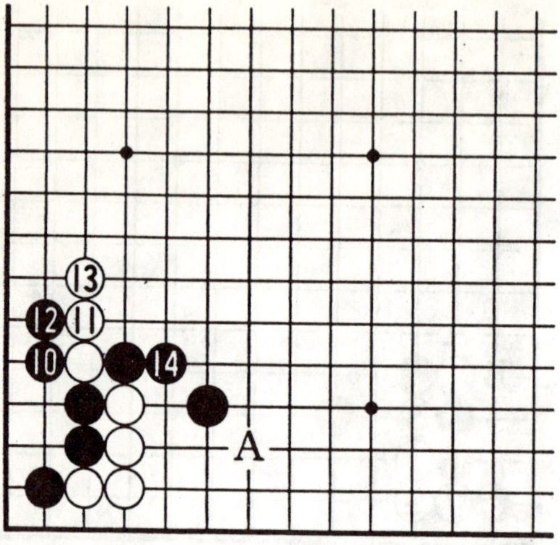

2 도

2 도(뻗기)

흑 10으로 단수, 12로 두 점 뻗는다. 그곳까지 뻗었으면 흑은 살아 있으므로 14로 당겨 백의 봉쇄를 노리는 것이다. 백도 A로 뻗어내면 문제는 없지만, 그 전에 해두어야 할 일이 있다.

그것은——

3 도(죽이기를 겨냥하여 작용하는 수)

백 15로 젖혀 흑 16으로 교환해 두는 것이다. 언제 놓아도 좋은 것이지만 나중에는 살지 않을 우려도 있는 것이다.

백 17로 뛰어내어 우선 안심.

흑 18의 걸치기도 맥이다.

여기에서 백의 놓는 방법이 둘로 나누어진다. 우선 생각할 수 있는 것이 백A인데, 그것은 흑B로 살려 불합격. 조금이라도 백으로써는 작용이 있는 수를 놓아야 한다. 그

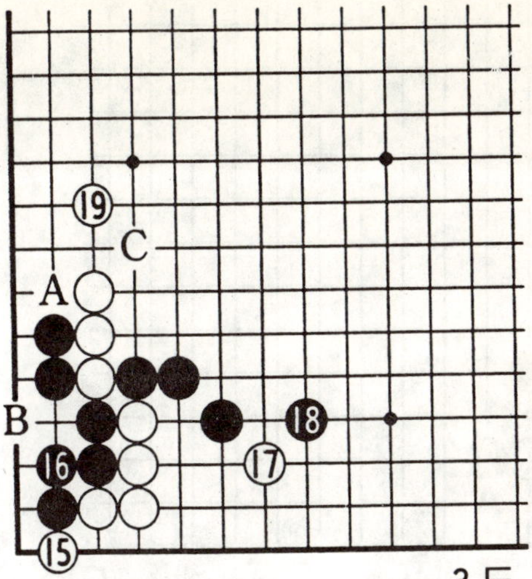

3 도

하나가 이 백 19의 뛰기이다. 이것도 흑이 좌변을 놓아두면 백B로 놓는 수가 있어 죽어 버리는 것이다. 그 외 백19에서 백C로 놓고 B의 놓기를 겨냥하는 수도 있다. 그리고

4도 (일단락 —— 호각)

흑20에서 24까지로 산다. 백25 이하의 놓기는 다른 변화도 있으나, 대표적인 변화를 도표로 나타내었다.

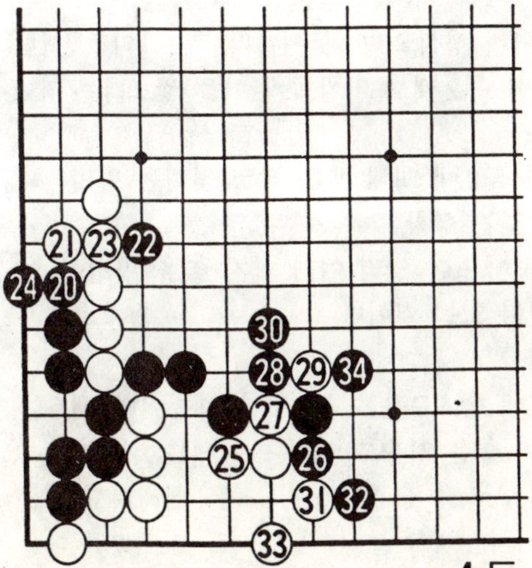

4 도

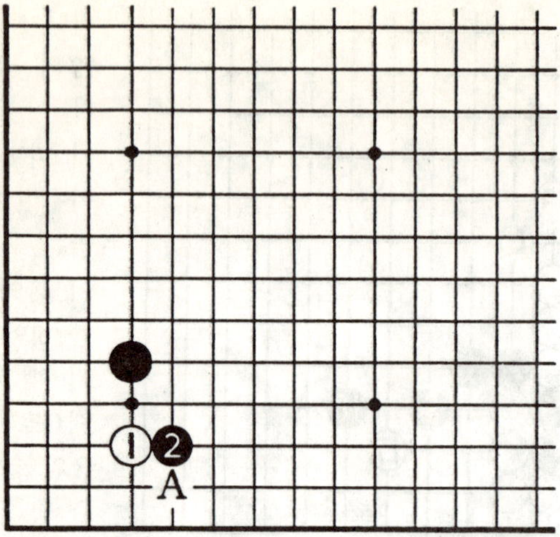

제 4 형

15. 밖 붙이기

○제 4 형

흑 2 의 밖 붙이기 정석으로 들어간다. 고목의 정석도 또한 그렇지만, 이 흑 2 에도 바깥쪽에 벽을 쌓으려는 의도를 엿볼 수 있다.

재미있게도 이 흑 2 에 대해 백은 A로 젖히는 방법 외에 달리 방법이 없는 상황.

그만큼 넓은 곳이므로 달리 여러 가지 놓을 방법이 있을 것 같지만 전혀 없는 것이다.

1 도(밖 끊기)

백 3 의 젖히기에 흑 4 로 당기는 것이 보통이다(때로는 흑 5 로 뻗는 것이 좋은 경우도 있다——제12형 참조).

백 5 는 초보자는 놓을 수 없는 수. 흑은 취해져도 좋은 쪽부터 끊는 것이다. 예를 들면, 흑 6 으로 끊고 7 다음

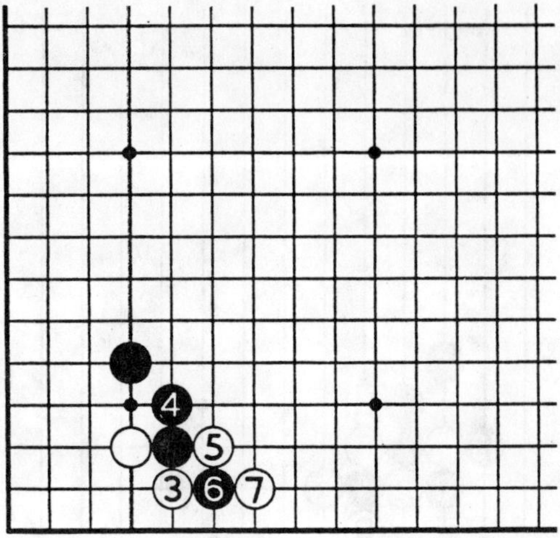

1 도

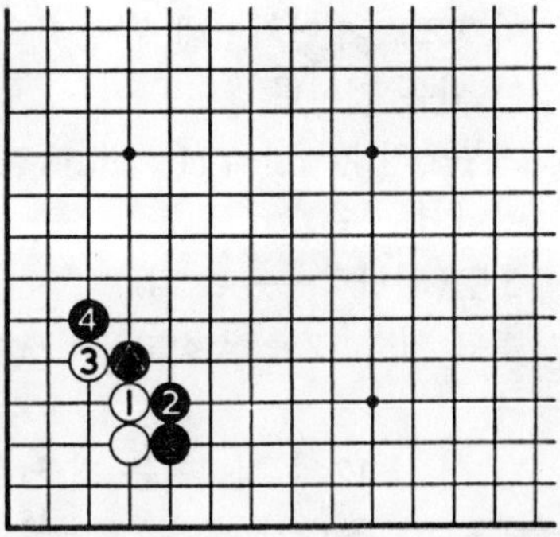

참고도

◇머리를 부딪치는 나쁜 놓기

어떤 이유에서인지 초보자들은 공통적으로 상대의 돌에 머리를 부딪치는 사람이 많다.

1 도 백 3 에서,

참고도(2 단 젖히기)

백 1 로 흑의 ▲의 돌에 머리를 부딪쳐가는 것이다. 이것은 나쁜 수가 되는 케이스가 많다. 이 상황에서도 백 3 에 흑 4 로 젖혀져 눈깜박할 사이에 귀로 눌러 넣어져 버리고 있다.

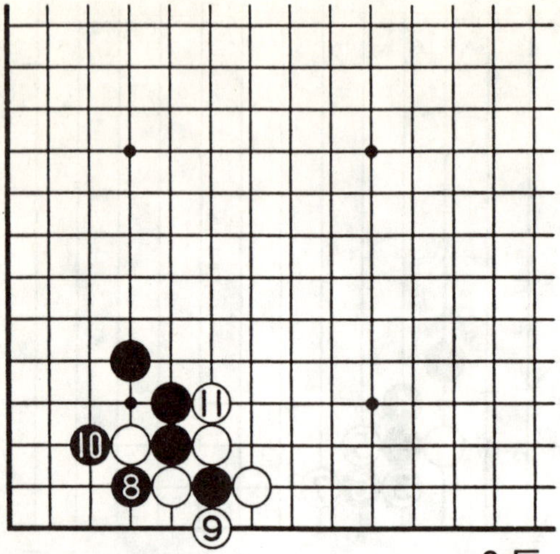

2 도(중요한 마무리)

흑 8 로 끊어 10 으로 백의 한 점을 안는다.

이것으로 일단락인데, 부분적으로는 백 11 이 상당한 호점이 되는 것이다.

대부분의 경우, 백 11 로 정해간다.

이어서——

3 도(일단락——호각)

흑도 세력 12 로 젖히고, 백 13 에 흑 14 로 뻗어 일단락이다.

단 이 흑 12 의 젖히기는 최근에 놓이고 있는 것으로, 옛날에는 이 흑 12 에서 흑A로 놓는 것이 형이라고 되어 있었다. 최근에는 그런 수는 놓이지 않고 있다. 그 만큼 바둑이 격렬해진 것일 것이다.

또 흑 14 에서도 강력하게 흑B로 2 단에 젖혀가는 수도 있다. 백C로 뻗으면 흑 14 로 잇는 것이다

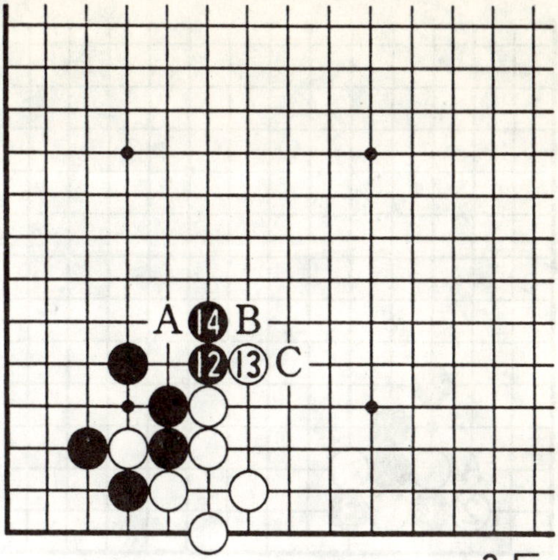

3 도

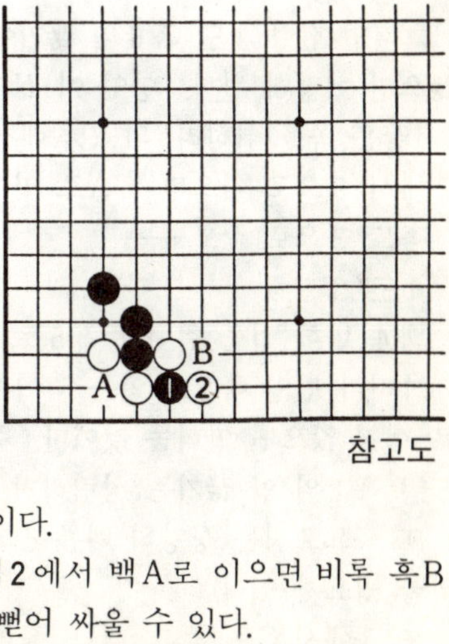

참고도

◇끊은 쪽을 취한다

앞 페이지 1도와 같은 것인데, 그 흑6 의 끊기, 즉——

참고도(격언에 거역하지 않는다)

흑1 에 대해 '끊은 쪽을 취한다' 라는 격언에 따르면 백2 로 안는 것이 바른 경우가 많은 것이다.

흑1 의 끊기에 만일 백2 에서 백A로 이으면 비록 흑B의 축이 나빠도 흑2 로 뻗어 싸울 수 있다.

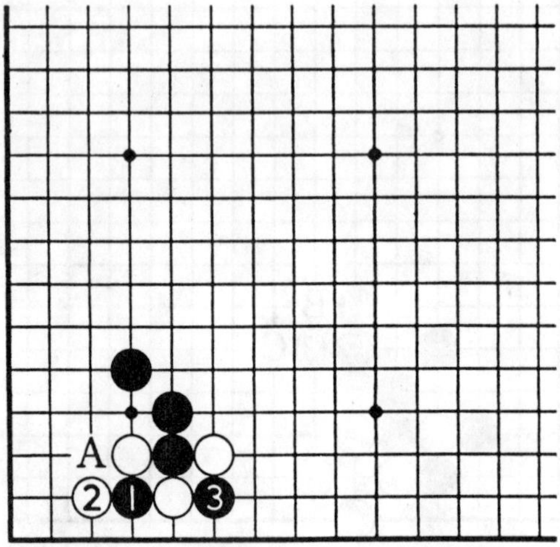

제 5 형

○제 5 형

그러면 전형 1도 흑6의 끊기에서 본도 흑1로 안에서 끊으면 어떻게 될까. 당연 이 끊기도 있을 것이다.

'끊은 쪽을 취하라'의 원칙에서 보면 백2로 안는다(백2에서 3으로 이으면 흑A로 안겨져 좋지 않다).

흑도 3으로 끊고――

1도(일단락―― 호각)

백4로 한 점을 취하고 흑5로 축에 안는다.

그러나 만일 흑5로 안는 축이 나쁘면 흑5에서는 흑A로 뻗지 않으면 안되는 것이다. 즉, 이 축이 나쁠 때는 제5형 흑1의 안 끊기는 성립하지 않는 것이다.

또 흑으로써는 상당히 빠른 시기에 흑B로 빼 화근을 잘라둘 필요가 있다.

또 흑에서 C로 놓고, 백D, 흑E, 백F가 선수로 산다.

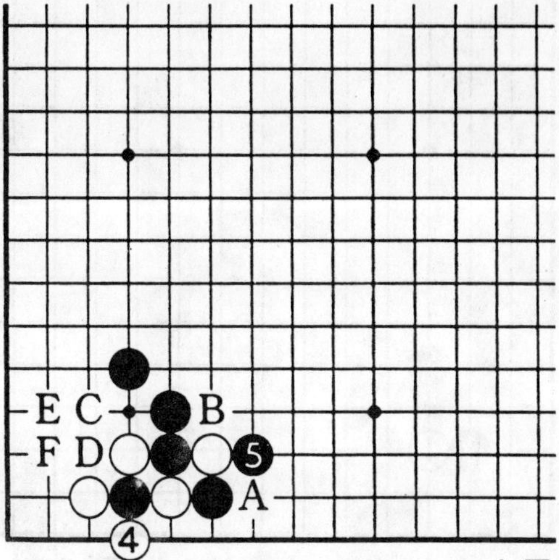

1도

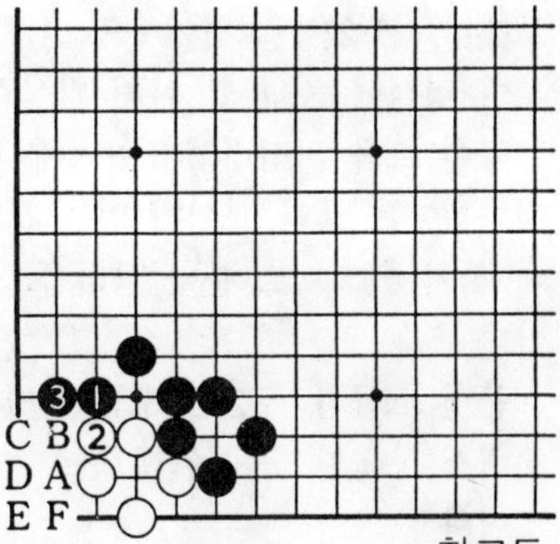

참고도

◇사는 맥

1도에서 서술했던 바와 같이 우선 흑B로 빼두는 것도 중요하지만, 그 다음 이른 시기에—

참고도(손 빼기는 패)

흑1·3을 살려둘 필요가 있다. 만일 흑3에 대해 백이 손을 빼면 흑A로 붙이고, 백B, 흑C 때 백D로 칼끝 넣기, 흑E에 백F로 더욱 칼끝 넣기로 패이다.

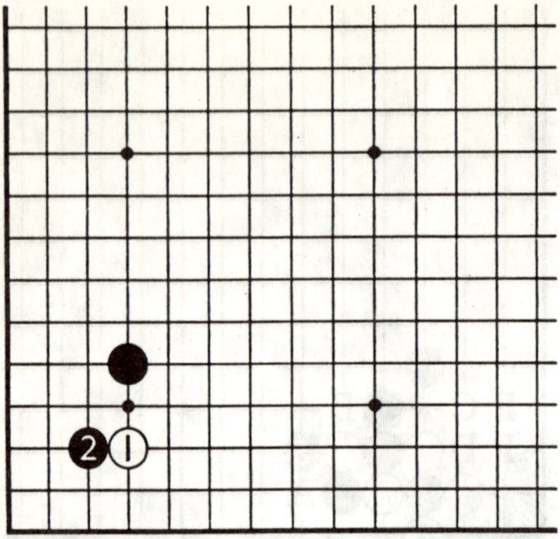

제 6 형

16. 안 붙이기

○제 6 형

밖 붙이기에 대해 이번에는 안 붙이기의 정석을 다루어 보겠다. 흑 2 가 그것이다.

이 정석에는 단 한 가지 의심스러운 점이 있다.

흑이 고목을 점령했다는 것은 중앙지향의 바둑으로 가져가겠다는 생각이 이미 있는 것이다. 그런데 흑 2 는 변에 붙어 있으므로 분명 실리적으로 놓으려는 의향이 엿보인다.

분명 고목과 흑 2 는 모순이 있는 것이지만, 포석의 단계에서 상대의 수에 의해 진로 변형도 일어날 수 있다는 것이다.

1 도(일단락——호각)

백 3·5 가 받는 형. 이것은 상당히 강력하다. 흑 6 의 벌리기에는 이것이 보통. 백 7 로 준비하여 일단락이다.

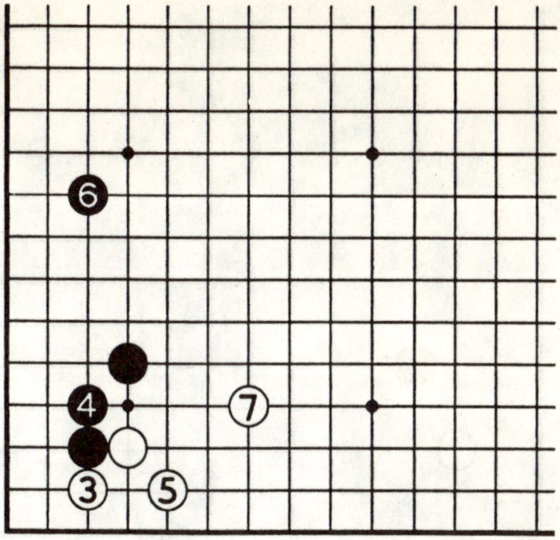

1도

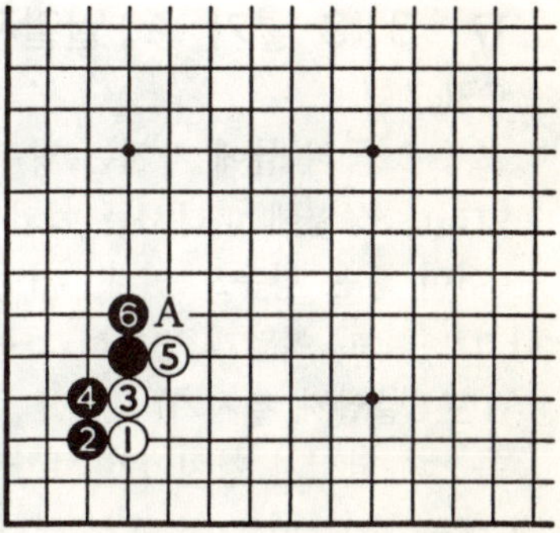

참고도

◇머리를 부딪치는 놓기

앞의 참고도에서도 서술했지만, 이 정석에서도 자주 볼 수 있다. 즉,

참고도(백 형을 망가뜨린다)

흑 2 의 붙이기에 대해 백 3 으로 머리를 부딪치는 것은 흑 4·6 으로 형이 정돈된다. 이에 대해 백의 형은 불안정하다(단 흑 6 에서 강력하게 흑A로 2 단에 젖히는 경우도 있다).

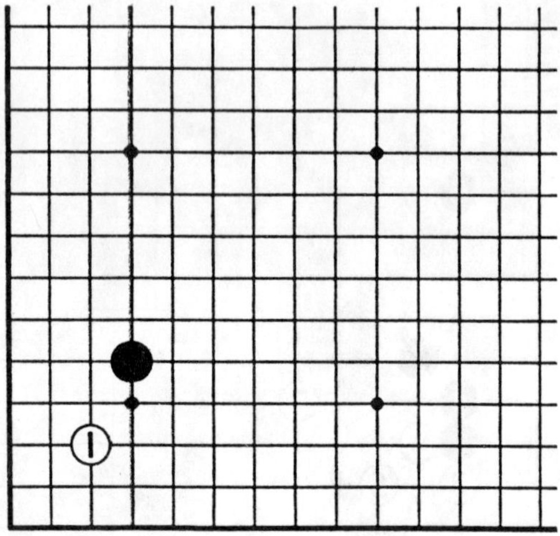

제 7 형

17. 3·3 넣기——날일자 걸치기

○제 7 형

보통 고목의 돌에 걸치는 경우, 소목에 넣는 것이다.

그러나 상황에 따라서는 이와 같이 백 1 로 3·3에 넣는 편이 좋은 경우도 있다. 어떤 경우인지는 나중에 서술하기로 하고, 어떻게 변화해 가는지 진행을 보기로 하겠다.

1도(날일자 걸치기)

흑 2 의 날일자 걸치기가 가장 보통. 때로는 흑 2 에서 4 에 놓는 수도 있으나, A의 달리기나 B의 달리기가 균형이 되기 때문에 강력함이 결여되어 있다.

흑 2 에 대해 백 3·5 로 형을 정해가도 좋을 것이다. 여기까지에서도 알 수 있듯이 흑은 오른쪽에 두꺼운 맛이 생긴다.

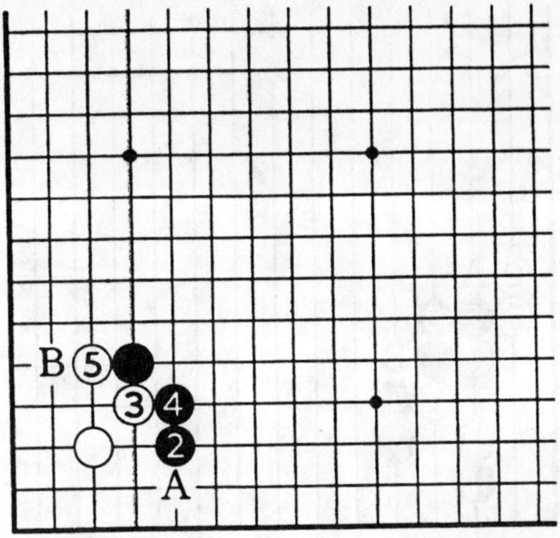

1도

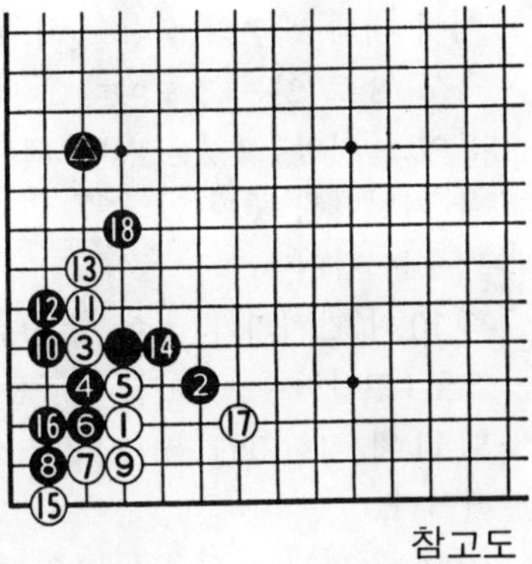

참고도

◇ 3·3 넣기의 조건

제7형 백1로 3·3 넣는 것은,

참고도(끼움형)

윗쪽에 ▲가 있는 경우에 효과적이다. ▲이 있는데 백1로 소목에 걸치면, 흑2로 걸친 때 백3으로 걸쳐져 흑4로 내젖히기, 이것은 백의 끼움형이다. 이하 정석대로 백17까지 놓은 때 흑18로 걸쳐져 세 점이 취해진다.

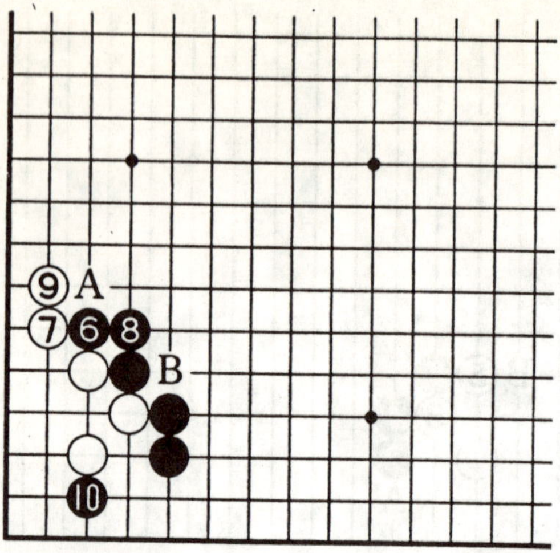

2도

2도(2단 젖히기의 응수)

흑6으로 2단에 젖히는 수가 강력하다.

이에 대해 백7의 2단 젖혀 받기가 또 바른 맥이다.

흑도 8로 잇는 정도이다. 흑8에서는 A로 뻗고 싶은 기분이 들지만, 그것은 장래 백에 8로 끊기거나 B의 끊기를 겨냥당해 좋지 않다.

백9는 당연.

흑10의 걸치기가 급소. 그리고——

3도(일단락——호각)

백11의 젖히기에 흑12의 놓기부터 정해가는 것이 호수맥이다.

흑14로 당기고 선수로 16의 천원으로 전개한다.

이 결과, 2도 백9의 뻗기가 있고 윗쪽(좌변)에는 흑모양이 만들어지지 않는 것이다.

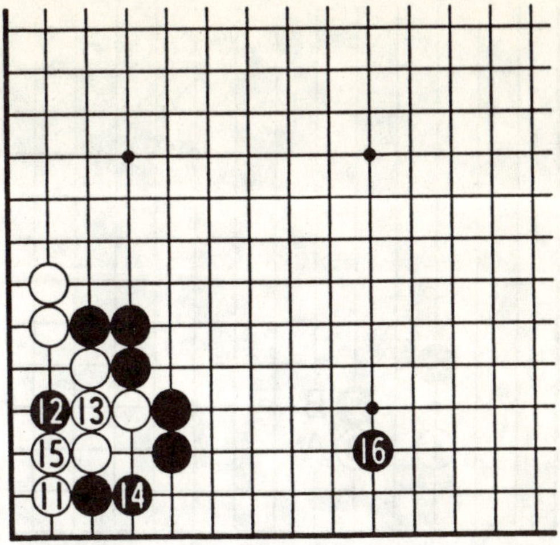

3 도

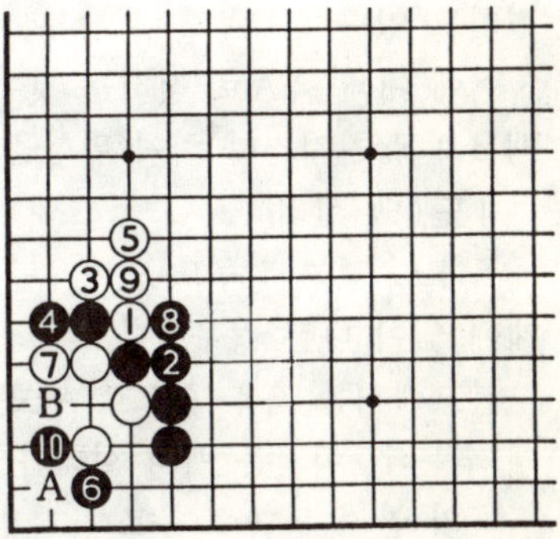

참고도

◇고집부린 수

위의 2도 흑6의 2단 젖히기에 대해 백7로 굴복하는 것이 괴롭다—라는 이유에서,

참고도(백 크게 살린다)

백1에서 5로 흑 두 점을 취하러 가는 사람이 많다. 그러나 이것은 흑에 4로 두 점으로 버려지고, 이하 흑6에서 10까지 살게 해 안된다. 백7에서 백A는 흑B로 옹색하다.

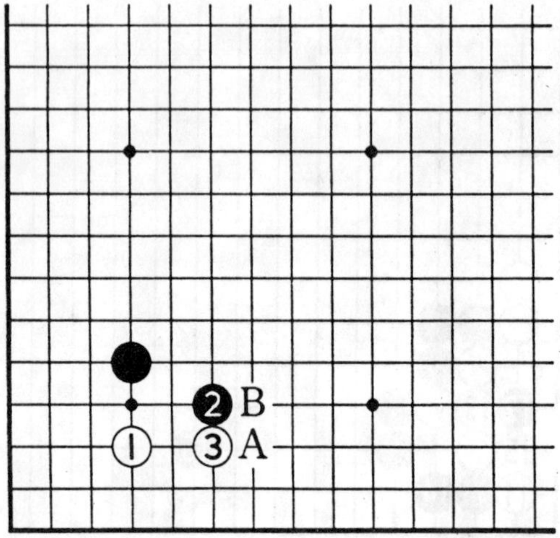

제 8 형

○제 8 형

흑 2 의 날일자 걸치기에 백 3 으로 역 방향에 붙여가는 변화도 있다.

이에 대해 흑A로 젖히는 것이 보통(참고도 참조)인데, 백B로 끊겨지거나 하여 위험을 느끼면,

1 도(백 실리)

흑 4 로 뻗는 경우도 있다. 단 참고도에서 서술한 축 관계에 있어 나쁜 경우이다.

본도에서는 흑 4 · 6 으로 뻗고, 백 7 에 흑 8 · 10 으로 잇게 되는데, 이것은 백의 실리가 크다.

흑의 놓기가 다소 무르다고 말할 수도 있을 것이다. 그 이유는 뭐니 뭐니 해도 흑 4 에서 5 로 누르지 않았기 때문일 것이다.

이 뒤 흑의 두꺼운 맛이 백의 실리를 상회하면 좋지만, 그러나 흑 4 로 늦춘 죄는 적지 않다.

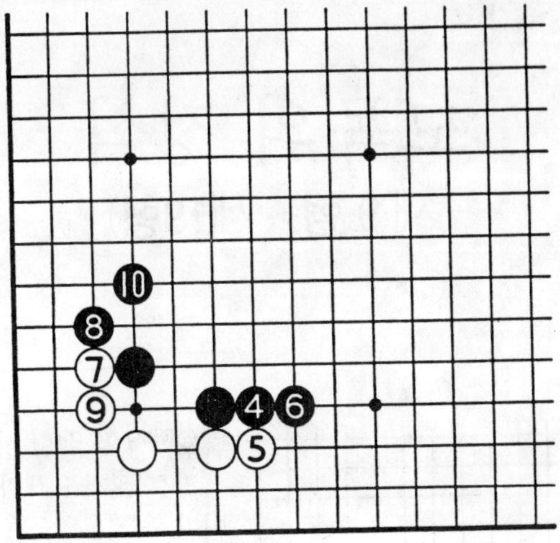

1도

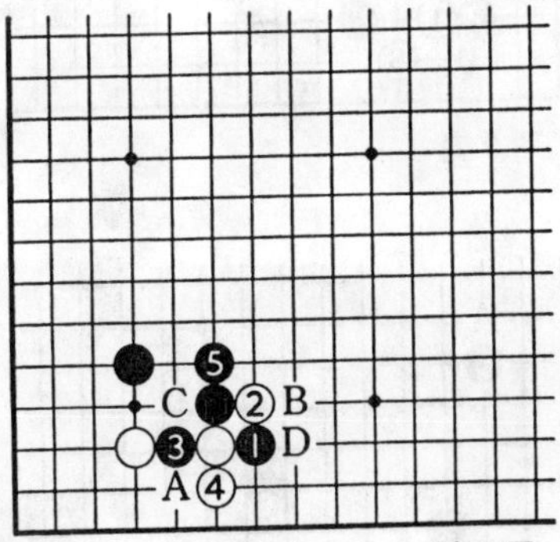

참고도

◇축 관계

참고도(대어 뻗기)

흑 1 의 젖히기에 백 2 의 엇갈려 끊기에는 흑 3·5 의 맥이 있다. 백A로 건너면 흑B로 축에 안는다. 단 흑B로 축에 안을 수 없는 경우에는 흑5 에서 C로 이어 백A, 흑D와 같이 변화한다.

또 백의 축이 좋으면 2 의 엇갈려 끊기가 강력한 것이다.

고목의 정석
(제 9 형~제19형)

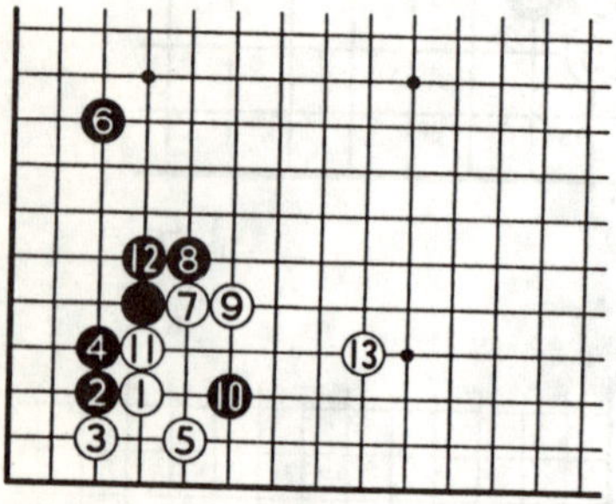

제 9 형

○제 9 형 정형

이것은 자주 생기는 형이다. 흑10은 아직 완전히 취해진 것은 아니다.

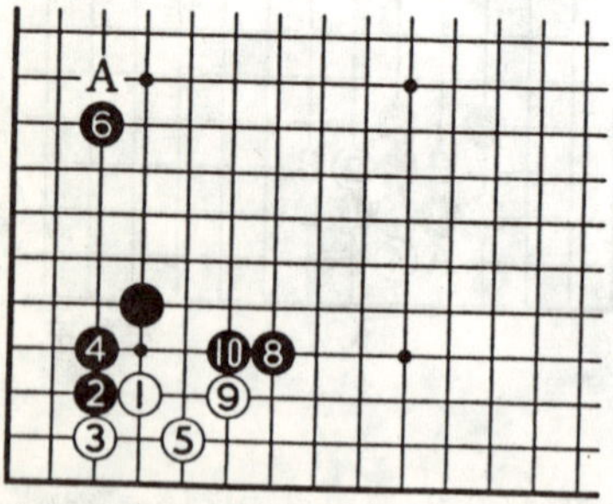

제 10형

○제 10형 호각

이미 흑6에서 A까지 벌려둔 경우도 있다. ⑦ 손 빼기

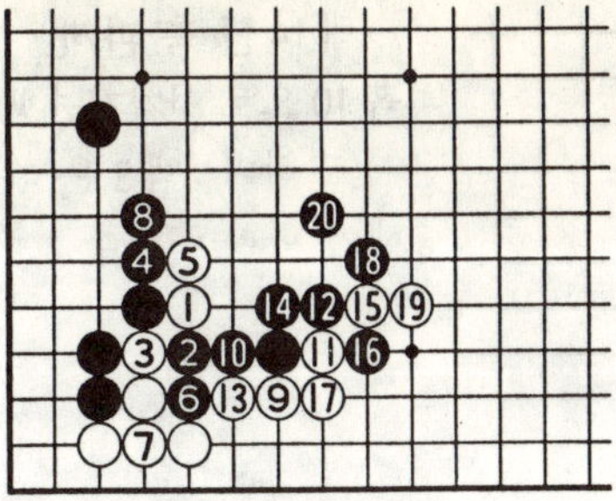

제 11형

○제 11형 호각

전형 백 9 에서 이 1 의 반격도 각오가 필요. 흑 20 까지 쌍방 적당한 갈림.

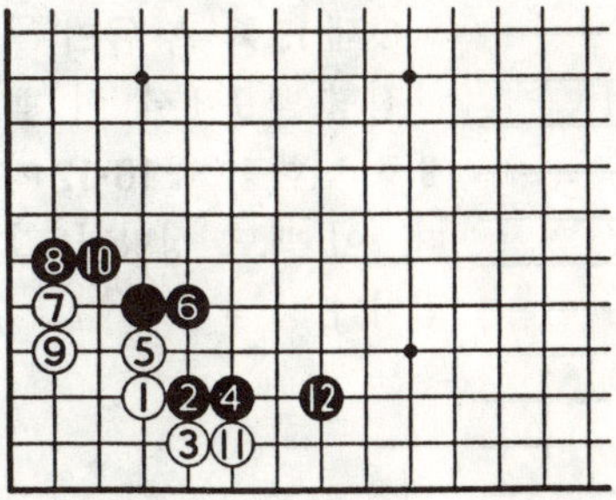

제 12형

○제 12형 흑 다소 무르다

흑 4 로 뻗는 것은 백 11 까지로 크게 안정되어 다소 무르다.

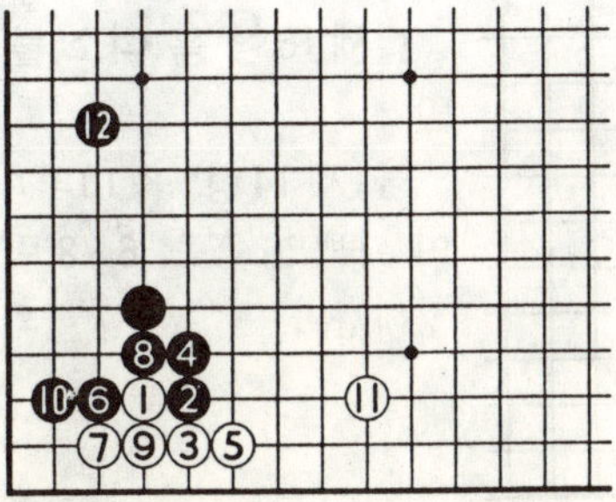

제 13형

○제 13형 백 나쁘다

백 5 로 뻗는 것은 흑 6 의 끼워붙이기에서 12 까지로 놓여져 나쁘다.

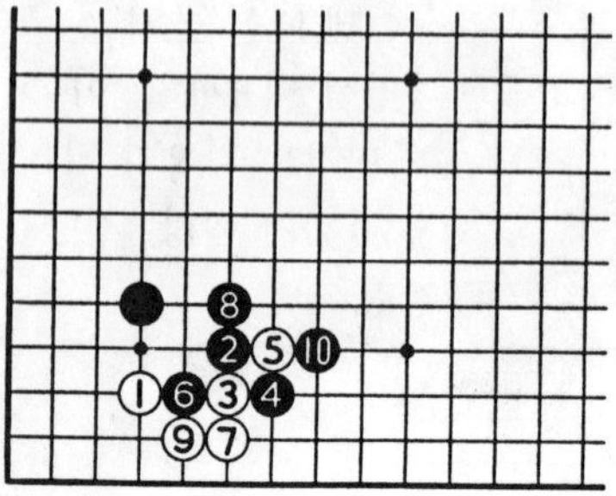

제 14 형

○제 14 형 축 관계

흑 10 으로 안겨지면 백은 곤란하다. 백 3 은 자중해야 한다.

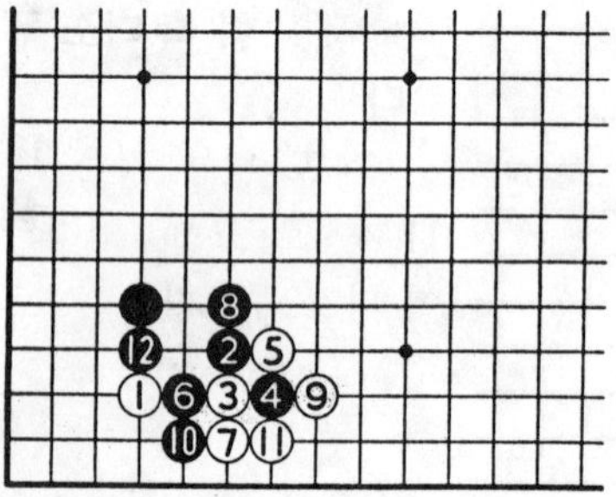

제 15 형

○제 15 형 흑 유리

전형 백 9 에서 이 백 9 로 변하면 흑 10·12 이다. 이 백도 상당한 갈림이다.

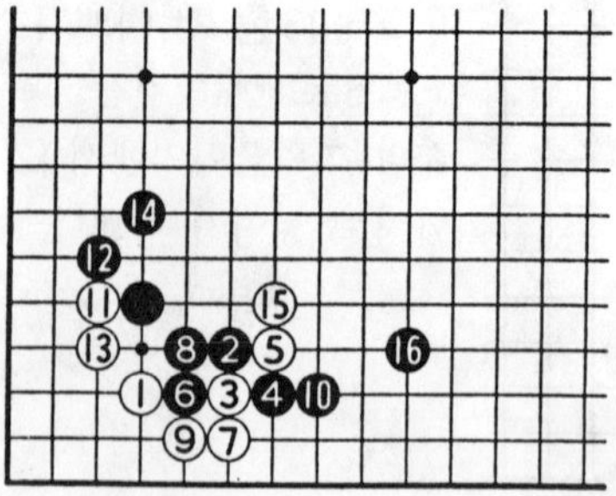

제 16 형

○제 16 형 흑 다소 불만

축(제 14 형 흑 10의)이 나쁘면 흑은 6·8로 정해간다.

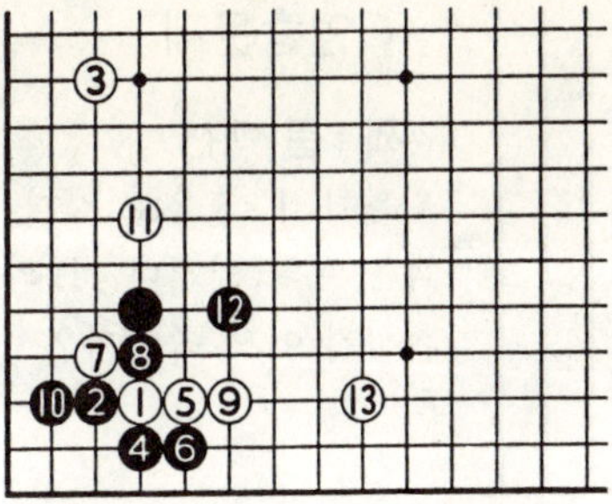

제 17형

○제 17형 싸움

흑 2에 백 3으로 손빼는 정석이다. 백 13까지 쌍방 아쉬운 패로 괜찮은 갈림이다.

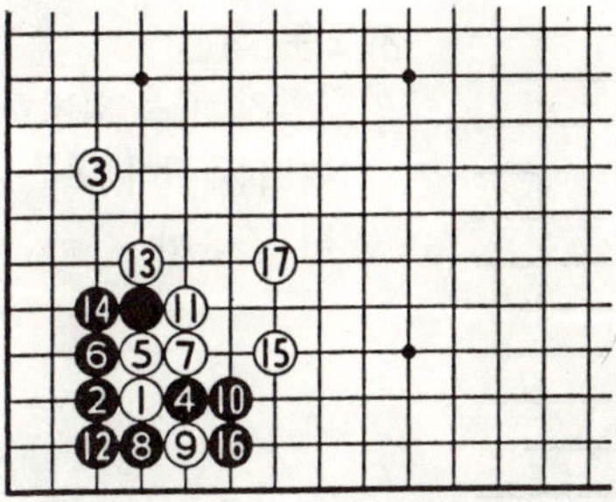

제 18형

○제 18형 백의 두꺼운 맛

흑 2에 백 3으로 변에서 쫓고, 흑 4로 끼워붙이는 방법도 있다

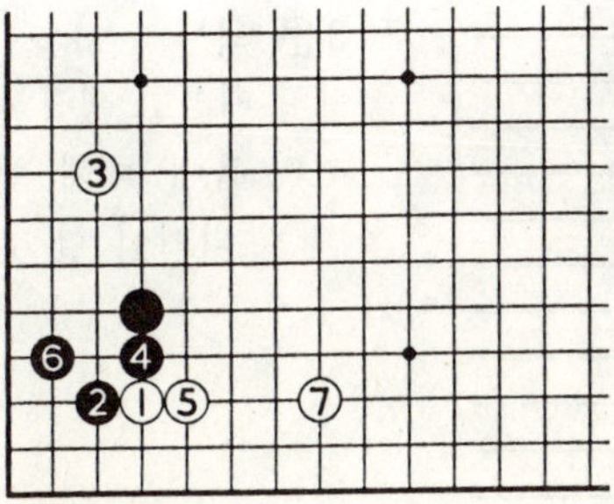

제 19형

○제 19형 상법

백 3에는 흑 4 이하 백 7까지가 되는 것이 상법이다. 흑 6이 호수.

○연습문제

제1문 백선

흑이 1·3으로 갔다. 백은 A의 잇기나 B의 취하기 어느 쪽일까?

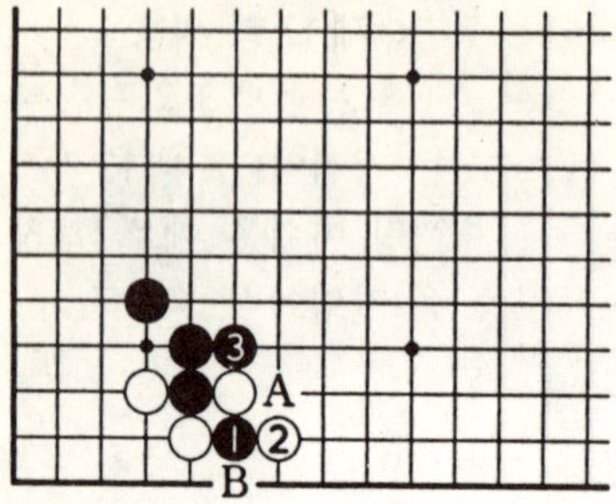

제 1 문 백선

제2문 흑선

아래쪽의 백을 압박하기 위해서는 어디부터 가는 것이 좋을까.

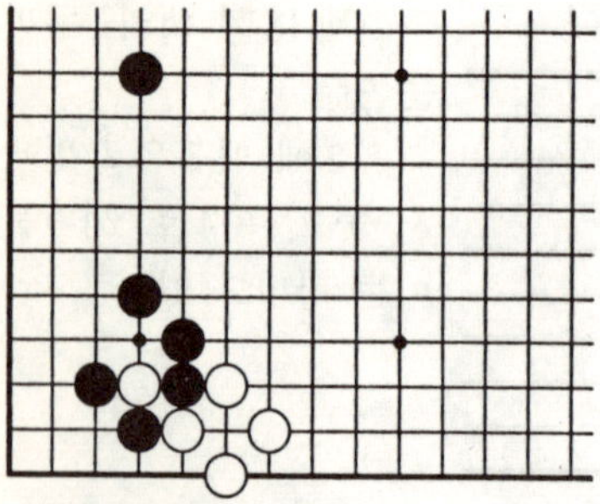

제 2 문 흑선

제3문 백선

종반의 패라고 생각하자. 귀의 흑에 대해 백은 어떻게 나와야 할 것인가.

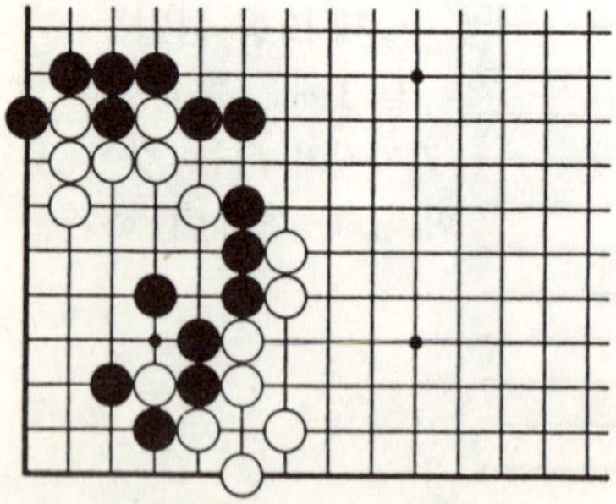

제 3 문 백선

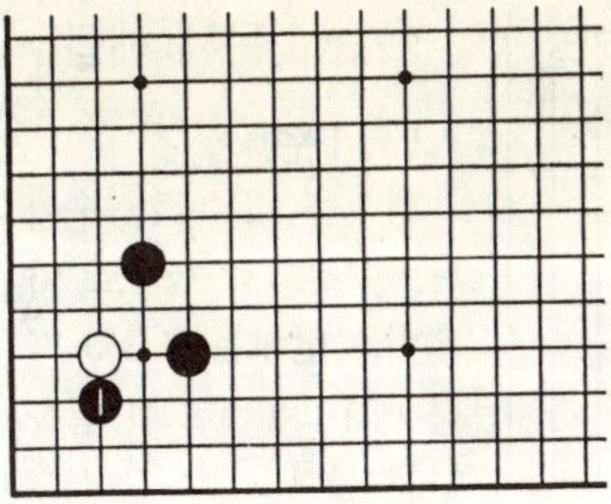

제 4 문 백선

제 4 문 백선

백이 손을 뺀 참에 흑 1로 붙여간다. 가볍게 풀어보자.

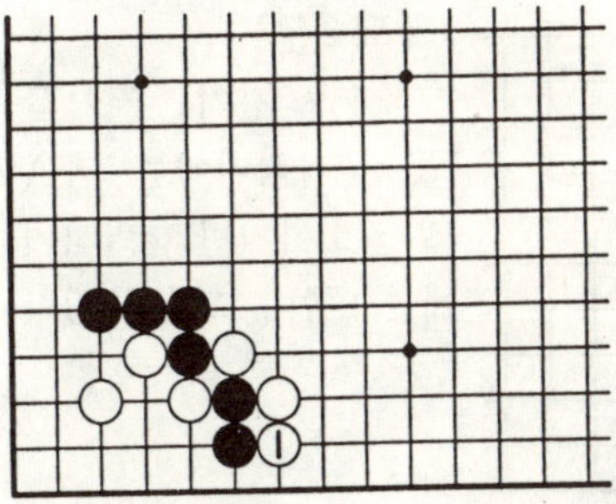

제 5 문 흑선

제 5 문 흑선

축이 흑에게 좋다고 하자. 흑은 어떻게 반격할 것인가.

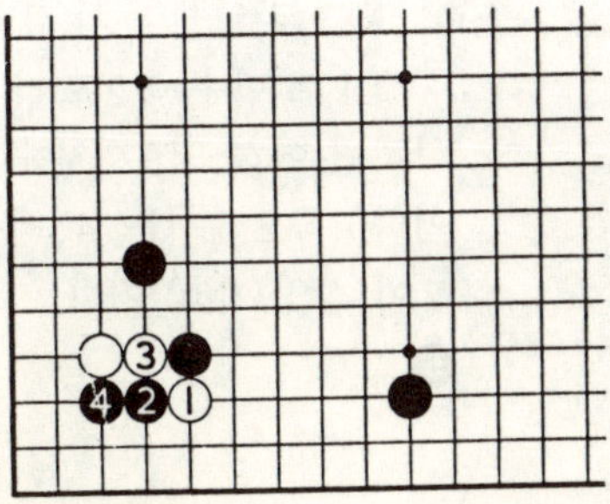

제 6 문 백선

제 6 문 백선

흑 2·4의 반발에 어떻게 위기를 벗어날 것인가(축 백에게 좋다).

◇연습문제 해답

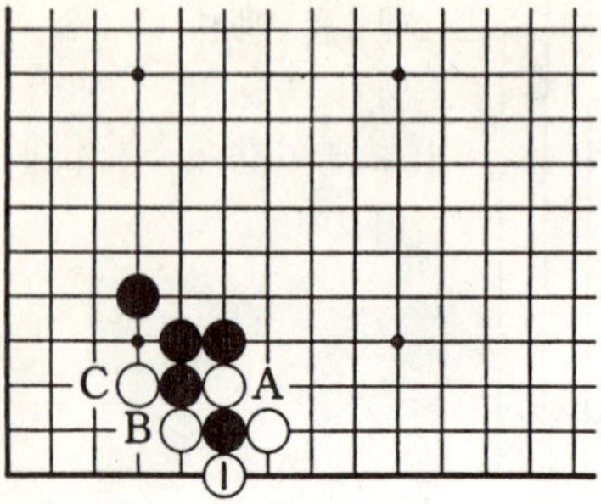

제 1 문

〔제 1 문〕

백 1 을 빼는 한 수이다. 이것으로 백A로 이으면 이번에는 흑B를 살려 백 1, 흑C로 한 점을 안게 한다.

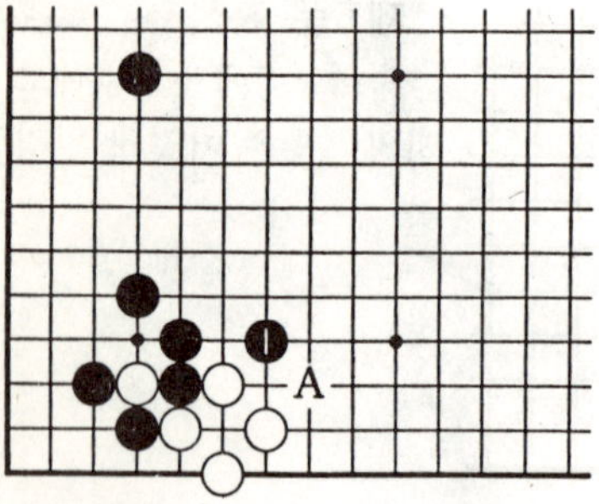

제 2 문

〔제 2 문〕

흑 1 로 걸치는 것이 급소. 공격하기에는 흑A도 급소이지만 압박하기에는 1 쪽이 효과가 있다.

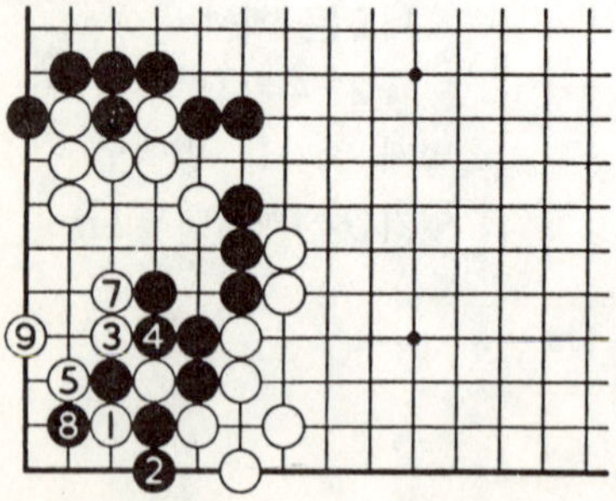

제 3 문

〔제 3 문〕

백 1 로 단수, 흑 2 로 저항하면 이하 백 9 까지 수이다. 흑 2 에서는 4, 백 2 가 상장(相場)이다.

❻ 잇기.

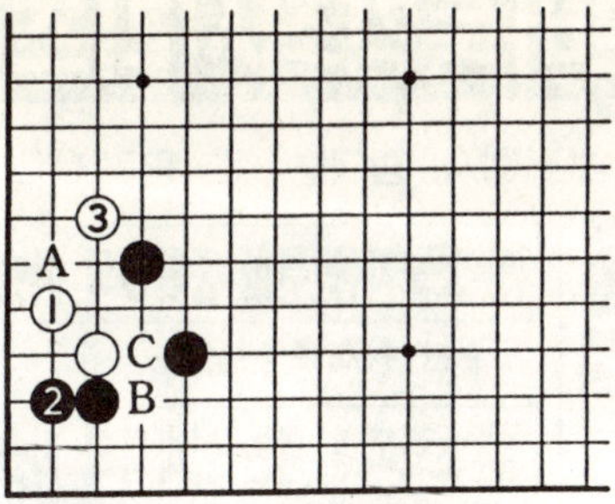

제 4 문

〔제 4 문〕

백 1 로 놓는 것이 호수맥. 흑 2 로 놓으면 백 3 으로 낸다. 흑 2 에서 A는 백 B, 흑 C, 백 2 로 살 수 있다.

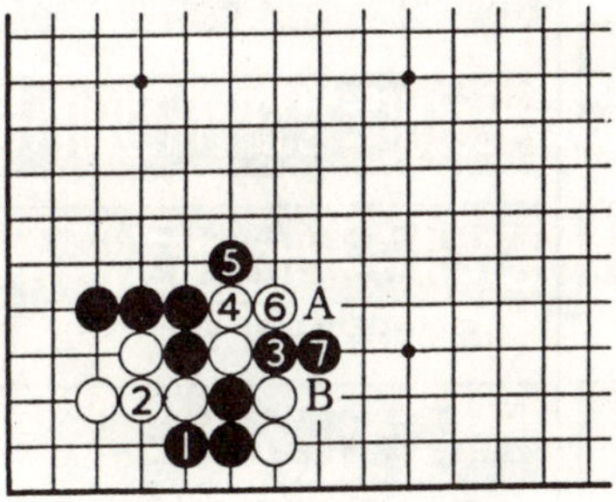

제 5 문

〔제 5 문〕

흑 1 로 단수, 3 에서 7 로 뻗고 흑 A의 축과 흑 B의 두 점 취하기를 균형이 되게 한다.

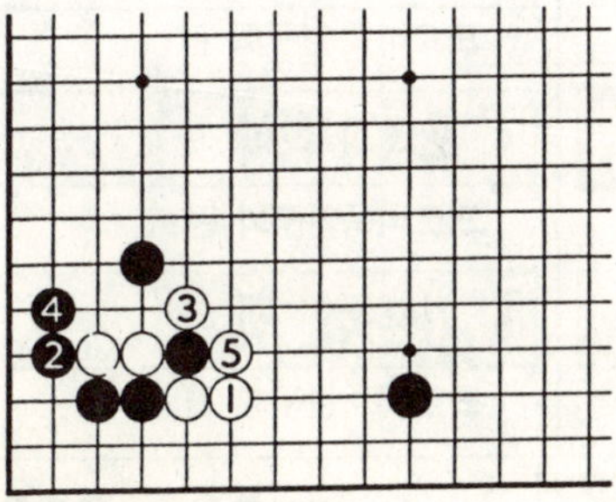

제 6 문

〔제 6 문〕

백 1 로 뻗어 있는 수가 있었다. 흑 2 에 백 3 으로 축에 안는 것이다. 백은 싸울 것 같다.

46. 혼자서 배우는 바둑 기초

2013년 3월 15일 인쇄
2013년 3월 30일 펴냄

옮긴이/ 프로바둑연구회
펴낸이/ 최 상 일
펴낸곳/ 구.진화당(태을출판사)
서울특별시 중구 신당6동 52-107 (동아빌딩내)
등록/1973년 1월 10일(제4-10호)

▪주문 및 연락처
우편번호 100-456
서울특별시 중구 신당6동 52-107 (동아빌딩 내)
전화 / 2237-5577 팩스 / 2233-6166

ISBN 89-493-0362-0 13690